Idries Shah
Magie des Ostens

SERIE PIPER WEGE ZUR GANZHEIT
Band 2078

Zu diesem Buch

Idries Shah zieht faszinierende Parallelen zwischen den Geheimlehren Japans, Chinas, Ägyptens, Babylons und Israels. Er geht der Frage nach, wie die Gemeinsamkeiten in den geheimen Ritualen, Praktiken und Lehren dieser Kulturen zu erklären sind. An Beispielen, etwa der Zeremonien des Liebesspiels, der tibetischen Wundertäter, der indischen Priester-Zauberer, spürt er dem gemeinsamen religiösen Kern nach. Dieses spannende und detailreiche Grundlagenwerk östlicher Religionen und Überlieferungen stieß auf großes Interesse in England und den USA. Es vermittelt dem interessierten Laien einen umfassenden Einstieg in die Welt der Geheimlehren und ihre religiösen und anthropologischen Grundlagen.

Idries Shah, geboren 1924 in Indien als Sohn einer afghanischen Familie, deren Stammbaum über den Propheten Mohammed bis auf die sassanidischen Herrscher Persiens zurückgeht. In erster Linie bekannt geworden durch seine Schriften über den Sufismus. Direktor des Institute for Cultural Research, London.

Idries Shah

MAGIE DES OSTENS

Die geheime Überlieferung
des Orients und Asiens

Aus dem Englischen von
Theo Kierdorf

Piper
München Zürich

Wege zur Ganzheit
Herausgegeben von Helmut Milz
und Matthias Varga von Kibéd

In der Reihe Serie Piper Wege zur Ganzheit
liegen außerdem vor:
Robert O. Becker, Der Funke des Lebens (2002)
Alan W. Watts, Weisheit des ungesicherten Weges (2071)
Joseph Campbell, Der Flug der Wildgans (2076)
Helmut Milz, Mit Kopf, Hand, Fuß, Bauch und Herz (2077)
Dina Glouberman, Der Hund, die Möhre, der Samowar
und das Fischerboot (2079)
Tonius Timmermann, Die Musik des Menschen (2089)

Die Originalausgabe erschien 1956 unter dem Titel
»Oriental Magic«

ISBN 3-492-12078-4
Oktober 1994
R. Piper GmbH & Co. KG, München
Lizenzausgabe mit Genehmigung des Sphinx Verlags, Basel
© Sphinx Verlag, Basel 1994
Umschlag: Federico Luci
Foto: Archiv für Kunst und Geschichte, Berlin
Satz: Wiener Verlag
Druck und Bindung: Clausen & Bosse, Leck
Printed in Germany

INHALT

Vorwort von Dr. Louis Marin   9
Einleitung   11
Die Verbreitung der Magie; ihre Ursprünge in Hochasiens Schamanismus; Magie bei den Finnen, Lappen und Indianern. Die Verständigung unter den Menschen in prähistorischer Zeit: keltische Legenden und der Zug von Asien nach Ägypten. Das Verhältnis der Griechen und Römer zu diesem Zug. Gibt es in der Magie eine übernatürliche Kraft? Ein Feld für weitere wissenschaftliche Untersuchungen.

1 Magie ist international   15
Der Geist des Menschen arbeitet gleich in weit voneinander entfernt liegenden Gemeinschaften. Der Magier von Chitral; die Zauberin Sita von der chinesischen Grenze. Die Aktivitäten dieser Hexe. Die mediumistischen und hellseherischen Trancen der Mongolen. Der mexikanische Schlangengott und seine Entsprechungen in Indien, Uruguay und der asiatischen Türkei. Tabu und Versöhnungsriten; der «verbotene Ort»: ähnliche Erscheinungen im Westen. Magische Gegenstände. Die Hindus und die *Akasha*-(«Lebenskraft»)-Theorie. Die westlichen Zauberbücher («die Schwarzen Bücher der Zauberer») und ihre Ursprünge in der orientalischen Magie. Verbreitung der Wachsbildbeschwörung. Zauberspruch gegen Hexerei. Die etablierte Religion und die Zauberei. Die «Christianisierung» vom *Schlüssel Salomos*. Islam und Magie. Magischer Zubehör; die Frage des Paktes.

2 Jüdische Magie   27
Die Funktion der jüdischen Magier. Das *Buch der Zeichen* und das *Buch Rasiel*. Die Übertragungen auf Noah und Salomo. Zeichnungen und Zaubersprüche aus dem Buch. Das *Buch Enoch*; die Feindschaft der Rabbiner gegenüber der Magie. Die *Bücher des Hermes:* Thoth und Theuth. Cicero und die 36.000 Bände. Der *Zohar:* Teufel und Geister. Rituale jüdischer Magie. Das *Wahre Zauberbuch* und seine mutmasslich jüdische Abstammung. Andere Quellen des westlichen Okkultismus, die jüdischen Ursprungs sein sollen. Abraham, Sohn des Simon. Geistliche und weltliche Magie. Magie in der Bibel: verschiedene Arten von Magiern und ihre Aktivitäten. Die jüdische Dämonologie. Lilith. Das heilige «Wort der Macht». Geschichtliche Augenblicke der Magie: Saul und die Hexe von En-Dor. Elias und der König von Damaskus. Die seltsame Geschichte von Nostradamus, dem Seher. Die Terminologie des Kabbalismus. Die Platonisten. Die Methode, nach der die Magie der Menschheit enthüllt wird – so wie der *Magus* es sieht.

3 Salomo: König und Magier   39
Salomonische Magie als wichtige Brücke zwischen verschiedenen Systemen. Legenden und Bücher vom Sohne Davids: seine Macht, die Dschinnen zu beherrschen; der magische Ring; die Macht über die Winde und die Kenntnis der Sprache der Vögel. Salomo im Tal der Ameisen, nach dem Koran. Was war das Siegel Salomos? Der höchste Name Gottes; das Testament Salomos; die Beschwörung aller bösen Geister. Der *Schlüssel Salomos,* das *Buch des Asmodeus* und ihr Einfluss auf die Magie des mittleren Ostens. Der Kreis; chinesische Magie; der Beitrag Salomos.

4 Das Okkulte in Babylon   45
Die Dämonen und Geister der Babylonier: die Bedeutung dieser Zivilisation für die magischen Künste. Die wenig beachteten Riten der Akkadier, der Begründer des babylonischen Okkultismus. Assur-bani-Pals Bibliothek: Beschwörungstafeln. Die Wurzeln der im Westen bekannten magischen Künste. Krankenheilung. Beschreibung des «Ritus gegen die Finsternis». Sieg über Feinde und ihre Götter. Die Ausbreitung der magischen Künste in Mesopotamien. Die Götter und Göttinnen: ihre Verbindung mit den Dämonen und ihre Übernahme durch andere Völker. Exorzistische Rituale. Die Worte der Macht. Beschwörung nach den akkadischen Tafeln. Die Verbindung zu den Finnen.

5 Ägyptische Magie   57
Die Verbindung zwischen der jüdischen und der alten ägyptischen Magie. Moses und das Duell der Schlangen. Die Alchimie stammt aus Ägypten. Magie wurde nicht als schwarze Kunst angesehen, auch wenn sie gegen den Staat gerichtet war. Die Ziele der offiziellen Magie im dynastischen Ägypten. Die Region Ägypten und ihre Auswirkung auf die Riten: das Ritual des Nils. Die Wunder des Magiers von Khufu; Teta: Auferweckung von Toten

und Mumien. Beschreibung der Experimente Tetas. Theben und Memphis als Zentren der Magie. Griechische Papyri und der ägyptische Einfluss. Porphyrius über ägyptische Magie. Das Ritual des Knaben mit der Lampe. Das *Totenbuch*. Der Skarabäus und seine Verwendung. Das «Binden» und «Bezwingen» der Götter. Angabe wirklicher Namen der Macht. Schutz gegen feindliche Tiere. Die Begräbnisriten: Einbalsamierung und «Öffnung des Mundes». Erlebnisse eines Studenten des Okkultismus in Ägypten. Der singende Sand und ähnliche Phänomene: Colossi von Amunoph III. Glückliche und unglückliche Tage des Monats Thoth.

6 Das Ju-Ju-Land der Nil-zwillinge 77
Einjähriger Aufenthalt des Autors im Sudan: Aufklärung magischer Rituale. Die Nyam-Nyam und ihre Initiation in der Sphäre der Magie. Trainingsmethoden und Schüler. Verzauberung im Auftrag von Kunden. Der Siegeszauber. Die Anwendung der magischen Pfeife. Eine Expedition zum Sammeln von Pflanzen. Liebeszauber und wie man ihn aussendet. Sinnbilder und Ausrüstungsgegenstände für den Studenten der Zauberei. Das Fischtabu als magisches Ritual. Selbsthypnose im Sudan. Woran man einen Magier erkennt. Mungo — die ektoplasmische Kraft. Männer und Mädchen beim rituellen Tanz. Salomos Bergwerke. Die Riten der Kaffern.

7 Die Fakire und ihre Lehren 89
Das Wesen der mystischen Übungen des *Tasawwuf* — einer der am weitesten verbreiteten orientalischen Kulte. Die Organisation der Orden; die «Brüder der Reinheit» und die mahdistischen Krieger. Die Ursprünge des Kultes; die Lehren der Sufis: die Sendung des Fakirs. «Der Mensch ist dazu bestimmt, in Gesellschaft zu leben.» Der Ursprung des Begriffs «Fakir». Der Nimbus der Unverwundbarkeit, Untäuschbarkeit und der übernatürlichen Erscheinungen. Wunder und Kräfte, die den Heiligen des Ordens zugeschrieben werden: Shabad-el-Din zauberte Früchte herbei; die Nachtreise zu Himmel und Hölle; die Nicht-Existenz der Zeit; Gehen auf dem Wasser; Wunder und *Karámát;* die Orden. Die vier Orden; die Glaubenslehre; die unsichtbare Führung; Eintritt und Initiation; der Pfad; Stadien und Grade der Entwicklung; Rezitationen; mystisches Sufi-Gedicht von Mirza Khan. Schematische Darstellung des Sufi-Pfades und der okkulten Phänomene; Darstellung der Organisation der «Stufen der Macht;» die Organisation des Chishti-Ordens; die Welthierarchie der Sufis. Die elf geheimen Regeln.

8 Der arabische Beitrag 111
Das vorislamische Arabien; späterer Beitrag der Araber; die Ausbreitung des Okkultismus unter arabischer Herrschaft; das magische System des Rhazes; andere arabische Autoritäten; die Dschinnen und die Lykanthropen. Ibn Khaldún und die Magie: reine Magie. Talismane; die «Macht aus dem Inneren des Magiers» — wieder *Mana-Akasha*. Der erste wissenschaftliche Kommentar zur Magie. Die Herstellung von Talismanen und Metall, den verschiedenen Aspekten der Sterne entsprechend. Macht und Talismane.

Die Swastika und ihre Übernahme durch die Araber. Die Herstellung und Verwendung von Knoten bei Flüchen. Feen, und wie man die Macht der *Jinni* bezwingt. Das Wort der Macht. Wichtige Abhandlungen über Magie bei den Arabern.

9 Legenden über Zauberer   121
Die Geschichte von El-Arab: seine seltsamen Heldentaten. Beherrschte er den Blitz? Was kann man aus orientalischen Erzählungen über Magie lernen? Sadoma, der Magier von Baghdad. Sein Umgang mit Geistern in der unwegsamen Wüste. Der magische Vogel Roc: Reisende und herbeigezauberte Mahlzeiten. Gefühl und geistige Kräfte werden auf eine höhere Stufe gebracht. Ungleichgewicht oder höheres Gleichgewicht? Der goldene Fluss und sein Geist. Siltim, der Zauberer, der jede beliebige Form annehmen konnte. Die Geschichte von Siltim und seiner Geliebten. Die Suche nach dem Elexier des Lebens. Die Geschichte vom Schlosser und den Herzen. Leopardenpulver aus dem Himalaya gegen Hunger und Krankheit. Die Geschichte von der englischen Vampirin. Begegnung mit einem Magier. El Ghirby und der Goldene Kopf.

10 Das Beschwören der Geister   133
Geister werden bei vielen Völkern nach einem seltsam ähnlichen System beschworen. Es gleicht sich in allen Schulen der hohen Magie. Die Stadien der Beschwörung. Das Beschwören von Geistern bei den Schamanen, Medizinmännern und den Zauberern in China und Japan. Das chaldäische System. Worte der Macht zur Beschwörung der Geister. Beschwörungsformeln nach einem griechisch-ägyptischen Dokument. Die älteste bekannte Formel zur Weihung des Beschwörungskreises. Afrikanische Methoden, um verstorbene Magier herbeizurufen. Die Namen der Stunden und der astrologischen Zeichen; die Herrscher der Tag- und Nachtstunden. Wie asiatische Zauberer und Zauberinnen die Teufel beschwören. Die Methode, wie man den König des Nordens anruft, gemäss der salomonischen Magie.

11 Die Magie des Iran   145
Persien und seine Wirkung auf die arabische Eroberung. Der Einfluss der benachbarten magischen Lehren auf die Perser. Der *Ozean der Geheimnisse* und die Vorbereitung des Magiers. Die Beschreibung der Einweihung und der Riten des Zauberers; die Formeln und die Namen der anzurufenden Geister. Die Materialisation des Geistes: Umgang mit dem Geist; die Methode des «magischen Fluges», das Heraufbeschwören von Stürmen; wie man Reiche arm macht; Einwände gegen die Alchimie. Die *Divs;* die magischen Berge; die Tobobäume, die den Paradiesbäumen gleichen.

12 Die magischen Rituale der Atharva Veda   155
Das geheime Buch der Brahmanen; die Veda ist weisse Magie. Zauberspruch für ewiges Leben; Spruch zur Lebensverlängerung; Sprüche und Beschwörungen für Gesundheit: die Anrufung der Pflanzen; Panazee gegen

alle Krankheiten; die Herstellung des Talisman der Macht; der Schutzzauber des *Sraktya*-Amuletts; okkulte Medizin der Veda: Spruch gegen Verletzungen; gegen das Prinzip des Bösen; gegen Gift; Spruch gegen Dämonen: der Spruch und das Amulett des Gangidabaumes; die geliehenen Götterkräfte; der Baumexorzismus; Hymne an die Pflanzen.

13 Indien: Die Rituale der Priester-Magier 169
Ähnlichkeiten zwischen der indischen und anderen Schulen der Magie. Die Pitris, Sadhus und Fakire; Ausmass der okkulten Studien der Hindus. Persönliche Erfahrungen des Autors mit den okkulten Studien der Hindus. Persönliche Erfahrungen des Autors mit einem Hindumagier. Was sind die Quellen der Macht? Riten und Beschwörungen des Magiers nach der *Agrusadapariksay:* wie man das Buch liest; der Suchende; wie er vorgeht, um Macht zu erlangen; die höchste Formel; die Beschwörung Vishnus; die Anrufung der Sonne; das Baumritual; Opferrituale der Magier; Beschwörung der Geister; *Akasha,* die Kraft, die hinter allem steht.

14 Indische Alchimie heute 179
Die alchimistische Industrie des modernen Indien; Begegnung mit einem Alchimisten; Verhandlung mit ihm. Formel zur Herstellung von Gold; Einzelheiten des Vorgangs und Zutaten. Ein magisches Ritual, das eher chemischen Charakter hat. Verschiedene Formeln, die in allen Einzelheiten wiedergegeben werden. Der zweite Alchimist: Aquil Khan. Zusammentreffen und Lehrzeit. Das Verfahren. Sammeln des magischen Saftes; die Disziplin des Goldmachers; Sammeln des Lehms. Wie man das Feuer anfacht; der tönerne Schmelztiegel. Silber wird zu Gold. Was der Alchimist über seine Kräfte denkt.

15 Liebesmagie 191
Strikarmani; Geschlechtsmagie. Ritual zur Erweckung leidenschaftlicher Liebe bei einer Frau; Spruch zur Erzeugung von Leidenschaft bei einem Mann. Entfremdung und die Möglichkeiten der Magie: die «neunundvierzig Wiederholungen»: eine Methode, um die Rückkehr einer Frau sicherzustellen; Spruch, um eine Frau zu gewinnen; wie man einen Ehemann bekommt; Sprüche gegen Rivalen in der Liebe; ein Spruch gegen einen Rivalen; ein Spruch zur Verhinderung von Fehlgeburten; ein Spruch zur Verursachung von Unfruchtbarkeit; Spruch gegen Eifersucht; Spruch zur Steigerung der Schönheit; Hymnen für die Zeugungskraft; die Verwendung bestimmter Pflanzen.

16 Die okkulte Kunst in China 199
Tao und Magie; die verschiedenen Arten von Zauberern; Beschaffenheit und Verwendung von magischen Spiegeln. Amulette und Zaubersprüche; der magische Stift und das Schreiben von Zaubersprüchen; «Himmlische Kalligraphie»; Zaubersprüche, die von Frauen verwendet werden; der Einsatz von Glocken in der Magie; Zaubersprüche zur Erzeugung von Donner

und Blitz; das «Grosse Universelle Amulett»; die Zauberer von China: Spiritualismus und automatisches Schreiben; der magische Stift; die Herstellung der Werkzeuge; andere Formen des Stifts; die Natur der Medien; die Teufelstänzer. Magische Rituale; die schwarze Kunst der Amoy-Hexen: der Todeszauber; Regenmachen, ewiges Leben. Folkloristische Verbindungen mit anderen Systemen; Drachen und Monster.

17 Die tibetischen Wundertäter 231
Tibet und der Hintergrund seiner übernatürlichen und religiösen Künste. Der Kulturstrom in Tibet und Tibets Bekehrung zum Buddhismus. Der grösste Teil Tibets ist unbekannt: nur bestimmte Teile sind von westlichen Besuchern erforscht. Der Kampf zwischen verschiedenen Systemen in Tibet. Die Geister im Bonismus. Der Glaube und die subversive Aktivität der Animisten. Die Beschwörung der Dämonen; Teufelsbesessenheit und Macht durch den Teufel. Einige Ideen und Ideale des Lamaismus. Der Weg des Lamaisten in einem orthodoxen Orden. Der Ring und die Juwelen; das Betätigungsfeld und die Art der Arbeit des Lamaisten; Morag Murray Abdullah über die Mission des Lamas. Das Training der Wundertäter. Das Ritual des Feuerbegehens, wie es der Autor beobachtet hat. Das tatsächliche Ritual, scheinbare Resultate und die Interpretation des Phänomens gemäss bonistischen und buddhistischen Quellen.

18 Die magische Kunst Japans 245
Die Zweiteilung der japanischen Magie. Shinto- und Norito-Rituale; Übereinstimmungen oder Ähnlichkeiten mit westlicher, jüdischer und chinesischer Magie. Schwarze und Weisse Magie wird unterschieden nach ihren Zielen, nicht nach ihren Ritualen. Die Kami-Geister und ihre Aktivitäten. Gefühlskonzentration und eine Methode, wie man Hasszauber herstellt. Konzentrierte Kraft in Bäumen. Sympathetische Magie und die Wiederherstellung der Zeugungskraft. Liebezauber mit Molchen. Reptilienüberreste und ihre Verwendung in der Liebesmagie auf der ganzen Welt. Beschreibung des vollständigen Rituals mit Erklärung bezüglich seiner westlichen Parallelen. Der Hundezauber und der Gast. Hassmagie und die Herstellung eines Hasszaubers.

Bibliographie 255
Anmerkungen 263
Index 273

VORWORT

Die Organisation der akademischen Disziplinen, die wir in Frankreich mit Descartes in Verbindung bringen, hat sich im Laufe der Jahrhunderte so weit entwickelt, dass die wissenschaftliche Methode heute jeden Bereich menschlicher Studien durchdringt.

Heute ist es nicht mehr üblich, dass der Wissenschaftler sich von seinem Studienobjekt abwendet, wenn er sich mit einem neuen, seltsamen und bisher unerklärlichen Phänomen konfrontiert sieht. Heute schenkt er ihm auch dann seine volle Aufmerksamkeit und beobachtet es in der Hoffnung, eine Erklärung dafür zu finden.

Magie ist ein Gebiet, das lange Zeit ausserhalb des Bereichs akademischer Interessen lag. Dennoch ist es von einiger Bedeutung innerhalb der anthropologischen Disziplin. Eigenartig ist, dass die Magie wegen ihrer seltsamen Praktiken die Ethnographen in allen Teilen der Welt stets gefesselt hat. Gleichzeitig wurde sie von ihnen als für wissenschaftliche Studien vollkommen ungeeignet abgetan und als mit der Religion und der sozialen Ordnung unvereinbar angesehen. Dennoch war Hexerei in der westlichen Welt stets weit verbreitet, sogar am Hofe Ludwigs XIV. und zur Zeit Voltaires, und sie ist bis heute nicht ausgestorben.

In früheren Zeiten herrschte einige Verwirrung über Religion und Magie. Man glaubte, dass letztere nur eine primitivere Form der Religion darstelle. Heute wissen wir darüber besser Bescheid und können unterscheiden zwischen der Religion, die die Unterwerfung unter einen allmächtigen Schöpfer verlangt, zu dem wir unsere Gebete erheben können, und der Magie, deren Rituale die übernatürlichen Mächte – was immer dies auch sein mag – zwingen sollen, dem Zauberer zu Diensten zu sein.

Wir müssen eingestehen, dass fast alle religiösen Ideen primitiver Völker magische Vorstellungen beinhalten. Dies stellt eine weitere grosse Schwierigkeit für den Wissenschaftler dar, denn es erfordert ein beträchtliches Mass an Imagination, sich in den Geist dieser Völker hineinzuversetzen, die sich in Unkenntnis der Naturgesetze gezwungen sehen, zu ihrem eigenen Schutz ein System magischer Rituale zu schaffen.

Man muss herauszufinden versuchen, was die primitiven Völker wirklich denken, indem man sie direkt beobachtet, ohne der eigenen Phantasie die Zügel schiessen zu lassen. Wie zurückgeblieben ein Volk auch sein mag, dessen Magie beschrieben werden soll, man wird oft feststellen können, dass seine Rituale Überbleibsel manchmal so fernen Ursprungs sind, dass der Magier selbst die Worte, die er spricht, nicht verstehen und die Gesten, die er ausführt, nicht erklären kann.

Eine weitere Erschwernis bedeutet die Tatsache, dass die meisten magischen Riten durch die Verschwiegenheit der Eingeweihten verschleiert werden. Die Arkana stellen ein besonders schwieriges Hindernis für Forscher dar, wenn sich, wie es fast immer der Fall ist, die magischen Formeln im erblichen Besitz einer Kaste von Magiern befinden, die ihre Geheimnisse als ihr besonderes Erbe betrachten. Dies führt dazu, dass die Magier eine Gruppe bilden, die absichtlich die Unwissenheit ihrer Anhänger fördert. Diese fürchten ihrerseits wiederum den Zorn der Eingeweihten, wenn sie etwas ausplaudern.

Die Ähnlichkeit magischer Riten in allen Teilen der Welt führt zu der schwierigen Frage, ob diese zuerst an einem Ort auftraten. Wenn dies der Fall ist, so wäre zu klären, wie sie in so entfernte Regionen gelangen konnten: ob durch kulturelle Übernahme, durch Völkerwanderungen oder durch Eroberungen.

Dies sind die Leitlinien, denen Idries Shah bei seiner Untersuchung über die orientalische Magie gefolgt ist. Der Autor, der afghanischer Abstammung ist, verbrachte fünf Jahre damit, sein Thema im Mittleren und Fernen Osten zu studieren.

Dr. Louis Marin
Mitglied des Institut de France, Direktor der Ecole d'Anthropologie de Paris,
Stellvertretender Präsident des International Institute of Anthropology

EINLEITUNG

DIE VERBREITUNG DER MAGIE

Erst seit dem noch nicht weit zurückliegenden viktorianischen Zeitalter hat die Archäologie die bemerkenswerte Tatsache nachgewiesen, dass magische Quellen aus Zentralasien Völker auf der halben Welt beeinflusst haben. Es gibt auch faszinierende Geschichten über die westwärts gerichteten Wanderungen der prähistorischen Akkadier sowie der Turanier, die Wege aus Asien bis ans Mittelmeer fanden und die Zivilisationen von Assur und Babylon begründeten. Sehr viele furchterregende Zauberrituale aus vorsemitischer Zeit[1] sind dort auf den *Maqlu*-Tafeln (brennende Tafeln) in der riesigen Bibliothek des Königs Assurbani-Pal gesammelt worden.[2]

Der Schamanismus, wie er von den vereinigten turanischen Stämmen ausgeübt wurde, wurzelte im Osten, in China und Japan. Diese Rituale schliessen auch psychische Phänomene ein, die an jene westlicher Medien erinnern. Sie sind — wiederum durch turanisch-mongolischen Einfluss[3] — von den Finnen und Lappen und sogar von den Indianern Nord- und Südamerikas übernommen worden. Natürlich gibt es keinen schlüssigen Beweis für die Wanderung dieser Völker nach Westen. Sorgfältige Schlussfolgerungen einer

Reihe von wissenschaftlichen Untersuchungen haben jedoch gezeigt, dass sämtliche Anzeichen auf die Realität einer solchen Wanderung hinweisen.

Es sind jedoch nicht nur die Völker turanischer Abstammung, die diese magischen Künste ihrer Vorfahren ausübten. Wie von Dr. Schütte und anderen in einigen der fesselndsten wissenschaftlichen Beweisführungen gezeigt wurde[4], haben beispielsweise auch die vorgeschichtlichen Skandinavier ein beträchtliches Wissen von diesen Völkern geerbt. Ein weiterer wichtiger Faktor ist die Entdekkung, dass die prähistorische Kommunikation zwischen den Völkern viel enger war, als man generell angenommen hatte. Gemeinhin stellt man sich vor, dass frühere Gesellschaften mehr oder weniger unabhängig waren und sich getrennt voneinander entwickelt haben: einige in abgelegenen Bergen, Wüsten oder Steppen, andere in Städten und Dörfern. Es ist nicht allgemein bekannt, dass zusätzlich zum Handel auch der geistige und gesellschaftliche Austausch zwischen jenen Völkern beträchtlich war, deren Sprache und Kultur sehr unterschiedlich war und die sehr weit voneinander entfernt lebten. Der Unterschied zwischen ihren Kontakten und jenen befreundeter Völker heutzutage war einfach der, dass die grossen Entfernungen die Kommunikation verlangsamten. Dieser Zusammenhang erklärt wahrscheinlich auch die grössere Sympathie zwischen den Völkern von damals, denn es scheint, dass es zu ihrer Zeit weniger «unvermeidliche Feindseligkeiten» zwischen den einzelnen Gruppierungen gegeben hat.

Jahrhundertelang, wenn nicht Jahrtausende, durchströmte die Magie langsam, aber machtvoll die gesamte Menschheit. In seiner ritualistischen Form floss dieser Strom deutlich von Osten nach Westen.

Keltische Sagen behaupten, dass zur Zeit des alten Testaments – nach den vermuteten turanischen Wanderungen – die arische Völkerwanderung von Zentralasien aus das heutige Gebiet des Mittleren Ostens durchquerte und nach Ägypten führte. Dabei hat sie sich sicherlich auch Mythologie und Magie dieser Gebiete zu eigen gemacht.[5]

Auch die frühen Griechen und Römer waren bei der Übernahme von semitischem und ägyptischem Wissen von Bedeutung. Spätere griechische und römische Magie bestand aus einem Gemisch von Formeln und Beschwörungen, die oft auf diese Wurzeln zurückzuführen sind.

Die Wechselbeziehung zwischen der ägyptischen Magie und jener der umliegenden Länder ist weniger klar. Es könnte jedoch sein (wie später in diesem Buch ausgeführt wird), dass Afrika und später das südliche Arabien die Wundertäter des Niltals beeinflusst haben. Mit dem Erscheinen verhältnismässig neuer Gedankensysteme, wie sie Buddhismus, Christentum und Islam darstellen, machten die magisch-religiösen Anschauungen früherer Kulte eine heute allerorten übliche Verbannung durch: ihre Gottheiten wurden zu minderwertigen Geistern – sogar ihre Priesterschaften nahmen einen mehr magischen und geheimen Charakter an:

> «Eine Religion mag an die Stelle einer anderen treten, aber ein derartiger Wechsel vervielfacht nur die Methoden, mit deren Hilfe der Mensch sein Unvermögen zu überwinden trachtet. Er versucht, sich die Kontrolle übernatürlicher Kräfte zu verschaffen und seine Schwäche zu schützen, indem er den Schleier lüftet, der über der Zukunft liegt. Die geheimen Riten der verdrängten Religionen werden zur verbotenen Magie ihrer Nachfolger. Ihre Götter werden zu bösen Geistern, so wie die Devas oder Gottheiten der Vedas zu den Daevas oder Dämonen der Avesta wurden; so wie die Götter der Griechen und Römer für die Väter des Christentums die Gestalt boshafter Teufel annahmen.»[6]

In einigen Fällen wucherten solche verdrängten Phänomene als rein magische Riten weiter, die von den neuen Kulturen geduldet oder sogar übernommen wurden. Geschah dies, wie einige Forscher glauben, weil einige den älteren Systemen bekannte Geheimnisse tatsächlich seltsame Anzeichen übernatürlicher Macht hervorbringen konnten, die von der Menschheit für ihre eigenen Ziele hätte nutzbar gemacht werden können? Oder – so die Überzeugung einer anderen Gruppe – weil die Magie so unauslöschlich im Geiste der Menschen verwurzelt war, dass die einzige Möglichkeit, sie unter Kontrolle zu bekommen, darin bestand, sie in legalisierte Kanäle abzuleiten?

Die organisierten Religionen neigten dazu, Zaubersprüche und andere magische Elemente zu übernehmen, in denen der Glaube der jeweiligen Völker tief verwurzelt war. Ich habe bei den Sudanesen und bei anderen Negervölkern selbst gesehen, dass das Christentum zusammen mit der traditionellen Magie angenommen wurde: nur in seltenen Fällen hat es die Dämonen und die übernatürlichen Mächte verdrängt. Oft sind auch die zuvor den eingeborenen Zauberern zugeschriebenen Wunder einfach zeitlich vorverlegt und den neuen Glaubenslehren einverleibt worden. Beweise für diese Psychologie sind reichlich vorhanden und andernorts schon ausgiebig untersucht worden. Ob wir es begrüssen oder nicht – Magie und Religion sind überall auf der Welt so eng miteinander verbunden wie sonst kaum noch andere menschliche Phänomene. Wenn Sie zum Beispiel daran glauben, dass Heilung durch Berührung erfolgen kann, dann glauben Sie im weitesten Sinne an Magie – und an einige Formen von Religion. Andererseits gibt es heute eine eindrucksvolle Entwicklung okkultistischen Denkens, die man nur als eine Art Neuanfang ansehen kann. Dies ist die dritte Möglichkeit. Magie ist ein Gebiet, auf dem intensive und kreative Studien zeigen könnten, dass viele sogenannte übernatürliche Mächte in Wirklichkeit Äusserungen bisher wenig verstandener Kräfte sind, die sehr wahrscheinlich individuellem und kollektivem Nutzen zugänglich gemacht werden könnten. Dies ist ein Teil der Basis dieses Buchs.

Wenn es wirklich zutrifft, dass den alten Völkern, wie sie etwas unklar genannt werden, bestimmte Wahrheiten bekannt waren, dann gibt es nur eine Möglichkeit, diese wiederzuentdecken: mittels der wissenschaftlichen Methode. Und die wissenschaftliche Methode verlangt die Überprüfung aller Fakten, aller Hinweise, aller Anhaltspunkte entlang der Kette der Überlieferung. Im Kontext der Magie heisst das, dass uns die ursprünglichen Materialien zur Verfügung stehen müssen, denen der westliche Okkultismus entstammt. So kann sich ein Ritual, das in der lateinischen Version des *Schlüssels Salomos*[7] steht, als simple Übertragung eines Zauberspruchs herausstellen, der in Assur eine Flut bekämpfen sollte. Weitere Ermittlungen könnten ergeben, dass dieser Zauberspruch auf einer vollkommen unwichtigen Angelegenheit beruht, wie etwa der Anrufung eines vermuteten Geistes, dessen Initialen durch Zufall das Wort für «Fischzug» ergaben. Dann muss die Suche wieder von vorne beginnen. Ob Sie Laie, Anthropologe oder einfach am Okkulten interessiert sind – in diesem Buch finden sie eine Menge wichtiges Material. Einiges ist bisher in keinem anderen Buch veröffentlicht worden.

Idries Shah

1 MAGIE IST INTERNATIONAL

«Wenn ein Mensch einen anderen der Hexerei bezichtigt und dies nicht beweisen kann, so soll derjenige, welcher der Hexerei beschuldigt wird, zum heiligen Fluss gehen; wenn der heilige Fluss ihn verschlingt, dann soll der Ankläger sich das Haus des Hexers nehmen.»[8]

Codex Hammurabi, circa 2000 v. Chr.

Je tiefer man in das Studium des Übernatürlichen und seiner Anhängerschaft eindringt, um so deutlicher wird es, dass ähnliche Gedankengänge den Geist des Menschen zu gleichartigen Ergebnissen geführt haben – auch wenn es sich dabei um menschliche Gemeinschaften handelt, die so unterschiedlich sind, dass sie verschiedenen Welten angehören könnten.

Den Okkultisten zufolge bedeutet diese seltsame Übereinstimmung magischer Rituale und Anschauungen, dass es nur eine einzige Geheimwissenschaft gibt, die ihren Adepten enthüllt und an alle Völker weitergegeben wurde. Anhänger der Kulturstromtheorie werden darin eine Bestätigung sehen, dass der Okkultismus einer von jenen Geistesbereichen ist, die durch die natürlichen gesellschaftlichen Beziehungen der Völker verbreitet worden sind.

Wie die Wahrheit auch lauten mag: Das Studium der Wundertäter vieler Länder ist eine der faszinierendsten Beschäftigungen. Vor einigen Jahren lebte in der Nähe von Chitral in Pakistan ein heiliger Mann, von dem man glaubte, dass er mystische Kräfte besitze. Niemand wollte an seiner Höhle vorbeigehen, aus Furcht, dass er über Vorübergehende einen bösen Bann verhängen könnte. Die allgemeine Meinung war, dass er ein Vertrauter Satans sei. Gelegentlich besuchten ihn Grenzräuber, deren Plünderungen sie in die Nähe seiner Behausung brachten. Sie trachteten danach, sein Wohlwollen zu erhalten, um ihren Erfolg beim Stehlen sicherzustellen.

Die Macht seines Namens wuchs so gewaltig – er wurde verschiedentlich als Geist der Berge oder Geist der Lüfte bezeichnet –, dass nach seinem Tode die Höhle zum Heiligtum wurde. Man zeigte mir die Höhle des Einsiedlers, als ich dort vorbeikam. Genau wie seine westlichen Kollegen hatte er einen Vorrat an getrockneten Schlangen gesammelt, und ein Haufen Wachsfiguren, die mit Nadeln durchbohrt waren, lag in einer Ecke der Höhle herum. Noch heute sprechen hoffnungsvolle Gläubige ein Gebet oder einen Wunsch über einem Stück Lumpen aus, das zu diesem Zwecke an einem einzelnen Baum vor der Behausung des Heiligen aufgehängt wird. Er liegt mit dem Gesicht nach unten beerdigt, damit Böses, das sich vielleicht noch in seinen sterblichen Überresten befindet, sogleich in die Erde abgeleitet wird. Wie es von China bis Marokko üblich ist, liegt sein Leichnam dort begraben, wo er gefunden worden ist.

Ungefähr zur gleichen Zeit betrieb eine bekannte Hexe, die geradewegs aus «Macbeth» hätte stammen können, an der indisch-chinesischen Grenze ein blühendes Geschäft als Bannhändlerin und allgemeine Wundertäterin. Sie hatte eine starke Abneigung gegenüber den Menschen. Man sagte, dass sie alles über das Privatleben jedes Menschen wisse, was vielleicht der Grund für ihre Voreingenommenheit gewesen sein mag. Ihr Hauptvergnügen war es jedoch, diejenigen zu bestrafen, die anderen Unglück gebracht hatten, und aus diesem Grunde wurde sie von vielen als Heilige verehrt. Diese Sita behauptete, mehr als hundertfünfzig Jahre alt zu sein. Dieser Meinung war, abgesehen von ihr, auch die älteste Einwohnerin des Nachbardorfes. Die Hundertjährige erzählte, dass sie Sita schon aus ihrer frühesten Erinnerung als sehr gebrechliche und verhutzelte alte Frau kenne: genauso, wie sie hundert Jahre später aussah.

Die Methode, nach der man die Hexe herbeirief, war folgende: Menschen, die in Schwierigkeiten waren, Männer, die unter dem Pantoffel standen, Frauen, deren Ehemänner grausam waren, Menschen in Krankheit und Not: sie alle kletterten auf das Dach ihres jeweiligen Hauses und sprachen dreimal den Namen «Sita» aus. Die Eulen der Gegend, die ihr als vertraute Geister dienten, überbrachten ihr schnell die Botschaft. Am folgenden Tage war der Übeltäter krank und hatte schwere Kopfschmerzen. Oder aber eine Glückssträhne fand ihren Weg zum Bittsteller.

«Als ich die Hütte aus Unterholz mit schrägem Dach erreichte – versehen mit einem Früchtekuchen als Geschenk für sie, da dies angeblich ihre Lieblingsspeise war –, da schien sie sich von anderen alten Frauen aus diesem Teil der Welt nicht sehr zu unterscheiden. Die meiste Zeit sprach sie freizügig über die wertvolle Arbeit, die sie leistete, wenn sie junge Frauen vor dem wahren Charakter ihrer Mannsbilder warnte. Obwohl sie schon hochbetagt zu sein schien, waren ihre Augen eigenartig klar. Anstatt der hängenden Schultern und der hohlen Wangen der klassischen Hexe war sie von mehr als mittelhohem Wuchs und bewegte sich mit überraschender Behendigkeit. Ein Teil ihres offenherzigen Monologs schien jedoch verwirrt zu sein; und als ich sie darüber befragte, wie man übernatürliche Kräfte in Bewegung setze, da sah sie mich an wie ein ungezogenes Kind und sagte, dass ich dies unmöglich verstehen könne.

Es schien ausser Frage zu stehen, dass Sita, wie viele andere Zauberer, in der Tat an ihre Kräfte glaubte. Sie schloss aus, dass ihre Erfolge einer Autosuggestion seitens ihrer Klienten zugeschrieben werden könnten, bestätigte aber, dass ihr diese Phänomene bekannt seien. Sie behauptete auch, all ihr Wissen von ihrer Mutter erlernt zu haben, und wies Bücher über Okkultismus und jede formelle Religion als arglistige Täuschung zurück. Ich kann nicht sagen, dass sie eine magnetische oder unwiderstehliche Persönlichkeit war oder sonst irgendeinen jener seltsamen Züge aufwies, die gewöhnliche Sterbliche in der Gegenwart verborgener Kräfte zu spüren pflegen. Das einzige, was mich wirklich beeindruckte, war die Tatsache, dass sie mir Ereignisse beschrieb, die mir zustossen würden; und diese Ereignisse trafen dann auch später ein.»[9]

Dass es unter den Mongolen eine Kontinuität der Übertragung okkulten Wissens gibt, ist von mehr als einem Fachmann bestätigt worden. Die schamanistischen Praktiken der Chinesen, Japaner und anderer Magier des Fernen Ostens weisen klar Parallelen zu den Riten der Eskimos und einiger amerikanischer Indianerstämme mongolischen Ursprungs auf: Ein auffälliges Beispiel dafür ist im Trancezustand des Mediums zu sehen, der zu Prophezeiungen und zum Hellsehen führt, was bei all diesen Völkern zu finden ist. Indien, Mexiko und das alte Ägypten haben alle ihre Schlangenkulte. Die Schlange ist tatsächlich eines der wichtigsten gemeinsamen Symbole der höheren esoterischen Lehren der Alten und der Neuen Welt – dies diente als Argument zur Unterstützung der Atlantis-Theorie.

Der mexikanische Schlangengott forderte nicht nur das Opfern von Menschenseelen, sondern auch das Trinken des Opferblutes. Wenn eine junge, wilde Schlange gefunden wurde, so wurde sie erst dann zur Gottheit, wenn sechs Menschenopfer in ihrem Namen und in ihrer Gegenwart dargebracht worden waren. Das Blut des Opfers musste von der Schlange getrunken werden, damit diese ihre magischen Kräfte «potenzieren» konnte. In Indien ist die Schlangenverehrung heute noch sehr verbreitet. Schlangenbeschwörer stellen nur den populären Aspekt dieses wichtigen Kultes dar. Schlangen bringen Glück, schützen Seelen und versteckte Schätze und sind Ausdrucksmittel für okkulte Äusserungen. Sowohl in Uruguay – sehr weit südlich von Mexiko – als auch in Konia, das sehr weit von Indien entfernt liegt, fand ich eindeutige Spuren von Schlangenkulten. Wie die mexikanischen Zauberer müssen sich auch die Schlangenschamanen der asiatischen Türkei einer strengen Vorbereitung unterziehen, ehe sie mit Schlangen umgehen und sich mit ihnen verständigen können. Dabei sind in Mexiko und in der Türkei die gleichen Kriterien entscheidend, um festzustellen, ob jemand zum Vollzug des Schlangenrituals geeignet ist: die Augen müssen weit geöffnet und die Pupillen zu Nadelspitzengrösse zusammengezogen sein. Es ist gut möglich, dass dieser Reptilienkult mit den Wanderungen der menschlichen Rasse von Indien und Afrika nach Südamerika gelangt ist. Man kann im Gebiet des Rio de la Plata immer noch Guaraní-Indianer finden, die der Skulptur einer rot angemalten Schlange grosse Bedeutung beimessen. Die Symbolik des Blutes und der Opfercharakter, die auf mexikanischen Einfluss zurückzuführen sind, sind zu auffällig, als dass man sie übersehen könnte.

SCHEMATISCHE DARSTELLUNG DER MUTMASSLICHEN GEOGRAPHISCHEN AUSBREITUNG TURANISCHER MAGIE.

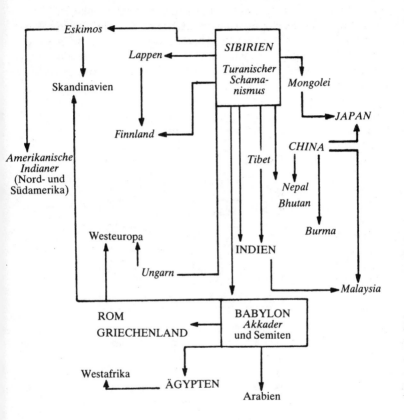

1. Gebiete mit mongolisch-turanischer Bevölkerung *(kursiv)*
2. Zentren magischer Synthese und Sammlung (VERSAL)
3. Turanisch-mongolische Zentren magischer Entwicklung und Sammlung *(VERSAL, KURSIV)*

Vorislamische Zeit (bis zum 7. Jahrhundert n. Chr.)

In Mexiko zeichneten sich die Schlangenrituale durch einige bemerkenswerte Eigenarten aus. Der Wettstreit um die Ehre, ein Schlangenopfer zu werden, war so gross, dass man die Mädchen nur mit grösster Mühe davon abhalten konnte, die Opferschlangen zu liebkosen, um von ihnen gebissen zu werden.

Die Priester hatten mit Sicherheit keine Schwierigkeiten, Opfer zu finden. In vielen Fällen wurden den Familien, die auf diese Weise mehr als eine Tochter verloren hatten, von den gleichen Zauberern Bannsprüche gegen Schlangen verkauft. Wie die indischen Schlangenverehrer, so bereiteten auch die mexikanischen Anhänger dieses

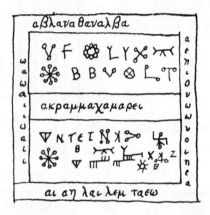

Griechisches Amulett gegen Feinde: 4./5. Jahrhundert. Die Ähnlichkeiten mit hebräischen, arabischen und chinesischen magischen Zeichen sind offensichtlich.

Rituals eine Speise aus dem Fleisch des Reptils und assen sie. In beiden Völkern wurde dem Verzehr dieses heiligen Fleisches die Übertragung aller Arten von Segnungen und inbesondere von okkulten Kräften zugeschrieben.

Tabu- und Versöhnungsriten mögen der Ursprung vieler noch heute – im Osten wie im Westen – vorhandener Formen von Aberglauben sein. In alten ägyptischen und griechischen Tempeln gab es immer eine Stelle, die zu berühren oder zu betreten verboten war. Sie war den Göttern vorbehalten – insbesondere den bösen – als Gegenleistung für ihr stillschweigendes Einverständnis, nicht in Gegenden umherzuirren, wo sie der Menschheit schaden könnten. Derselbe Gedanke lebte in Teilen von Schottland weiter. Unbearbeitete Landstücke liess man brachliegen und nannte sie «guid man's croft» (das Feld des guten Mannes) — einer keltischen Sitte folgend, gefürchtete Wesen als *«gut»* zu bezeichnen. Volkskundler haben sich ausführlich mit der Theorie auseinandergesetzt, dass die Feen (oder «guten Leute») in Wirklichkeit genau das Gegenteil waren: versöhnte böse Geister.

Auf Veranlassung der Kirche sind viele derartige Plätze in Schottland, Irland und Wales umgepflügt worden. Die Tradition besagte, dass solchen Zerstörungen Unwetter und Unglück folgen würde; es wird berichtet, dass die Pflugarbeiten wegen furchterregender Stürme und Schneewehen eingestellt werden mussten. Die Folge davon ist, dass diese Örtlichkeiten als des «Teufels eigenes Land» gelten.

Die internationale Bruderschaft — oder Verschwörung — der Magie zeichnet sich vielleicht ebenso sehr durch ihre generellen Prinzipien wie auch ihre spezifischen Riten aus. Während beispielsweise die allgemeine Ansicht herrscht, dass Magie in der einen oder anderen Form von den meisten Menschen ausgeübt werden kann, hat es dennoch stets Leute gegeben, die dafür besonders prädestiniert gewesen sind. Diese bilden eine Art initiierter Priesterschaft, deren allgemeines Gesetz Verschwiegenheit ist. Ein moderner okkultistischer Kult fasst diesen nahezu fundamentalen Trieb zur Geheimhaltung in einem seiner Leitsätze wie folgt zusammen: «Wissen ist Macht; geteiltes Wissen ist verlorene Macht.» Ausser den Prinzipien der Verschwiegenheit und der Initiation gibt es weitere wichtige gemeinsame Merkmale wie magische Worte und besondere zeremonielle Kleidung. Rituale erfordern mit wenigen Ausnahmen irgendeine Form von Opfer tatsächlicher oder indirekter Art und die Verwendung von Symbolen; magische Worte — Worte der Macht — werden gesprochen; mystische Bewegungen werden ausgeführt; spezielle Geräte in Form von Waffen und Talismanen finden ausgiebig Verwendung. Als nächster bedeutsamer Bereich ist zudem die Herstellung von Zaubermitteln und Amuletten aus tierischen, pflanzlichen und mineralischen Materialien — in der Reihenfolge ihrer Bedeutung — zu nennen.

Der Glaube an übernatürliche Wesen ist allen Formen der Magie gemeinsam. Dennoch behaupten viele, dass den Namen und Riten sowie den Gegenständen der magischen Handlung selbst besondere

Kräfte innewohnen, die übernatürliche Wirkungen zu erzeugen vermögen. Der Stab beispielsweise erhält seine Kraft durch seine Weihe: nicht unbedingt deshalb, weil er einen Geist heraufbeschwört, der etwas bewirkt.

Die magischen Objekte sind den meisten Menschen bekannt: mit Sicherheit aber denjenigen, die dieses Gebiet in einem gewissen Masse studiert haben. Auch Rituale sind in vielen Werken enthalten, die von «Adepten» geschrieben und von ihren Gegnern kommentiert worden sind. Ich habe bereits auf die mögliche historische und ethnologische Bedeutung von Studien über die Wurzeln okkulter Praktiken hingewiesen. Es wird sicher immer noch eine Menge Leute geben, die nicht an der Kulturstromtheorie interessiert sind, die aber gerne wissen möchten, ob irgend etwas «an der Magie dran ist». Die Antwort lautet: Es kann sehr wohl sein, dass eine Menge «an der Magie dran ist». *Was* dies jedoch ist und wo es hinführt, wäre von Forschern aufzuzeigen.

Wie verhält es sich mit der Alchimie? Einesteils stammt die moderne Chemie von ihr ab; was darüber hinaus von der Alchimie übrigbleibt, kann ich nicht ermessen. Die Hypnose, die heute nicht nur eine akzeptierte Tatsache ist, sondern auch eine wertvolle Technik, stammt direkt von der Magie ab. Was im modernen Spiritismus vom mongolischen Schamanismus abstammt, vermag ich nicht zu sagen. Eines ist jedoch sicher: Die aus Büchern bekannte Magie mit ihrer reinen Wiederholung von Ritualen ist grundsätzlich von geringem Wert. Nach Ansicht der Hindu-Okkultisten (später ausführlich beschrieben) beruhen viele Formen der Magie – und ebenso gewisse gut dokumentierte sogenannte Wunder – auf der Existenz einer unentdeckten Kraft *(akasha),* die mit dem Magnetismus in Verbindung zu stehen scheint. Auch arabisch-islamische Schriftsteller, die der Welt die moderne Wissenschaft schenkten, vermuteten die Existenz einer solchen Kraft. Falls sie vorhanden ist, ist es Sache von Experimentatoren, dieselbe zu finden.

Der Mensch ist ein «symbolerfindendes Tier». Diese Tatsache hat Anthropologen zum Schluss gebracht, dass die eigenartige Ähnlichkeit zwischen geheimen Riten in Gemeinschaften ohne sichtbaren sozialen Kontakt auf Zufall beruht. Sie argumentieren, dass der Mensch in seiner Definitionsfähigkeit begrenzt sei. Seine Erfahrungsmöglichkeiten, seine Hoffnungen und Ängste, seine Wünsche und sein Hass variieren sehr wenig, wo immer man sich auch aufhält. Bedeutet dies nicht auch, dass er in bezug auf übernatürliche Dinge

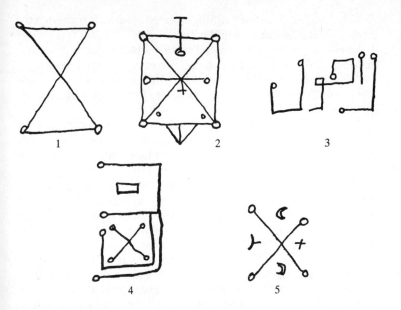

Die Verbreitung der Kreuz- und Kreissymbolik im magischen Gebrauch: (1) Zeichen aus dem *Siegel Salomos,* (2) Siegel des Geistes Os nach dem *Grand Grimoire,* (3) Arabische Exorzismusformel *(La Hawl),* (4) Chinesisches Zeichen mit Konstellationen von einem Glückstalisman, (5) Siegel des Decarabia aus dem *Grand Grimoire.*

zu ähnlichen Schlussfolgerungen kommen muss, unabhängig von dem, was man als Inspiration oder okkulte Kommunikation bezeichnet?

Es ist nicht die Absicht dieses Buches, zu zeigen, dass die Wurzel aller Magie in einer einzigen ursprünglichen Offenbarung ruht. Es ist zu bezweifeln, dass eine solche Ansicht jemals bewiesen werden kann. Es gibt jedoch in der östlichen Folklore, in unübersetzten Handschriften und Sagen und in vielen magischen Büchern des Ostens eine grosse Menge von Information, die einiges Licht auf die Ursprünge jener Magie wirft, die in Europa bis zum Beginn des 19. Jahrhunderts blühte.[10]

Immer noch setzt sich magische Praxis sowohl in Europa als auch in Asien fort. Die Frage, wie weit sie verbreitet ist, bildet nicht den Gegenstand meiner Untersuchungen. Zudem sind weite Kreise der

Ansicht, dass das Studium der Magie von grossem historischem, kulturellem und ethnologischem Wert sei.

Magie ist ein Teil der menschlichen Geschichte. Sie war manchmal von entscheidender Bedeutung, wie es das Beispiel des Moses am Hof des Pharaos veranschaulicht. Öfter noch war sie indessen von geringerem, aber doch beträchtlichem Belang. Auf keinen Fall kann man sie ignorieren.

Sehr viele Charakteristika der Magie, wie sie in westlichen Zauberbüchern vorkommen, sind von Fachautoritäten wie Sir Wallis Budge auf östliche und insbesondere auf Quellen des Mittelmeerraumes zurückgeführt worden. Der magische Kreis, in dessen Schutz der Magier Geister herbeirufen kann, wurde in seinem Ursprung bis nach Assur zurückverfolgt. Er ist für fast jede rituelle Handlung dieser Art im Fernen Osten von Bedeutung. Die Namen der Geister und die Kenntnis magischer Worte sind sogar jugendlichen Lesern von Märchen bekannt. Beide sind ebensoweit – wenn nicht noch weiter – verbreitet und hochgeschätzt. Die Machtworte[11], mit denen der Dschinn von Salomo beschworen wurde, bildeten einen wichtigen Teil der alten ägyptischen Lehren.

Auch alle Bannformen sind äusserst verbreitet. So wird beispielsweise der Wachsfigurenzauber noch immer angewendet, wie ich selbst beobachten konnte. Ein frühes Beispiel für Bannsprüche stellt eine Beschwörung von Assur-bani-Pals zweisprachiger Tafel dar, die aus dem Akkadischen stammt und wahrscheinlich von den Riten der mongolischen Stämme Zentralasiens herrührt. Diese Tafel aus dem Königspalast in Nineveh enthält achtundzwanzig Bannsprüche und wurde bereits 700 v. Chr. als Überlieferung äusserst alter Riten angesehen. Ein Teil davon lautet so:

Derjenige, der Bilder herstellt und behext,
die böse Erscheinung, der böse Blick,
der böse Mund, die böse Zunge,
die böse Lippe, die beste Zauberei,
Geister der Himmel, beschwört sie!
Geister der Erde, beschwört sie!

All diese verbotenen Einzelheiten sind noch heute Grundbestandteile magischer Prozesse.

Die Magie hat mit der Religion mehr gemeinsam als die meisten Menschen ahnen. Die unvermeidbare Kollision, die auf der Voraus-

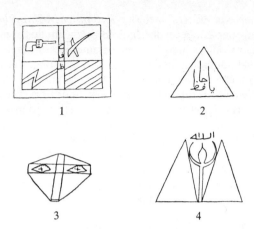

Orientalische Talismane aus der Sammlung des Autors: (1) Modernes Schutzamulett (pathanisch). (2) Arabisches Schutzamulett (Türkei). (3) Talisman einer christlich arabischen Frau gegen den bösen Blick (Libanon). (4) Mahdistischer Siegestalisman (Sudan).

setzung beruht, dass Gleich und Gleich sich anzieht, ist am besten zu erkennen in den organisierten Kampagnen gegen die Zauberei durch Institutionen wie die spanische Inquisition. Entweder ihretwegen oder, weil die Kirche darauf bestand, dass Magier Diener des Teufels seien, erhielt die Magie in Europa den Ruf einer bösen Macht, der ihr nicht überall eigen ist. Christliche Theologen waren der Ansicht, dass die Besänftigung eines Geistes einer Minerung des Glaubens gleichkomme, der Gott allein gehören solle. Wegen dieser These und wegen gewisser Bibelstellen wurde Magie mit Teufelsanbetung gleichgesetzt. Mit dieser Grundhaltung folgte der Katholizismus dem Beispiel der Rabbiner, die gegen die zunehmende Verbreitung magischer Praktiken unter den Juden vorgingen.

Das zweite grosse Werkzeug, das — bewusst oder unbewusst — das Studium der Magie im Westen anregte, war die katholische Kirche. Durch das Alte Testament gezwungen, die Realität übernatürlicher Phänomene, einschliesslich der Macht von Hexen und Zauberern anzuerkennen, bezogen die römisch-katholischen Theologen Stellung gegen die Zauberei. («Du sollst nicht dulden, dass eine Hexe lebt.» Ex. XXII, 18) Deshalb untersuchten und studierten sie die Magie. Diese Einstellung zu den okkulten Wissenschaften hat sich in der katholischen Kirche seit der spanischen Inquisition nicht nennenswert verändert. Nach der *Katholischen Enzyklopädie*[12] ist die Existenz der Zauberei durch die Bibel zweifellos erwiesen.

Viele der Codices jüdischer und salomonischer Magie, die heute nur noch in lateinischen und französischen Fassungen erhalten sind, tragen deutliche Spuren christlicher Verfälschungen. Viele der Riten des *Schlüssels Salomos* beispielsweise sind mit ziemlicher Sicherheit von christlichen Priestern »christianisiert« worden, um den Eindruck zu erwecken, dass durch die Einfügung der christlichen Zusätze mit ihrer Hilfe Wundertaten vollbracht werden könnten.

Unter den Moslems und in anderen grossen Religionen des Ostens entwickelte sich ein Kompromiss: die Theorie von der Aufteilung in erlaubte und unerlaubte Magie – eine entfernte Parallele zur Unterscheidung zwischen schwarzer und weisser Magie im Westen.

Magie blieb und bleibt nichtsdestoweniger etwas, das die organisierten Religionen weder wirklich in sich aufnahmen noch zerstören konnten. Wie die Religion entspringt sie einer übernatürlichen Basis: der Anziehung einer Kraft, die höher steht als der Mensch. Dem Glauben an diese Kraft entstammt der Wunsch nach Schutz, gefolgt vom hartnäckigen Verlangen nach grösserer Macht über andere Menschen, über die Elemente, ja über das »Schicksal« selbst.

Gemeinsam mit den Religionen hat die Magie auch ihre Hilfsmittel: die Werkzeuge der Kunst, die Roben und Gewänder, die Räucherungen und die Wortwiederholungen, die Bezeichnungen und die Gebete. Es gibt eine Anschauung, die besagt, dass bei der Begegnung mit übernatürlichen Mächten der Wunsch entstehe, in eine vertragliche Beziehung zu ihnen zu treten: daher rührt der «Pakt». Es gibt einen Vertrag zwischen Mensch und Gott. Theologen des Mittelalters und späterer Zeiten beklagten sich darüber, dass Bücher der Magie die Riten der Kirche nachäfften, dass man versuche, Verträge mit dem Teufel abzuschliessen, so wie Gott Verträge mit dem Menschen eingehe. Neuere Forschungen haben ergeben[13], dass das »Vertrags«-Element der Magie so alt ist wie die Magie selbst: und daher auch älter als viele der bis heute überdauernden organisierten Religionen. Abschliessend sei noch auf die Parallele verwiesen, dass Magie und Religion ihre rituellen Handlungen an geweihten Orten durchführen.

2 JÜDISCHE MAGIE

«Unter euch soll kein Seher, kein Hexer und keine Hexe, weder ein Zauberer noch ein Ratgeber, der mit befreundeten Geistern umgeht, und auch kein Magier oder Totenbeschwörer sein.»

Deuteronomium, XVIII, 10

Nach arabischer Überlieferung waren die Juden die grössten Magier aller Zeiten. Auch im europäischen Mittelalter schauten sowohl die jüdischen Laien als auch die Christen, unter denen sie lebten, oft genug ehrerbietig zu einem Zauberer hebräischer Abstammung auf, als handle es sich um einen Wundertäter. Die Juden ihrerseits sahen Jesus oft als Magier an[14]; aber das gehört nicht zu unserem Thema.

Ob die hebräische Magie eine Eigenschöpfung des semitischen Volkes ist, ist fast nicht zu klären, wenn man nicht weiss, welcher Teil ihres magischen Erbes aus fremden Quellen stammt. Es besteht kein Zweifel daran, dass Magie unter den Juden sehr weit verbreitet war.[15]. Zu Recht oder zu Unrecht leiten buchstäblich Tausende von Codices ihren Ursprung von hebräischen Originalen ab, und Moses selbst war in gewissem Sinne ein Magier.

Nach Ansicht der Samariter stammen alle magischen Lehren von einem Buche ab: dem *Buch der Zeichen*, das Adam aus dem Paradiese mitbrachte, um Macht über die Elemente und die unsichtbaren Dinge zu erlangen. Als *Buch Rasiel* befindet sich dieses Buch noch heute in Umlauf – wenn es sich dabei wirklich um das gleiche Buch handelt.

Rasiel, was soviel bedeutet wie «Geheimnis Gottes», soll der wahre Übermittler von Geheimnissen sein. Sein *Buch* soll von Adam stammen. An anderer Stelle wird dem Leser eröffnet, es sei Noah anvertraut worden, kurz bevor dieser die Arche bestiegen habe. Wie bei vielen anderen magischen Texten lässt sich auch die Geschichte dieses Buches auf Salomo zurückführen, den Sohn Davids und Giganten unter den Wundertätern. Die bibliographische Forschung war bis jetzt nicht in der Lage, die Geschichte des *Buches Rasiel* zu klären. Es enthält eine grosse Menge magischer Zeichen und Figuren sowie Anweisungen zur Herstellung von Talismanen und soll ursprünglich auf einer Tafel aus Saphir eingraviert gewesen sein. Jedoch stehen der Forschung von diesem Buch nur Kopien ziemlich jungen Datums zur Verfügung.

Ein weiteres Werk, das geistig von Salomo und Moses abstammen soll, ist das apokryphe *Buch Enoch*.[16] Wie auf anderen Gebieten historischer Forschung, scheint auch hier wenig Zweifel daran zu bestehen, dass einige der Schriften, die den Anschein typisch jüdischer magischer Bücher erwecken, als schlechte Fälschung anzusehen sind. In anderen Fällen mögen die Originale ersetzt worden sein. Viele Wissenschaftler sind der Meinung, dass ein grosser Teil des jüdischen magischen Rituals mit den alten Handschriften verlorengegangen ist. Denn die hebräischen Zauberer waren nicht nur der Feindschaft der Rabbiner ausgesetzt[17], sondern auch der Willkür der Völker, in deren Ländern sie oft als rassische Minderheit lebten. Diese nahmen zwar auch von Zeit zu Zeit ihre Hilfe in Anspruch – die Mauren und Polen beschäftigten sie beispielsweise als Regenmacher. Wenn aber irgend etwas schiefging, wurde ihnen meist auch die Schuld gegeben. Ausserdem könnte das Gesetz der Übertragung, demzufolge nur sehr wenige in die Mysterien eingeweiht werden konnten, die Niederschrift vieler magischer Lehren verhindert haben.

Das *Buch Enoch*[18] enthält die folgende Legende, die als Erklärung dafür dient, wie die Magie zu den Juden kam:

Zwei Engel (Uzza und Azael – einen davon übernahmen später die heidnischen Araber als Gott, den anderen als Engel) wurden von Gott ausgesandt, um Sterbliche in Versuchung zu führen. Sie sollten die menschliche Schwäche erkunden. Da sie aber selbst der Liebe zu einer Frau erlagen, verfielen sie der göttlichen Strafe.

Einer von ihnen hängt mit dem Kopf nach unten vom Himmel herab, der andere liegt jenseits der dunklen Berge in Ketten: Zufälligerweise war er es auch, der die Frauen lehrte, ihre Gesichter zu bemalen!

Die *Bücher des Hermes*[19], die nach Ansicht verschiedener Quellen zweiundvierzig Bände umfassten, werden dem ägyptischen Gott Thoth zugeschrieben; wie eine Vielzahl von Bezugnahmen eindeutig bezeugt, wurden sie mit Sicherheit von den jüdischen Magiern benutzt. Thoth wird von Plato Theuth genannt; er behauptete auch, jener sei ein Mensch von grosser Weisheit gewesen und habe in Ägypten gelebt. Es heisst, dass die alten Ägypter ihre Religion und ihre weitverbreiteten magischen Praktiken auf seine Schriften gründeten.

Wer war Thoth oder Theuth, und was waren seine magischen Entdeckungen? Hier nimmt Cicero die Erzählung auf und berichtet, dass Thoth tatsächlich ein Mann aus Theben war, ein «Gesetzgeber». Die Lehren der *Bücher des Hermes,* soweit sie noch vorhanden sind (laut Quellen waren es angeblich ursprünglich zwischen 42 und 36.525 Bänden), scheinen auf den ersten Blick verworren, mystisch, widersprüchlich und magisch. Sind sie ägyptischen Ursprungs? Das ist ernsthaft bezweifelt worden. Wahrscheinlich wurden die Werke Thoths, wie es in früheren Zeiten allgemein üblich war, kopiert, redigiert und in mehr oder weniger veränderter Form weitergegeben. Dass sie heute Spuren christlichen, islamischen und gnostischen Denkens enthalten, scheint naheliegend. Ich habe jedoch aktive Verfechter der These getroffen, dass es sich dabei um prophetische Schriften handle, und einige von ihnen vertreten auch die Ansicht, dass ihr wahrer Sinn hinter dem esoterischen Symbolismus verborgen liegt. Wenn dies der Fall ist, nimmt es sicherlich mehr als ein Gelehrtenleben in Anspruch, es aufzuklären. Dadurch bleibt Thoth ein nahezu versiegeltes Buch.

Der *Sohar*[20] ist ein weiteres wichtiges Werk jüdischer Magie. Dieses Buch, das nur so von Dämonen, Geistern, Höllen und Teufeln wimmelt, war im Europa des 14. Jahrhunderts weit verbreitet. Vielleicht kann der *Sohar* und die kabbalistische Schule, die er hervorrief, als die grösste eigenständige Kraft gelten, die den Juden den Ruf bescherte, die grössten Magier des Westens zu sein.

Aus jüdischen Quellen oder aus Texten, die eine jüdische Beeinflussung für sich beanspruchen, stammen die meisten der Opfer- und Sühneriten, die heute als Hohe Magie bezeichnet werden. Die

Räucherungen und der Weihrauch, Kerzen und Messer, die Pentakel und sogar die meisten der in den Zeremonien verwendeten Worte ahmen die religiösen Rituale der Hebräer auf eine Art nach, die dem Parodieren der christlichen Messe durch die Schwarzmagier sehr ähnelt.

Das *Buch der heiligen Magie von Abramelin, dem Weisen,* ist eines der vielen Grenzwerke.[21] Sein angeblicher Verfasser ist Abraham, der Sohn des Simon. Es entstand um das Jahr 1458 und könnte das Werk eines Christen sein. Dennoch enthält es vieles aus der magischen Tradition der Hebräer. In Wirklichkeit stellt es wahrscheinlich eine Mischung dar: das Werk eines Christen, der in die orientalische Kunst der Magie eingeweiht war. Da es nicht möglich ist, hier eine vollständige Übersetzung wiederzugeben, wird es schwer sein, einen Eindruck über Wesen und Themenumfang dieses bemerkenswerten Schwarzen Buches wiederzugeben. Das Werk gibt vor, von einem hebräischen Original abzustammen und − wie der Titel andeuten will − von «heiliger» im Gegensatz zu weltlicher Magie zu handeln. In Übereinstimmung mit den Lehren der Hohen Magie behauptet der Autor, dass man mit Hilfe dieses Buches Dämonen und Engel dienstbar machen könne, zum Guten wie zum Bösen, denn es soll sich dabei angeblich um das gleiche Buch handeln, das auch Moses, Salomon und anderen übermittelt wurde. Die in diesem Buch beschriebenen Riten ähneln denen der meisten Grimoires − den «Grammatiken der Zauberer». Einzelheiten zur Ausführung von Bannsprüchen werden angegeben, zur Beschwörung von Geistern, zum Wiederfinden verlorener Gegenstände, zum Hervorrufen von Liebe und Hass. Kein Wunder, dass die Tradition es jedem Eingeweihten dieser Art Magie zur Auflage machte, niemandem irgendwelche Einzelheiten des Zeremoniells mitzuteilen, wenn er sich nicht selbst davon überzeugt habe, dass der Empfänger «bereit sei, es zu empfangen».[22]

Salomo wird auch das vielbegehrte *Grimorium Verum* zugeschrieben, das Material aus dem *Schlüssel Salomos*[23] enthält, mit dem wir uns im folgenden noch auseinandersetzen werden. Nicht nur, dass dieser kleine Wälzer die «wahren und authentischen Geheimnisse des Königs Salomo» enthält, es wurde ausserdem tatsächlich in seinem Grab entdeckt! Mit Hilfe dieses Buches kann der Zauberer sich auf die Ausübung der Kunst vorbereiten und die vielfältigen Werkzeuge herstellen, die für die schwierige Geisterbeschwörung erforderlich sind. Er kann damit eine grosse Anzahl machtvoller Wesen herbeirufen und vertreiben. Wenn die Titelseite auch angibt, dass das Buch von «Alibeck, dem Ägypter» 1517 in Memphis gesammelt und veröffentlicht wurde, so stammt es doch wahrscheinlich aus dem 18. Jahrhundert und wurde nach einer viel älteren Handschrift gedruckt. Eine vollständige Version des *Wahren Grimoires* ist nicht bekannt, wenn auch die fehlenden Teile dieser Ausgabe in den moderneren italienischen Texten enthalten sind.

Ein weiteres wichtiges Werk, das zu den ausgesprochenen Schätzen jedes mittelalterlichen Zauberers gehörte, ist die *Wahre Schwarze Magie*. Auch dieses Buch soll von hebräischen Quellen abstammen. Und es stammt auch tatsächlich vom *Schlüssel Salomos* ab. Es ist bekannt wegen seiner Todes- und Hasszauber und könnte von einem Manuskript kopiert worden sein, parallel zu demjenigen, von dem alle neueren Versionen des *Schlüssels* abstammen. Nur eine einzige selten zu findende Ausgabe dieses Buches ist bekannt – die von 1750. Wie von allen Grimoires kann man auch von diesem nur Einzelexemplare von Sammlern kaufen oder in einigen wenigen Bibliotheken einsehen. Bevor diese Textbücher der Zauberei nicht der Öffentlichkeit zugänglich sind, wird es für Studenten des Okkultismus nicht einfach sein, die Wechselbeziehung zwischen Kultur und Mythos zu untersuchen, die zu den magischen Praktiken in Europa und im Orient führten.

Zwei Hauptkräfte waren abgesehen von den Berufsmagiern selbst für die Verbreitung der okkulten Studien östlicher Magie im Westen verantwortlich. In erster Linie waren es arabische Forscher, die der Anweisung des Propheten «Suche Wissen, auch wenn es so weit entfernt zu finden ist wie in China» wörtlich folgten und ganze Bibliotheken voller hebräischer Bücher übersetzten, studierten und sie in arabischer, lateinischer und griechischer Sprache an ihren berühmten Universitäten in Spanien veröffentlichten. Westliche Gelehrte brachten dieses Wissen nach Nordeuropa, wo daraufhin die okkulten Studien und auch die weltlicheren Wissenschaften Wurzeln schlugen.

Weit ab von Erzählungen über Magie und Magier, die in wenig gelesenen Werken über Leben und Sitten der Hebräer verborgen waren, gab es eine andere Quelle, aus der man eine Menge Fakten entnehmen konnte: die Bibel. In biblischer Zeit kannte die jüdische Magie verschiedene Arten von Praktikern: Wahrsager, die durch Kristallsehen und Starren Visionen hatten (*Gen.*XLIV, 5); Menschen, die aus Figuren, Lebern usw. Rat gaben – eine Art von

Wahrsagern wie *Hesekiel* XXI, 26 – Midianiter (*Num.* XXII, 7) und die Wahrsager der Philister, wie wir sie in I.*Sam.* VI, 2 finden.

Sie alle hatten ihre Gegenstücke in anderen arabischen Nationen; ein beträchtlicher Teil des magischen Erbes dieser hebräischen Zauberer scheint von den turanischen Mongolen zu stammen, die in diesem Gebiet den Assyrern vorangingen. Ein Zauberer ist nach Rabbi Akiba jemand, der bei Reisen, beim Sähen und dergleichen seine Entschlüsse von günstigen und ungünstigen Tagen abhängig macht. Verschiedene jüdische Autoritäten stimmen darin überein, dass die magischen Künste von den Juden während der ägyptischen Gefangenschaft erlernt wurden. Dabei scheint es sich um die Art von Zauberern zu handeln, die in *Lev.* XIX, 31 und *Deut.* XVIII, 11 erwähnt werden. Es gibt jedoch auch Hinweise auf Wahrsager und wahrscheinlich auch auf Astrologen in *Isa.* II, 6; XLVII, 13 und auch

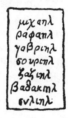

Griechischer Talismann von einem Papyrus, der die hebräischen Namen der sieben Erzengel enthält: Michael, Gabriel, Souriel, Zaziel, Badakiel, Suliel.

anderswo, was zeigt, dass sie eine Untergruppierung der Zauberer waren. Die «Graveure» waren Menschen, die sich auf die Herstellung von Talismanen spezialisiert hatten, die dann später in Europa so bekannt wurden. Grosse Teile einiger westlicher Grimoires waren diesen Talismanen und ihrer Herstellung gewidmet.

Zauber, Gegenzauber, Besessenheit durch Dämonen und übernatürliche Kämpfe sind die Bestandteile der magischen Welt der Semiten. Fast jeder wird solche Praktiken wie den Versuch, die «Schrift an der Wand» zu lesen und die Deutung von Zeichen als Beweis für okkultistische Aktivitäten ansehen. Weniger einleuchtend ist wohl der Hintergrund der berühmten magischen Schlacht zwischen Moses und Aaron und den ägyptischen Priester-Magiern.[24] Ein bekannter Trick der Magier jener Zeit, der auch im heutigen

Ägypten noch zu finden ist, war die scheinbare Verwandlung von Stäben zu Schlangen. Der tatsächliche Vorgang ist dieser: die Viper wird in einen Zustand kataleptischer Starrheit versetzt, indem man ihr auf den Kopf drückt. Sie ähnelt in diesem Zustand einem Stab. Wirft man sie zu Boden, dann wird sie aus ihrem Schock aufgeweckt, und der hypnotische Zustand löst sich. Dies taten die Ägypter. Da das vorliegende Buch sich nicht mit Fragen der Apologetik auseinandersetzen will, brauchen wir hier nicht zu diskutieren, ob Aarons Stab, der eine ähnliche Schlange gewesen sein könnte, tatsächlich die Stäbe der Gegner verschlang oder nicht. Wen diese Frage näher interessiert, der kann bei Autoren wie Maury, Lane und Thompson nachschlagen.[25]

Die jüdische Dämonologie, die mit den gesammelten Teufeln und bösen Geistern aller Zivilisationen ausgestattet ist, deren Erbe Israel angetreten hat, ist eine eindrucksvolle Lektüre. Rabbi Menachem wusste, dass der Mensch unmöglich existieren könnte, wenn er sie alle mit blossem Augen sehen würde. Nicht jeder ist ihren Angriffen in gleicher Weise ausgesetzt, jedoch: sie suchen sich insbesondere die Rabbis aus, um sie zu peinigen. Der Hauptzweck der rabbinischen Gewänder ist die Abwehr der Elementargeister. Möglicherweise haben die Gewänder aller Zauberer ihren Ursprung und Sinn in dieser Schutzfunktion.

Die ungünstigste Zeit für den Kontakt mit den Geistern ist die Nacht, wenn Igereth in Gesellschaft von hunderttausenden von gereizten niederen Dämonen umherfliegt, die alle darauf warten, Böses zu tun und dafür sorgen, dass es geschieht.

Zur Nacht, so fährt diese Quelle fort, sollte niemand alleine schlafen, damit nicht Lilith ihr böses Werk verrichtet. Lilith ist natürlich der biblische Sukkubus, der Männer verführt. Die Legenden der Rabbiner enthalten eine umfassende Literatur darüber, wie dieser Geist weibliche Gestalt annahm und Adam täuschte. Es handelt sich hier um einen Teufel akkadischen (zentralasiatischen) Ursprungs – Gelal oder Kiel-Gelal –, und sein Name stammt im Hebräischen vom assyrischen Lil oder Lilit ab.

Unter den jüdischen Kabbalisten herrschte die Meinung, dass der schwer zu begreifende Höchste Name, jenes gewaltige Wort der Macht SCHEMHAMPHORAS sei. Mit seiner Hilfe konnte jede magische Handlung ausgeübt werden. Aber ebenso wie das *Buch des Thoth* durften ihn auf die Gefahr schrecklicher übernatürlicher Bestrafung hin nur Eingeweihte verwenden. Spätere hebräische

Autoren behaupteten sogar, dass es eben dieser Name gewesen sei, der von Jesus benutzt wurde, um Wunder zu wirken.

Wo man so selbstverständlich an die Vielzahl der Dämonen glaubte, da waren auch ständig Hexen und Zauberer am Werk. Es ist durchaus möglich, dass viele der vermeintlichen Hexen in Wirklichkeit nur Sonderlinge waren. Bei solchem zeitlichem Abstand ist das eine vom anderen kaum zu trennen. Beispielsweise befindet sich im zweiundzwanzigsten Kapitel *Exodus* die berühmte Zeile: «Ihr sollt nicht dulden, dass eine Hexe lebt!» Um was für eine Hexe handelt es sich wohl bei dieser Dame aus Vers 18? Einige Leute sind der Ansicht, das dort verwendete Wort *chasaf* bedeute an dieser Stelle wahrscheinlich nur «Giftmischer», was den Sinn vollkommen verändern würde. Es ähnelt dem Wort *veneficus* in der lateinischen Version der *Septuaginta*. Die Wahrheit liegt wahrscheinlich irgendwo dazwischen: Hexen wurden entweder symbolisch oder auch real als Giftmischerinnen angesehen. Im sechzehnten Jahrhundert wird von vielen Hexen berichtet, denen nachgesagt wurde, sie hätten bei Versagen ihrer magischen Mittel zum Gift gegriffen. Um einen solchen Fall handelt es sich beim Mord an Sir Thomas Overbury.

Aus allem Gesagten wird ersichtlich, dass Hexerei bei den offiziellen Autoritäten der hebräischen Semiten eindeutig unbeliebt war. Aber, wie es sich mit vielen anderen verbotenen Dingen so verhält, übte auch die Zauberei dennoch einen ständigen Einfluss auf das Leben der Menschen jener Zeit aus.

Die, die mit den heiligen Schriften jener Tage nicht übereinstimmten, bildeten die Anhängerschaft dieses Kults. Die Geschichte zeigt, dass in schweren Zeiten der Zweifel selbst fromme Gläubige dazu bringen konnte, sich mit Hexerei zu beschäftigen. Theologen kennen diese Verbindung zwischen dem Rückgang des Glaubens und der Hinwendung zu den «dunklen» (d. h. magischen) Künsten. Und natürlich wurde Hiobs Tugend durch eine Kette von Unglücksfällen geprüft.

Im *Deuteronomium* XVIII, 10 heisst es: «Unter euch soll sich keiner befinden, der seinen Sohn oder seine Tochter durch das Feuer gehen lässt, der Wahrsagungen benutzt oder in die Zukunft sieht, kein Hexer und keine Hexe, kein Zauberer und auch keiner, der mit befreundeten Geistern umgeht, und auch kein Magier oder Totenbeschwörer.»

Manasse veranlasst nach dem II. *Buch der Könige* XXI, 6 seinen Sohn, durch das Feuer zu gehen. Die Araber springen noch heute manchmal über eine Flamme, um die ihnen möglicherweise folgenden bösen Geister zu entmutigen. Derselbe König von Juda «sah in die Zukunft, benutzte Beschwörungen und pflegte Umgang mit befreundeten Geistern und Zauberern». Alles in allem war er eine Art Magierkönig.

Nachdem Saul, der König von Israel, vom Lauf der Ereignisse entmutigt und von seinen Untertanen enttäuscht worden war, hatte er die Hoffnung aufgegeben, von Gott Antworten zu erhalten und kam so dazu, die Hexe von En-Dor um Rat zu bitten. In seiner eigenen Notlage vergass er, dass er selbst oft Hexen aufgespürt und umgebracht hatte.

Die Hexe sagte ihm, sie sähe einen alten Mann, der einen Mantel trüge. (Anscheinend handelte es sich hier um keine wirkliche Materialisation.) Saul erkannte die beschriebene Person wieder, sank auf die Knie und hörte eine Stimme, die von Samuel zu stammen schien – er konnte sie hören, obwohl er nichts sehen konnte –, und die ihm seine Niederlage und seinen Tod verkündete. Diese Rückkehr zur traditionellen Praxis der Könige, Magier und Zauberer um Rat zu fragen oder sie sich sogar ständig als Ratgeber zu halten, mag nach monotheistischen Massstäben höchst tadelnswert sein. Es handelt sich dabei jedoch keineswegs um einen einmaligen Vorfall. Magier sonnen sich von jeher wie andere Kunstschaffende in der gütigen Gönnerschaft von Herrschern. Man stösst da nicht nur auf Anzeichen für die beträchtliche Macht von Wundertätern, sondern auch auf Berichte über grossartige Belohnungen. Eine der wohl grössten Summen, die jemals an einen Seher gezahlt wurde, waren die vierzig Kamelladungen, die Ben Chadad, der König von Damaskus, Elias als Belohnung schenkte, weil dieser herausgefunden hatte, ob die Krankheit des Königs tödlich enden würde.

Der breite Strom der jüdischen Magie erstreckt sich in seiner modernen Form weit über die Ufer des Mittelmeeres hinaus. Ein würdiger Nachkomme jener biblischen Seher war der erstaunliche Nostradamus, der uns auch heute noch ein Rätsel ist. Seine seltsamen Prophezeiungen werden so wenig angezweifelt, dass vor einiger Zeit sogar ein Film gedreht wurde, der zeigte, dass einige davon sich bewahrheitet haben.

Geboren zu Beginn des sechzehnten Jahrhunderts in der Provence, behauptete er, mütterlicherseits von einem Seher-Arzt des Königs René abzustammen. Seit seiner frühesten Kindheit hatte er eine Neigung zur Magie gehabt. Im Alter von zehn Jahren gab er schon

Leuten, «die doppelt so alt waren wie er», Unterricht über verborgene Dinge, obwohl sein Vater, der versuchte, ihn zu einer medizinischen Karriere zu überreden, dagegen war.

Jedenfalls wuchs Nostradamus[26] zu einem stattlichen bärtigen Mann heran, und im Jahre 1525, als er gerade zweiundzwanzig Jahre alt war, wurde das Land von Hungersnot und Pest heimgesucht. Es gab wenig Ärzte, und so bot er eine von ihm entwickelte Behandlung an. Das Ergebnis war eine Reihe von spektakulären Heilerfolgen. Er wollte – oder konnte – die Grundlage seines Heilmittels den Ärzten nicht erklären, die nur wussten, dass er ein geheimes Pulver besass und dass es wirkte. Man gab ihm dafür den Titel eines Ehrendoktors der Medizin, und er setzte seine okkulten Studien fort.

Die nächste seltsame Nachricht über ihn war, dass er die Fähigkeit der Vorhersage entwickelt habe. Es gibt keine Angaben darüber, wie diese Kraft wirkte. Natürlich wurde er verdächtigt, mit dem Satan im Bunde zu stehen. Und wieder brach inmitten dieser Anschuldigungen, zu denen er nicht geruhte, sich zu äussern, eine Pest über die Menschheit herein. Diesmal befiel die Seuche auch Nostradamus selbst. Aber er besiegte die Krankheit und brachte sein Pulver an Orte, von denen alle anerkannten Ärzte geflohen waren. Von den dankbaren Bürgern wurde ihm daraufhin eine Rente aufgenötigt.

Nachdem er in Lyon wiederum eine Seuche besiegt hatte und erneut der Zauberei angeklagt wurde und auch eine Anzahl weiterer Vorhersagen geäussert hatte, wurde Nostradamus an den Hof des Königs Henry gerufen und zum königlichen Arzt ernannt. Der einzige Anhaltspunkt für den möglichen Hintergrund seiner Studien ist die urkundlich belegte Zeichnung des königlichen Horoskops und die Behauptung, dass diese Studien sich hauptsächlich mit dem Kabbalismus befassten, der esoterischen Philosophie der Juden.

Der Kabbalismus wurde im geheimen studiert und praktiziert. Seine Literatur – wie auch diejenige der Sufis und anderer Philosophen im Umkreis der sogenannten hohen Tradition – war mit Symbolismen reich ausgeschmückt. Ausser der Alchimie gibt es wohl kein Gebiet, das schon von der Terminologie her für Uneingeweihte schwieriger zu verstehen ist.

Man war der Ansicht, dass Macht sich vor der Öffentlichkeit verstecke. Sie sei nur im geheimen und durch Geheimhaltung zu erlangen. Ebenso musste auch ihre Anwendung geheimgehalten werden.

Sogar die Lehren selbst wären durch Weitergabe an zweifelnde Menschen verwässert worden: »Wissen ist Macht – mitgeteiltes Wissen ist verlorene Macht!« Verschwiegenheit, Diskretion, Ergebenheit, dies waren die Kennzeichen des Studenten der Kabbala.

Alles Gute entsprang aus einem Punkt, der im Kabbalismus Gott genannt wird. Ebenso wurde alle gute Macht nur durch diesen Punkt erreicht und ausgeübt. Die Macht und die Eigenschaften Gottes teilte man in zehn Kategorien ein, die *Sephiroth*.

Diese esoterischen Geheimnisse wurden während der Glanzzeit des westlichen wie des östlichen Okkultismus mit anderen jüdischen und nichtsemitischen Systemen verglichen und zeitweise gleichgesetzt. Die Gnostiker benutzten Edelsteine und Ziffern, um zu verbergen, was sie für grosse Wahrheiten hielten; einige Gruppen von «Meistern» lehrten ihre Schüler, dass die Symbolismen ihrer Riten durch göttlichen Einfluss und Träumen offenbart würden, andere, dass sie nur Gefässe für die Quintessenz der Weisheit bildeten, die sich durch Äonen des Studiums und der Erleuchtung kristallisiert hätten. Bei den Juden wie auch bei anderen Völkern waren Engel in grosser Zahl bekannt, gute und böse: Träume und Omen hatten alle ihren rechten und unrechten Platz.

Die Platoniker glaubten an die «gefallenen Engel» – wovon es in der höheren wie in der unteren Welt gleich viele gab. Diese sind die Prototypen für Erscheinungen und befreundete Geister. Auch gibt es die Rache der Bösen und der Gottlosen: böser und schlechter Geister, die willens und begierig sind, zu verletzen und zu erschrekken. Vier böse Könige herrschen über sie: Sie bewohnen Orte nahe der Erde oder sogar auf der Erde selbst.

Andere teilen diese bösen Geister in neun Grade auf, die ersten sind falsche Götter, die erreichen, dass sie verehrt werden, und die Opfer fordern. Ein solcher sprach angeblich zu Jesus und zeigte ihm alle Königreiche der Welt. Eine ähnliche Geschichte wird auch von Mohammed und einem bösen Geist erzählt, der die Sendung des Propheten zu verfälschen versuchte. Als zweites gibt es Lügengeister, so wie sie aus dem Munde Ahabs hervortraten. Die dritte Art sind die Gefässe des Bösen: in der *Genesis* wird uns geschildert, wie Jakob sagte: «Gefässe des Bösen wohnen in ihren Behausungen, lass meine Seele nicht ihrem Rat verfallen.»

Als vierte folgen im späteren jüdisch-christlichen Denken die Rächer des Bösen, die Wunder vortäuschen und Hexen und Zauberern dienen: Ein solcher soll zu Eva gesprochen haben. Ihr Prinz ist Satan, der «die ganze Welt verführt, indem er grosse Zeichen setzt und vor den Augen der Menschen Feuer vom Himmel fallen lässt». Als sechste folgen diejenigen, die sich mit Donner und Blitz verbinden, die Luft verderben und Seuchen und andere Übel hervorrufen: die Geister, von denen man annahm, sie hülfen Nostradamus. Sie haben Macht über Land und See und beherrschen die vier Winde. Ihr Prinz ist Meririm, ein tobender, kochender Teufel – er wird «Prinz der Macht über die Luft» genannt.

Francis Barrett, nach seiner eigenen Aussage der letzte der grossen Zauberer, schrieb im frühen neunzehnten Jahrhundert über diese Mächte und über die verschiedenen Arten, wie sie sich den Menschen offenbarten, über Prophezeiungen, Symbole und Zeichen und über die ganze Breite der westlichen Magie, die fast vollständig aus jüdischen Quellen stammt: «Die Seele kann wahrheitsgemässe Orakel empfangen, und sie bringt zweifellos in Träumen wahre Prophezeiungen hervor, in denen unbekannte Orte und unbekannte Menschen erscheinen, lebende wie tote. Kommende Ereignisse werden auf diese Weise vorhergesagt. Dennoch gibt es Menschen, deren Geist von zu vielen Sinneseindrücken überflutet ist oder deren Vorstellungskraft zu abgestumpft ist, so dass sie die Bilder und Eindrücke, die vom höheren Intellekt herabfliessen, nicht entschlüsseln können. Dies bedeutet, dass solche Menschen letztlich nicht in der Lage sind, Träume zu empfangen und aus ihnen zu prophezeien.»[27]

Träume werden also von diesem Adepten wie auch von seinen Vorgängern und Mitbrüdern auf der ganzen Welt als wertvolle Wege für die Übertragung von okkultem Wissen angesehen. Einige der modernen, psychologisch orientierten Antropologen sind sogar der Ansicht, dass wir uns mit den Träumen befassen müssen, wenn wir den Ursprung des menschlichen Glaubens an das Übernatürliche herausfinden wollen. Der Traum könnte das erste Phänomen gewesen sein, das im Menschen die Vermutung weckte, es existierten andere Welten und Wesen, mit denen zu kommunizieren lohnen könnte. In jüdischen und anderen magischen Schriften sind verschiedene Prozeduren zur «Verursachung von Träumen» verzeichnet, und diese haben im Okkultismus immer eine Rolle gespielt.

3 SALOMO: KÖNIG UND MAGIER

«Wahrlich, Salomo war der grösste unter den Magiern. Er besass Macht über Vögel und wilde Tiere und auch über Menschen, vom edelsten bis zum niedrigsten. Rufe deshalb die Geister und den Dschinn in seinem Namen und mit seinem Siegel an: dann wirst du Erfolg haben, wenn es Allahs Wille ist!»
MIFTAH EL-QULUB: Schlüssel der Herzen. Persien, MS aus dem Jahr 1000 nach der Flucht.

Wenn es eine Verbindung zwischen den magischen Künsten Ägyptens, Israels und des Westens gibt, dann besteht sie in der Sammlung von Schriften, Ritualen und Überlieferungen, die Salomo, dem Sohne Davids und dritten König von Israel zugeschrieben werden.

Sowohl die Bibel als auch der Koran beziehen sich auf diesen wundertätigen König; sein Leben wurde in *Tausendundeine Nacht* und in zahllosen anderen Romanen und Phantasiegeschichten ausgeschmückt. Neueren europäischen Grimoires zufolge wird sein Name vom magischen Praktiker benutzt, um Luzifugus zu beschwören und zu unterwerfen und diesen Geist zu zwingen, Schätze auszuspeien. Was können wir aus der Masse der Legenden und pseudogeschichtlichen Informationen, die aus dem 19. Jahrhundert vor Christus stammen, über das tatsächliche Leben und Wirken dieses Mannes entnehmen? Es würde schon ein ganzes Buch füllen, alleine das der Magie gewidmete Leben Salomos zu behandeln. Aber gewisse allgemeine Grundlinien können wir hier aufzeigen. Man muss sich ständig vergegenwärtigen, dass einige der magischen Dokumente, die sich von Schriften Salomos herleiten, in Wirklichkeit Schriften von Rabbis mit gleichem Namen sein könnten. Bei vielen der Codices ist jedoch keineswegs leicht nachzuweisen, dass es sich nicht um Fälschungen handelt.

Die arabischen Chroniken übertrafen alle anderen Schriften an sorgfältiger Aufmerksamkeit gegenüber der okkulten Seite dieses aussergewöhnlichen Mannes.

Nach den meisten Darstellungen reiste Salomo auf einem fliegenden Teppich durch die Luft; und er tat dies sogar gemeinsam mit seinem gesamten Hof. Dieser Teppich war aus einer Art grüner Seide hergestellt und wurde von fliegenden Vögeln eskortiert, wenn er Hunderte von Menschen zugleich beförderte. In einer jüdischen Überlieferung heisst es, dass der Teppich sechzig Meilen im Quadrat mass, und dass die grüne Seide mit Gold durchwoben war.

Salomos Macht über alle Geister und Elemente und besonders über die *Dschán* oder Dschinnen stand angeblich in Zusammenhang mit dem Besitz eines magischen Ringes, der mit Juwelen besetzt war. Der Ring enthielt angeblich auch ein Stück einer wunderwirkenden Wurzel. Anleitungen zur Herstellung ähnlicher Ringe sind in noch heute zirkulierenden Grimoires enthalten, die unter Salomos Namen veröffentlicht wurden. Der Koran führt die Erzählung in der *Sure* XXI, 82, 83 weiter: «Und den Salomo lehrten wir die Nutzung der Winde, die sich auf sein Geheiss dem Lande zubewegten, dem wir unseren Segen geschenkt hatten ... und wir unterwarfen ihm einige der Bösen, die für ihn tauchten und noch andere Arbeiten für ihn verrichteten.» Eine seiner Frauen war eine Tochter des Pharao, des Königs vom Lande der Magie, und einige Kommentatoren sind der Meinung, dass durch sie dem König von Israel gewisse Geheimnisse offenbart worden waren.

Der Kiebitz oder Hupu wird oft als der Vogel erwähnt, der Salomo als Botschafter diente. Zeitgenössische arabische Manuskripte enthalten Anweisungen für die Verwendung der Knochen dieses Vogels und seines «Nest-Steins». Diese Anweisungen sind mit denjenigen identisch, die in den Grimoires des Mittelalters unter Salomos Namen veröffentlicht wurden.

Ich habe auch einen alten Hinweis auf eine obskure Bibelstelle gefunden, die mit dem Hupu in Verbindung stehen könnte.

Im *1. Buch der Könige*, XI, 21, 22 wird berichtet, dass «Hadad» den Pharao drängte, ihn fortzusenden, «damit ich in mein eigenes Land ziehen kann». Arabische Kommentatoren waren der Ansicht, dass dieser «Hadad» mit dem magischen *Vogel* Hudud identisch ist, der im Koran als der Botschafter Salomos beschrieben wird (und der keinesfalls ein Mensch ist). Dieser brachte ihm Neuigkeiten von der Königin von Saba.[28]

Geheimes Siegel Salomons aus dem Lemegeton

Wie es sich damit auch verhalten mag, der Koran enthält verschiedene Bezugnahmen auf die magischen Kräfte Salomos. «Natürlich schenkten wir David und Salomo Wissen ... und Salomo wurde Davids Erbe und sagte: ‹Oh ihr Menschen! Man hat uns die Sprache der Vögel gelehrt und von allen Dingen gegeben. Ganz sicher ist dies eine besondere Auszeichnung.› Und die Armeen der Dschinnen, der Menschen und der Vögel wurden für Salomo versammelt, und er liess sie an sich vorbeiziehen. Dann kamen sie zum Tal der Ameisen. Eine der Ameisen sagte: ‹Oh, ihr Ameisen! Geht in eure Behausungen, damit Salomo euch nicht unwissentlich zermalmt!›»[29]

Diese Stelle zeigt, im arabischen Original gelesen, dass man von Salomo annahm, er beherrsche die Sprache der Vögel. Diese Ansicht über ihn war auch sonst weit verbreitet. Der Vers fährt dann fort, dass Salomo hörte, was die Ameise sagte, darüber lachte und so seine Fähigkeit bewies, die Sprache der Ameisen zu hören und zu verstehen.

Die salomonische Magie enthält auch gewisse sehr wichtige Aspekte ritueller Vorschriften, die fast allen magischen Systemen gemeinsam sind. Viele Menschen kennen das Siegel Salomos, die Figur, mit deren Hilfe er Geister anziehen, binden und versiegeln konnte. Mit Hilfe dieses Siegels wurde in der bekannten Geschichte aus *Tausendundeine Nacht* ein Genius für zehntausende von Jahren in eine Flasche gesperrt. Oft wurde der fünfzackige Stern (das Siegel) Salomos mit dem sechszackigen Stern oder Schild Davids verwechselt, der ebenfalls als machtvoller Talisman gegen das Böse gilt und der auf eine sehr ähnliche Weise als Schutz verwendet wurde wie später das Kreuz. Beide Sternformen werden in den verschiedensten magischen Ritualen arabischen und jüdischen Ursprungs verwendet.

Die alte ägyptische Theorie vom Höchsten Namen Gottes – ein Wort der Macht –, der so mächtig ist, dass man ihn weder aussprechen noch denken darf, findet sich in der salomonischen Magie wieder. Einige Schriftsteller behaupten sogar, dass ein beträchtlicher Teil der Macht des Königs von einem Ring herrührt, auf dem der Höchste Name Gottes geschrieben stand. Arabische und jüdische Schriftsteller teilen diese Ansicht, wobei die letzteren hinzufügen, dass der Ring aus Messing und Eisen zusammengefügt war.

Auch das *Testament Salomos*[30] wird ihm selbst zugeschrieben; es ist aber unmöglich, dies nachzuweisen. Das Buch schildert, wie Salomo den Erzengel Michael um Hilfe bei der Überwindung von Dämonen anrief. Der Engel schenkte ihm daraufhin einen magischen Ring, in den ein Siegel eingraviert war. Damit konnte Salomo alle bösen Geister beschwören und von ihnen wertvolle Information erhalten. Das erreichte er so: Er «band» den Dämon mit Zaubersprüchen und zwang ihn, einen weiteren herbeizurufen, der auch wieder einen Kameraden holte; das setzte er so lange fort, bis die gesamte höllische Belegschaft versammelt war. So konnte Salomo jeden einzelnen Dämon nach seinem Namen befragen und nach dem Wort, mit dessen Hilfe er zu beschwören war. Solche Informationen bilden den grössten Teil des *Schlüssels Salomos,* der von diesem selbst stammen soll: ein Werk, das im Laufe der Jahrhunderte immer wieder in vielen Sprachen erschienen ist. Dies ist vielleicht das bekannteste Grimoire.

Dieser Schlüssel wird im Hebräischen *Mafteah Shelomoh* genannt, die lateinischen Fassungen nennen sich meist *Claviculae Salomonis*. Das Werk besteht aus zwei Teilen und umfasst Anrufung, Beschwörung sowie Anweisungen zur Herstellung und zum Gebrauch von verschiedenen Arten von Pentakeln.

Ein arabisches Werk über Magie mit dem Titel *Kitab al-'Uhud* ist wahrscheinlich mit dem *Buch des Asmodeus* identisch, das im jüdisch-kabbalistischen Sohar erwähnt wird. Dieses Buch soll dem

König Salomo vom Geist Asmodeus offenbart worden sein, und es enthielt Formeln zur Unterwerfung von Dämonen.[31] Es stellt ein Verbindungsglied zum *Schlüssel Salomos* dar und beeinflusste stark die magischen Abhandlungen des Mittleren Ostens.

Eine sehr grosse Anzahl von Schriften, die angeblich von Salomo stammen sollen, sind entweder noch erhalten oder in anderen magischen Werken erwähnt. Eines der wichtigsten darunter ist *Das göttliche Werk,* das angeblich von Engeln diktiert wurde. Dieses Buch beschäftigt sich mit Medizin und Alchimie, und es prägte die arabischen Studien über die hermetische Kunst in erheblichem Masse. Andere, jedoch verlorengegangene Abhandlungen setzten sich mit philosophischen Themen auseinander. Das hebräische *Sefer ha-Almadil,* dem die Entstehung des Begriffes *Almadel* zu verdanken ist, der in einigen magischen Büchern vorkommt, handelt vom magischen Kreis, dieser unentbehrlichen Figur, in der alle Magier vor der Boshaftigkeit der Geister Schutz suchen müssen. Die Herstellung des Kreises, seine Lage und die Zeichen, die in die konzentrischen Ringe zu schreiben sind, bilden einen bedeutenden Teil der salomonischen Magie und ebenso der meisten Zauber- und Hexenriten der Welt. Man nimmt an, dass der Name des Buches vom arabischen *Al Mandal* (der Kreis) abstammen könnte. Interessant ist, dass einige dieser in der salomonischen Magie benutzten Zeichen — sowohl bei den Kreisen als auch bei den Siegeln — mehr als oberflächlich an Zeichen erinnern, die in der chinesischen Magie und Astrologie beheimatet sind. Eines der beeindruckendsten Beispiele für diese Ähnlichkeit bilden die jüdischen und chinesischen Symbole zur Kennzeichnung von Konstellationen und Sternen. Mir ist nicht bekannt, dass diese Tatsache jemals zuvor beobachtet, noch dass irgendwo auf sie hingewiesen wurde.

4 DAS OKKULTE IN BABYLON

«Gefallen, gefallen ist das grosse Babylon und eine Heimstatt der Teufel geworden, eine Feste für jeden unreinen Geist und ein Aufenthalt für alle unreinen und abscheulichen Vögel.»

Offenbarung, XVIII, 2

Die Teufel, Dämonen und übernatürlichen Mächte, die von den verschiedenen Völkern Assurs und Babylons beschrieben wurden, bilden die Archetypen des grössten Teils der Dämonologie, die vom Westen — und selbst von Teilen des Ostens — übernommen wurde. Wie in diesem Buch schon früher erwähnt, wurden viele dieser Geister von den Akkadern, den wahren Begründern der babylonischen Kultur, aus den fernen Steppen Innerasiens mitgebracht. Viele der Rituale und Zaubersprüche, die durch die Arier, Griechen und Römer sowie durch die Araber und Juden in den Westen gelangten, stammen von okkulten Riten der Region ab, die man heute als asiatisches Russland bezeichnet. Die gleichen Riten und Anschauungen sind zum Teil in primitiver Form auf der ganzen Welt in Gemeinschaften mit verlangsamter kultureller Entwicklung erhalten geblieben: insbesondere bei den Sibiriern, den Eskimos und bei anderen mongolischen Völkern. Andere Zivilisationen (so die chinesische, japanische, die assyrische und ägyptische) übernahmen diese Kulte und passten sie ihrer eigenen Gedankenwelt an. Dies beantwortet teilweise die vieldiskutierte Frage, ob alle Magie eine gemeinsame Wurzel besitzt, gibt jedoch keine abschliessende Antwort.

Die rein akkadischen (mongolischen) Formen dieser Magie sind uns in den zweisprachigen Tafeln von Sammlungen – wie jener der Bibliothek des Assur-banis-Pal – erhalten. Andere Tafeln zeigen die Verschmelzung von semitischen und anderen Anschauungen mit denen der Eroberer des asiatischen Hochlands an.

Das Erheben der Hand war für die Babylonier das Zeichen für den Beginn eines magischen oder religiösen Rituals – eine Idee, die in zahlreichen Weihe- oder Segenszeichen erhalten geblieben ist. Damit hat sich Ernest Crawley ausführlich beschäftigt. Obwohl Assur-bani-Pals Tafeln erst im 7. Jahrhundert v. Chr. gesammelt wurden[32], stammen sie aus den frühesten Tagen der turanischen (mongolischen) Einwanderung in den östlichen Mittelmeerraum.

Die Tafeln enthalten einen wahren Schatz an magischen Lehren, denn der König scheint ein Bibliomane gewesen zu sein. Alles jemals Geschriebene musste kopiert und ihm übergeben werden; das betraf grösstenteils Bücher über Magie und Okkultismus. Es sind sogar Briefe erhalten geblieben, in denen er darum bittet, dass alles, was für ihn von irgendwelchem Interesse sein könnte, auf Tontafeln kopiert und ihm sogleich aus allen Teilen seines Königreichs zugesandt werden sollte.

Schon ganz zu Anfang dieser Sammlung wird eines deutlich: Assur-bani-Pal selbst verflucht jeden, der seinen Namen von einer dieser Tafeln entfernt: »Mögen Assur und Bilit ihn in Zorn und Wut niederschmettern und seinen Namen vernichten und auch die Namen seiner Nachkommen.«[33]

Einige der Tafeln enthalten Gebete und Anrufungen, die an einen einzigen Gott gerichtet sind, das ist wahr; aber die meisten enthalten die Namen einer Vielzahl von Geister-Göttern, den Vorfahren unserer bösen Geister, wie sie die Kirche nennt – und die sie vom Klerus so eifrig verfolgen liess.

Viele der Tafeln beziehen sich auf böse Einflüsse von auswärts und enthalten Gebete und Bitten, um diese abzuwehren. Magische Riten werden beschrieben, und insbesondere werden die Werkzeuge der magischen Kunst erwähnt, einschliesslich der Räucherungen und der besonderen Holzarten, die man zum Anzünden verwenden soll. Gaben wie Honig, Datteln und Korn bilden einen wichtigen Teil des Rituals, und hier finden wir auch die früheste Form des magischen Kreises, der auf der ganzen Welt benutzt wird, um den Magier und seine Helfer zu schützen. Einige der Tafeln raten zu bestimmten Anrufungen, Beschwörungen und Opfergaben bei der Krankenheilung. So wie in der arabischen Magie und in anderen semitischen Riten wird ein Knoten in eine Schnur geknüpft und wieder aufgelöst, damit der Kranke gesund wird.

Die Babylonier hatten das Glück, solche Verfahren gegen Verfinsterung von Sonne und Mond anwenden zu können; sonst wären ihrer Ansicht nach die Schatten für immer auf den Gestirnen geblieben. Um das zu verhindern, wiederholten die Priester folgendes:

«O Sibziana. Die Himmelsbewohner beugen sich vor dir nieder; Ramman, Prinz des Himmels und der Erde; die Menschheit untersteht deinem Befehl. Erhebe das Wort und lass den grossen Gott bestehen! Gib du mir Urteilskraft und triff meine Entscheidungen. Ich, dein Diener, Assur-bani-Pal, der Sohn seines Gottes; dessen Gott Assur ist, dessen Göttin Assuritu ist. Wegen des Unglücks der gegenwärtigen Verfinsterung, wegen der bösen Mächte und der bösen Vorzeichen, die sich in meinem Palast und in meinem Lande zeigen, wegen des bösen Geistes, der von mir gebunden wurde, habe ich dich um Hilfe angerufen und dich gepriesen! Ich erhebe meine Hand, nimm sie an! Erhöre mein Gebet, befreie mich von der Verzauberung! Schwäche meine Sünde! Wende alles Böse ab, das mein Leben beenden könnte. Möge der freundliche Sidu immer über mir wachen. Lass mich nach deinem Gesetze leben!»[34]

Viele gewissenhafte Untersuchungen haben sich schon mit den Ursprüngen und der Bedeutung von Göttern und Geistern in Mesopotamien befasst, das als Wiege aller Zivilisationen angesehen wird. Aber es ist sicherlich interessant festzustellen, dass die Funktion der Götter als Helfer der Magier hauptsächlich von Okkultisten überliefert wurde. Fest steht, dass das babylonische System auf dem magischen und übernatürlichen Charakter der Götter und dem Verhältnis der Menschen zu ihnen begründet war.

Jeder Sieg über einen Feind wurde schriftlich festgehalten mit Angaben über den Geist-Gott, mit dessen Hilfe der Sieg errungen wurde. Götter besassen oft menschliche Gestalt, übermenschliche Fähigkeiten und übermenschliche Weisheit. Darüber hinaus hatten sie sogar auf der Welt gelebt und geliebt und waren wie gewöhnliche Menschen gestorben. Sie waren verheiratet und repräsentierten

Sterne und Elemente, wie die Dämonen und Geister der wahren Magie.

Wenn sie starben, wurde ihre Macht vollkommen. Wenn ein Jünger zu ihnen betete, konnten sie magische Worte der Macht aussprechen und geheimnisvolle Zaubersprüche erfinden. Stürme, Fluten, Erdbeben und Seuchen waren Werkzeuge zorniger Götter: Wenn diese Katastrophen auftraten, mussten die Götter besänftigt werden. Es gab keine andere Möglichkeit, Sicherheit und Rettung zu erlangen.

Enlil, der Gott der Erde, wurde in Nippur verehrt. Er war der Gott der Tiefe. Uru-ki war der Mondgott, Udu der Sonnengott. Marduk, dem Gott von Babylon selbst wurde die grösste Verehrung zuteil. Ein weiterer wichtiger Geist-Gott war Eshidam in der Stadt Cuthah – der Gott der in der Schlacht Gefallenen.

Von den Göttinnen ist wenig bekannt. Ihre Kinder wurden durch ihre Väter Götter. Die wichtigste aller Göttinnen war Ishtar, die semitische Göttin der Schlacht und Ortsgottheit der Stadt Sippar. In anderen Gegenden kannte man sie als Gottheit der Liebe. Sie war es, die später die Aphrodite der Griechen wurde und die Venus der Römer. Ich besuchte ihr Heiligtum in Cyprus, dem einst grössten Pilgerort der alten Welt. Die dort ansässige griechische Bevölkerung betrachtet noch heute die ungeheuren Ruinen mit grossem Aberglauben.

Man glaubte, dass der Mittelpunkt der Erde der Ort des Todes sei: die Hölle mit dem Namen Arallu. Dieser Ort, eine Art Hölle, in die die gesamte Menschheit einging – die Guten wie die Bösen –, war von hohen Mauern umgeben und wurde von Dämonen bewacht. Glauben an Reinkarnation gab es kaum, denn der Name des Ortes war *Mát lá tári* – der «Ort ohne Wiederkehr». Die Toten lebten in vollkommener Dunkelheit und assen Staub. Zu diesem Bestimmungsort gelangte jeder; im babylonischen Jenseits gab es weder Belohnung noch Bestrafung für die Taten in der Welt.

Die Dämonen waren schreckliche Kreaturen, halb menschlich, halb tierisch, und sie stellen wahrscheinlich die Prototypen der westlichen Dämonologie dar. Interessant ist, dass viele Dämonenskulpturen im Fernen Osten an diese nahöstlichen Teufel erinnern. Sie alle entstammen vermutlich ähnlichen Ursprüngen, nämlich der Vorstellungswelt der Nomadenstämme Zentralasiens. Diese Nedu (Tor-Hüter) besassen Listen von denjenigen, die sie zur Hölle bringen sollten. Sie hatten «Zähne so lang wie Klauen, gleissende, riesige Augäpfel, und ihre Krallen waren lang und scharf». Sobald ein Mensch gestorben war, tauchten die Dämonen des *Mát lá Tári* auf, nahmen den Leichnam nach der Beerdigung in ihre Obhut und geleiteten ihn zum Wohnsitz der Göttin Allatu –, die Al-Lát der Araber. Sie war eine der Götzen, deren Statuen in Mekka von Mohammed selbst zerschmettert wurden. Allatu war von furchterregender Erscheinung: Sie hatte den Kopf eines Löwen und hielt in jeder Hand eine Schlange. Beim Begräbnis der Toten musste man mit grösster Sorgfalt vorgehen, damit der «Geist» *(eskimmer)* nicht von einem Zauberer gefangen und benutzt werden konnte, um die noch lebenden Angehörigen des Verstorbenen zu bezaubern.

Dieser atmosphärische Hintergrund des babylonischen Lebens ist wichtig für jeden, der die oft sehr komplizierten Riten und Beschwörungen verstehen will, die von der damaligen Menschheit als lebenswichtig angesehen wurden.

EXORZISMUSRITEN

Wo es Dämonen gab, die die Menschen zu jeder Zeit angreifen konnten, da bestand selbstverständlich ein grosser Bedarf an Methoden, mit deren Hilfe man Besessenheit bekämpfen konnte. Als einmal ein Mann Jesus bat, den bösen Geist aus einem Besessenen auszutreiben und in eine Schweineherde abzuleiten, da bat er damit um die Anwendung einer der Standard-Methoden des semitischen Exorzismus. Die neunzehnte Formel von einem Schutzritual Assurbani-Pals (jetzt in Fragmentform im britischen Museum) gibt die Worte dieses Rituals wieder:

«Möge der verruchte Dämon verschwinden! Mögen sie gegenseitig *(sic!)* voneinander Besitz ergreifen! Der gnädige Dämon, der gnädige Gigant, mögen sie seinen Körper durchdringen! Geist der Himmel, beschwöre es! Geist der Erde, beschwöre es!»

Das grosse chaldäische magische System der Ausgrabungen von Nineveh ist in den drei wichtigen magischen Schriften der turanischen Akkader enthalten. Der Titel der ersten ist *Verruchte Geister*. Sie befasst sich ausschliesslich mit magischen Handlungen zur Bekämpfung von Dämonen und Gespenstern bei deren Angriffen und mit Vorsichtsmassnahmen gegen ihr Erscheinen.

Akkadisch-assyrische Götter-Geister

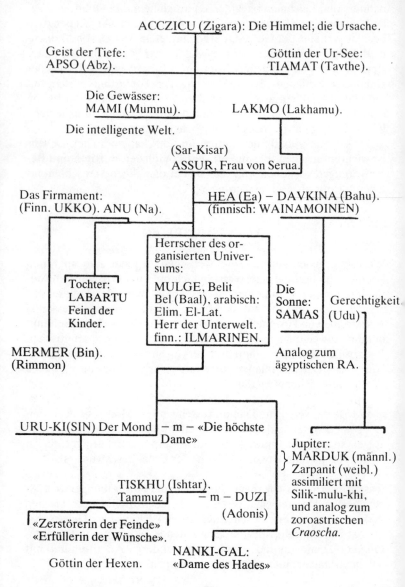

Das zweite Buch, von dem man nicht viel gefunden hat, ist ein Werk über okkulte Medizin. Das dritte enthielt Anrufungen und Hymnen, die an die verschiedenen Götter gerichtet waren.

Wie schon zuvor betont wurde, ist es wahrscheinlich, dass es sich hier um drei separate Riten handelt, und dass jedes Buch für eine andere Gruppe von Weisen bestimmt war: für die Astrologen und Wahrsager, für die eigentlichen Magier und für die Ärzte und Philosophen. So sind sie im Buche Daniel aufgeführt. Wie bei allen okkulten Schriften, war man auch in diesem Falle der Ansicht, dass die Originale, die in der damals schon toten akkadischen Sprache verfasst waren, am wirksamsten seien. Diese Zaubersprüche und Hymnen wurden offensichtlich in Akkadisch rezitiert: Denn ihnen allen ist eine Übersetzung ins Assyrische beigefügt, der Umgangssprache der Zeit, in der diese Kopie hergestellt wurde.

Der Aufbau eines Zauberspruchs war einfach, wenn auch die endlosen Wiederholungen ermüdend waren. Unterzieht man die Wortfolgen einer Prüfung, so wird klar, dass die wirklichen Worte der Macht – das Abrakadabra – die Sätze »Geist der Himmel, beschwöre es! Geist der Erde, beschwöre es!« waren. Diese wurde jedem Spruch angehängt – wie auch das Wort *Amanu* – «Amen», eine Übersetzung des akkadischen *Kakama*, was die gleiche Bedeutung hatte wie »Wahrheit« oder »So sei es«. Manchmal wurde auch die Formel der Machtworte selbst ausgeweitet, wenn man mehrere Geister anrief. Der eigentliche Inhalt des Zauberspruchs scheint nicht so wichtig gewesen zu sein. So steht uns beispielsweise als Schutz vor Hexerei eine Anrufung zur Verfügung, die besagt, dass böse Taten gebannt werden mögen; sie endet wie folgt:

«Geist der Himmel, beschwöre es! Geist der Erde,
  beschwöre es!
Geist von Mul-gelal, Herr der Länder, beschwöre es!
Geist von Nin-ge-lal, Herrin der Länder, beschwöre es!
Geist von Nin-dara, mächtiger Krieger von Mul-gelal,
  beschwöre es!
Geist von Nusku, edler Botschafter von Mul-gelal,
  beschwöre es!
Geist von Eni-Zena, ältester Sohn von Mul-Gelal,
  beschwöre es!
Geist von Tiskhu, Herrin der Heere, beschwöre es!

Geist von Mermer, König mit wohltätiger Stimme,
   beschwöre es!
Geist von Utu, König der Gerechtigkeit, beschwöre es!
Geister, Erzengel, grosse Götter, beschwört es!»[34]

Worin besteht der Zusammenhang zwischen dem babylonischen Pantheon und der orientalischen Magie als Ganzem? An diesem Punkt nimmt die vieldebattierte Frage, die zählebige Überlieferung von einer Hohen Priesterschaft der Magie allmählich Gestalt an. Denn zum einen sind die Götter und Göttinnen des turanischen (altbabylonischen) Systems durch Adoption und Abstraktion mit Mächten verbunden, die in den finnischen, arischen, semitischen, japanischen und chinesischen Systemen verehrt werden, zum anderen werden in sehr vielen Fällen die magischen Riten dieser und anderer Nationen von den Kräften dieser Götter wie auch von der Vielzahl der ihnen zugeordneten Geister getragen. Auch hier stossen wir auf die *Mana-Akasha*-Theorie: Den Glauben, dass es eine übernatürliche Macht gibt, die die Atmosphäre durchdringt und die als Kraft in einem Menschen personifiziert wird. Auf die Konzentration dieser flüchtigen Macht und auf ihre Hilfe bei der Beeinflussung von Geistern und Göttern sind die Handlungen der Magier gerichtet. Es hat Versuche gegeben, das Pantheon der Griechen, Ägypter, Babylonier und Hindus zu verbinden, einige davon sind plausibler als andere. Das ist nicht die Absicht dieses Buches. Dieses Thema berührt aber unsere Untersuchungen in zahlreichen Punkten. Eine schematische Darstellung der assyrisch-akkadischen Gottheiten und ihrer Machtbereiche zeigt diese Verbindung klarer als Worte.

Gedankenkonzentration wurde zum Beispiel von den Finnen auf eine ähnliche Weise erreicht wie von den Indern und sogar von den Menschen im Sudan in deren Vorbereitungsritualen zur «Ekstaseauslösung»:

«Nach finnischer Überzeugung trug jeder Mensch von Geburt an einen göttlichen Geist in sich, der sein unzertrennlicher Begleiter während seines ganzen Lebens war. Dieser verband sich in dem Masse stärker mit dem Menschen, wie dieser sich von den weltlichen Belangen in das Heiligtum der Seele zurückziehen konnte. Dies war eine wichtige Machtquelle für den Magier.»[35]

Hier zeigt sich eine enge Parallele zu vielen mystischen Systemen, einschliesslich derjenigen der indischen Gurus und zur arabisch-islamischen Sufilehre.

«Er strebte nach einer transzendentalen Ekstase, *Tulla Intoon,* nach einem besonderen Zustand seelischer Erregung, *Tulla Haliorhin,* in dem er dem Geist ähnlich wurde, der in ihm wohnte, und er sich vollkommen mit ihm identifizierte.»[36]

Auch hier das spiritualistische Element und wieder das Ekstase- und Identifikationsprinzip der Fakire ...

«Er benutzte künstliche Hilfsmittel, giftige Drogen beispielsweise (vergleiche die westlichen Hexenkulte), um in den Zustand der Verzückung zu gelangen, denn nur dann konnte er sich sozusagen selbst zum Gott machen und die Huldigung der Dschinnen und der Naturgeister empfangen ... Diese Doktrin findet sich auch in den akkadischen (babylonischen) magischen Büchern. Das zeigt eine Ähnlichkeit von Vorstellungen und Ansichten, *die von grosser Bedeutung ist, denn es handelt sich hier nicht um eine jener natürlichen Ideen, die unabhängig in sehr verschiedenen Nationen entstehen.*»[37] (Hervorhebung des Autors)

Woher stammt letztlich diese Macht der Magie? Welcher Quelle entspringt die *Mana-Akasha* («Lebenskraft»)? Deshalb ist auch das Verständnis der Dämonologie und der Theologie vorgeschichtlicher Nationen so wichtig.

Die Magier der Finnen konzentrierten ihre Beschwörungen auf den Geist allen Lebens, Wainamoinen. Er lehrte die Menschen den Umgang mit der Magie; er war der Grund allen Lebens, der Herr der Gewässer: der Geist des Feuers. In dieser Hinsicht ist er mit ziemlicher Sicherheit mit dem akkadischen *Hea,* dem «Herrn des Lebens» identisch. Wie der Thoth der Ägypter schuf er nicht nur die Magie, sondern gab auch die Machtworte an die Menschen weiter. Man stellt ihn sich als dem ägyptischen *Ra* wesensverwandt vor – und mit Ra teilt er auch die relativ untergeordnete Aufgabe, Macht und Wohltaten durch den Schweiss seines Körpers zu verteilen.

Die Kräfte, die die skandinavischen Magier durch diese Hingabe an den Erdgeist erlangten, sind der traditionellen Zauberkunst anderer Regionen nicht unähnlich:[38]

«Lemminkainen ging in das Haus, das voller Menschen war, die miteinander redeten. Einige in langen Gewändern sassen auf den Sitzen, die Sänger standen draussen, die Rezitatoren unter den Portalen, überall an den Wänden standen Musiker mit ihren Musikinstrumenten. Die Zauberer sassen neben dem Herd auf dem Ehrenplatz. Dann begann er, Zaubersprüche zu rezitieren. Sobald er zu singen anfing, merkten auch die besten Sänger, dass sie nur Missklänge hervorzubringen vermochten. Sogar ihre Hände waren wie von steinernen Handschuhen festgehalten, auf ihren Häuptern ruhten Steine, und ihr Nacken wurde auf einen Schlitten geworfen, den eine seltsam gefärbte Katze zog ... die sie in die Welt der bösen Geister brachte ... und als er erneut zu singen anfing, da warfen sie sich in den Golf von Lappland, jenes Gewässer, das der Trank durstiger Zauberer ist ... Und dann sang er noch einmal: und die Menschen wurden in den wirbelnden Golf gestossen, der verschlingt ... Dann zeigte Lemminkainen mit Hilfe seiner magischen Rituale, dass jene von mittlerem Alter und die Jungen Narren sind ...»

Der Vergleich magischer und religiöser Rituale verschiedener Nationen hat eine ganze Reihe von Entsprechungen zwischen geheimen Mächten ans Licht gebracht, von denen man zuvor angenommen hatte, sie seien einzigartig oder zumindest von einem bestimmten Volke erfunden. In den akkadisch-assyrischen Mythen und Legenden wie auch in den Zaubersprüchen und Beschwörungen dieses Volkes haben die Kommentatoren Hinweise auf die Geschichte und die Kräfte der Götter gefunden, die sie in die Lage versetzten, eine Liste zusammenzustellen, die ihr Verhältnis zueinander darstellt. Dies führte zu einigen interessanten Schlussfolgerungen.

Die Dreiheit, die Firmament, Erde und Unterwelt bildet, scheint für das finnische wie für das chaldäische System grundlegend gewesen zu sein, ebenso wie der Umgang mit den Elementen, die als Quellen der Macht versöhnt und gepflegt werden mussten. Samas (die Sonne und in mancher Hinsicht ein Aspekt der Erde) war verbunden mit dem ägyptischen Ra. Noch interessanter ist im semitischen und in anderen Systemen die Verbindung mit dem akkadischen Gott Mulge. Dieser Geist, der sehr gerne für magische Zwecke angerufen wurde, bildet das Herz der akkadischen Magie und ist auch eine Zentralfigur in verschiedenen anderen Systemen des Übernatürlichen. In der Bibel wird er als Bel (Baal) erwähnt und in

Ägypten als Set. Für die semitischen Babylonier war Mulge Belit, «Herr (manchmal auch weiblich ‹Herrin›)[39] der Unterwelt»: der finnische Ilmarinen. Das war der alte semitische Gott der Krieger und der Liebe, der phönizische «Schwarze Stein», die Al-Lát von Arabien, die ihren eigenen Sohn Saturn heiratete. Sie wurde als Ishtar verehrt und angerufen, manchmal auch Dämon Astaroth genannt, die Geliebte der Zauberer. Bei den Griechen hiess sie Aphrodite. Diese Gottheit mit den vielen Namen war auch bekannt als Tiskhu oder Tammuz: «Zerstörerin der Feinde, Erfüllerin der Wünsche.» Sie war die Venus der Römer, die ihre Verehrung bis nach England brachten, die Braut des Adonis, die alte Gottheit Duzi und die Schwester von niemand anderem als der akkadischen Nanki-Gal, «Dame des Hades». Hier sind wir auf dem Grund des Dämonen-Geister-Systems angelangt, von welchem ein grosser Teil der orientalischen – und westlichen – Magie abstammt, wie wir heute wissen. Denn die Bezeichnungen «Zerstörerin ... Erfüllerin» stellen eine ausgezeichnete Zusammenfassung der Wünsche aller Magier dar.

Zusätzlich zu den Göttern kannte die babylonische Magie eine grosse Menge von Geistern, die allgemein mit der unsichtbaren Welt in Verbindung standen und diese Welt mit der Menschheit verbanden. Die enge Verbindung von Göttern und Dämonen zeigt sich darin, dass die Tochter des akkadischen Gottes Anu (Gott des Firmaments) eine Dämonentochter hatte, Labartu, die die Feindin der Kinder war. Alle diese Elemente waren in einem System miteinander verbunden, aus dem die Astrologie entstand und wahrscheinlich auch die jüdische Kabbala, die Wissenschaft der numerologischen Philosophie, die viele andere Systeme einschliesslich dem der Gnostiker beeinflusste, und sie alle beeinflussten entscheidend die westliche Magie.

Unter den Dschinnen oder Geistern befanden sich die folgenden, die semitische und andere Parallelen haben: die *Alu*, «Zerstörer», deren Aufenthaltsort die Brust des Menschen war; die *Ekim,* die in den Eingeweiden arbeiteten und denen die geheime Zahl (von unbekannter Bedeutung) vierzig Sechzigstel eigen war; die *Telal* oder «Krieger», die auf irgendeine Weise mit der Hand in Verbindung standen und deren mystische Zahl noch immer unbekannt ist[40]; die *Maskim,* die «Fallensteller» mit der Bruchzahl fünfzig Sechzigstel; die *Utuq,* die früher allgemein böse Dämonen waren. Zusätzlich gab es die *Ardat* oder «Alpträume»; die *Sukkuben* (Lilith, Elit), die *Uru-*

ku, «Kobolde», «Giganten», die als *lamma* bekannt waren. Die letzteren gleichen anscheinend in mancher Beziehung den guten und bösen Genien der Araber. Viele Arten von Genien waren gut oder böse, je nachdem, wie sie gebraucht wurden. Diese Art zu denken scheint sich von hier ausgehend in der westlichen Magie fortzusetzen, in deren Ritualen Geister beschworen werden, die «tun werden, was du von ihnen verlangst». Die Gespenster, Phantome und Vampire gehören zur Klasse Labartus, der Tochter des Gottes Anu, dem Firmament.

5 ÄGYPTISCHE MAGIE

«Weiche zurück, denn du bist zerschnitten, deine Seele ist verwelkt, dein verfluchter Name liegt in Vergessenheit begraben, und Schweigen hat sich darauf herabgesenkt und es ist gefallen ...»
Aus dem ptolemäischen *Buch der Überwältigung des Äpep*.

Auf die Verbindung zwischen jüdischen und ägyptischen magischen Praktiken wird in Werken über Literatur und Religion oft genug hingewiesen. Ausserdem wissen wir, dass die Semiten wie auch die Griechen und Römer und andere Völker der alten Welt fest an die Überlegenheit der ägyptischen Magie über die Zauberkünste anderer Länder glaubten.

Moses war, das wissen wir aus der Bibel und aus dem Koran,[41] einer von Ägyptens grössten ausländischen Schülern in der Ausübung dieser Kunst. Wie die Ägypter, so benutzte auch er einen magischen Stab; wie sie konnte auch er die Gewässer zerteilen. Er kannte sogar einige mystische Machtworte der pharaonischen Priesterschaft.

Als Moses seinen berühmten magischen Kampf mit den Zauberern des Nils ausfocht, war die Magie schon ein blühender und fester Bestandteil der ägyptischen Religion. Das Königshaus, die Priesterschaft und das Volk waren untrennbar mit der Magie verbunden. War es nicht der Zauberer-Sohn von Ramses II. selbst, der seine

Kunst 1300 v. Chr. gegen Moses versuchte?[42] Schon zweihundert Jahre früher wurde nach dem Bericht des Westcar-Papyrus von Hohenpriestern das bekannte «Teilen der Gewässer» vollzogen.

Die magische Praxis Ägyptens in der Zeit um 1300 v. Chr. war so blühend, dass der Name dieses Landes als Synonym für Magie in unsere Sprache eingegangen ist. Genau wie das alte semitische Wort *imga* dem Begriff Magie zugrunde liegt, so wurde einer der ältesten Namen für Ägypten (*kemt* – dunkel, schwarz) als «Schwarz» übersetzt und an seiner Stelle «ägyptisch», «Magie» benutzt. Ägypten wurde natürlich nicht «das Schwarze» genannt wegen des «Diabolismus» seiner Magie, sondern wegen der Farbe der Erde, wenn sie vom Nilwasser überflutet worden war.[43] Noch ein zweiter Begriff stammt von diesem Namen ab: Alchimie (arabisch: *al-kimiyya*). Mit anderen Worten: Der Ausdruck «Schwarze Kunst» ist auf die Bedeutung «Kunst Ägyptens» zurückzuführen.

Mit der eventuellen Ausnahme der Atlantis-Kontroverse gibt es mit Sicherheit kein Land, über dessen alte Geschichte und okkulte Vergangenheit so viel geschrieben wurde und unter so vielen Gesichtspunkten. Entstellte Versionen der Rituale, die im Tal der Könige stattfanden, wurden von arabischen Beduinen mit zurück in die Wüste genommen und stark ausgeschmückt, so dass Ägypten im gesamten Nahen Osten ganz selbstverständlich als Land galt, das von Zauberern bewohnt war. Durch die dunklen Zeiten hindurch setzte sich diese Idee in den Köpfen der Menschen fest, angeregt durch Bibelstellen und semitische Zauberer. Sogar noch zur Zeit der Erforschung der Pyramiden und anderer Denkmäler der Pharaonen wetteiferten westliche Okkultisten, und sie witterten in allem, was ägyptischen Ursprungs war, Geheimnisse. Natürlich rief das eine Gegenreaktion hervor. Eine Gruppe von Beobachtern – viele von ihnen hatten wohl weniger auf Tatsachen beruhende Kenntnisse als die empirische Schule – denunzierten die ägyptische Magie als etwas, das niemals existiert habe. Die einzige Magie der Ägypter, behaupteten sie, sei ihre Religion gewesen.

Die Wahrheit liegt wie gewöhnlich irgendwo dazwischen. Wir wissen, dass die ägyptische Magie eng mit der Religion verbunden war. Aber wir wissen auch, dass die meisten Formen der Magie eine Ähnlichkeit mit religiösen Systemen haben. Papyri und Grabinschriften geben uns viele Hinweise darauf, dass Riten, die den Studierenden des Okkultismus vertraut sind, im alten Ägypten bekannt waren und wahrscheinlich sogar von dort stammen. Hierbei bleibt

Das Amulett der Seele

das umfangreiche Zeugnis der Sekundärquellen noch ausser Betracht – die griechischen, arabischen und hebräischen Berichte, die Rituale enthalten, von denen sehr wahrscheinlich einige von der Priesterschaft der Isis praktiziert wurden.

Waren die ägyptischen Priester Wundertäter? Besassen sie tatsächlich Wissen, das uns immer noch verborgen ist? Für diejenigen, die dies glauben, wird die Antwort «ja» lauten. Wer die jüdischen, christlichen und islamischen Schriften für wahr hält, wird das kaum bezweifeln. Andere werden das Beweismaterial überprüfen und versuchen müssen, auf diesem Weg zu einer befriedigenden Antwort zu kommen.

Generell gesagt kreisten die religiös-magischen Riten dieses Volkes um die Erhaltung des Glücks und die Sicherheit der Seele in einem zukünftigen Leben. Deshalb muss man ihre Riten vor dem historischen Hintergrund des ägyptischen Lebens untersuchen. Rituale, die zu Macht und Erfolg führen sollen oder zur Vernichtung eines Feindes, bilden eine weitere Gruppe. In ihr bestand anscheinend ursprünglich ein Teil der Geheimnisse, die von der initiierten Priesterschaft als eine Art von politischer Magie gehütet wurden. Natürlich wollte das Königshaus sicherstellen, dass die wirksamste Magie nur ihm selbst vorbehalten blieb. Später wurde die Magie populär, wie Zehntausende von aufgefundenen Skarabäus-Käfern und anderen Amuletten bezeugen. Dabei blieb es, wenn es auch immer ein paar offizielle königliche Magier gab.

Man muss eine ungefähre Vorstellung vom Lande Ägypten haben, um sich in die Lage dieses Volkes hineinversetzen zu können. Das Klima und die Geographie, die das alte Ägypten in so vieler Hinsicht beherrschten, haben sich in den letzten 5000 Jahren nur wenig geändert. Alles Leben war vom Nil abhängig. Allein diese Tatsache ist einer der Zentralgedanken der ägyptischen Religion, wie auch der Magie, der Kunst und Literatur dieses Landes. Aus diesem Grunde besteht Ägypten aus einem langen Streifen kultivierbaren Landes. Fast zwölfhundert Meilen weit ist dieser Streifen von Bergketten umgeben. Jenseits davon gibt es fast nichts als Wüste. In der Mitte fliesst der machtvolle Nilstrom selbst und verteilt die schwarze Erde auf beide Ufer – und diese Erde sollte der Magie ihren bekanntesten Namen geben.

Fast jedes pflanzliche Produkt aus dieser Region spielt noch heute eine Rolle in den magischen Riten des Mittleren Ostens: Dattelpalmen, Akazienbäume, Maulbeerbäume, Weizen, Gerste und Hirse. Sie werden als die mächtigsten Mittel im Vorratsraum eines Magiers angesehen.

Der Nil steigt jedes Jahr zwischen dem ersten und sechzehnten Juli und bringt dem Land nach vielen Monaten schrecklicher Hitze neues Leben. Wenn er dann im September zur Flut anschwillt, ist dies in Kairo das Zeichen zum Beginn eines Festivals, das «Fest des Nils». «Bauern», so sagt Gaston Maspero[44], «kommen mit Proviant beladen von weit her und essen gemeinsam ... die Priester verlassen ihre Tempel und tragen die Statue des (Nil-) Gottes ... zum Klang von Gesängen und Musik an den Ufern des Nils entlang.»

Die Priesterschaft der Isis, die die führenden Magier Ägyptens stellte, war bei diesen Anlässen von besonderer Bedeutung. Ein Teil des «Gesanges an den Nil» ist auf einer Papyrusrolle im Britischen Museum wiedergegeben:

«Heil dir, Nil ... der du die Erde anschwemmst und so Ägypten das Leben schenkst ... die Menschen tanzen vor Freude, wenn du aus dem Unbekannten nahst ... Seite an Seite sieht man dann die Menschen der Thebäis und die des Nordens ... wenn aus dem Horn das Signal ertönt, dass der Nil gestiegen ist, dann singen wir dir zu Ehren zur Harfe und klatschen in die Hände!»

Magisch gedeutet symbolisiert das Anschwellen des Flusses die Heirat von Osiris und Isis: Osiris, der Nil, und Isis, die Erde – die schwarze Erde der Region.

Moderne Ägyptologen behaupten, dass die Praxis ritueller Magie in Ägypten bis tief in die vordynastische Zeit zurückreiche oder sogar in die prähistorische Zeit hinein.[45] Die Legende erzählt, dass Sem, der Sohn Noahs, im Alter von dreihundert Jahren nach Ägypten kam, hundertneunzig Jahre nach der Sintflut, und dass er das Land weitere hunderteinundsechzig Jahre regierte. Während dieser Zeit blühte dort die Magie. Die jüdische Tradition besagt natürlich, dass Noah selbst ein Magier war, und dass gewisse geheime Bücher nur ihm offenbart worden seien.

In ägyptischen und griechischen Schriften findet man unzählige Geschichten über ägyptische Rituale zur Wiederbelebung der Toten. Wenn auch der Glaube der Ägypter bekannt ist, dass der Körper in der anderen Welt wiederaufersteht, so gibt es doch auch deutliche Anzeichen dafür, dass einige ihrer Riten dazu dienten, Leichname wieder zum Leben zu erwecken. Natürlich heisst es, dies sei nicht nur einmal, sondern viele Male geschehen. Was diese Berichte erst interessant macht, ist der Punkt, dass ein für seine magischen Kenntnisse berühmter Pharao dieses Experiment in seiner Gegenwart hat ausführen lassen.

Es handelt sich dabei um Herutataf, den Sohn des Cheops (Khufu), der fast viertausend Jahre vor Christus lebte.[46]

Khufu diskutierte anscheinend eines Tages mit seinem Sohn über Wunder. Herutataf sagte, dass es zwar schöne Geschichten gäbe, dass aber nur wenige Leute wirkliche Wunder je gesehen hätten. Er versprach dann seinem Vater, ihn mit einem Manne bekannt zu machen, der tatsächlich das Wunder der Wiederbelebung nicht nur an gewöhnlichen Toten vollbringen könne, sondern sogar bei Enthaupteten.[47]

Dieser Magier war Teta, der zu jener Zeit angeblich hundertzehn Jahre alt war. Er war eingeweiht in die Geheimnisse des berühmten Thoth-Heiligtums. Noch heute ist ungeklärt, worin diese bestanden. Also wurde eine entsprechende Expedition vorbereitet: Der Sohn des Pharaos reiste mit einer Barke den Nil hinunter, dann weiter in einer Sänfte, bis die Reisegesellschaft schliesslich bei der Behausung Tetas ankam.

Die Erzählung enthält viele Details über die genauen Umstände, was zu zeigen scheint, dass dies alles wahrscheinlich stattgefunden hat und dass diese Legende nicht nur ein Phantasieprodukt ist. Es wird uns zum Beispiel erzählt, dass der Weise auf einem gewobenen Bett lag (wahrscheinlich ähnlich den *Angaribs,* die noch heute in

Gebrauch sind). Diener massierten seinen Kopf und seine Füsse. Dann wird die Begegnung zwischen dem Kronprinzen und dem Magier geschildert, bei der die Einladung des Königs übermittelt wird. Teta ist einverstanden, die Hauptstadt zu besichtigen. Auf die Arme des Prinzen gestützt begleitet der Weise den Jüngling zum Ankerplatz des Boots. Dort angelangt bittet er darum, auch seine Kinder und seine Bücher herbeizubringen, was auch geschieht.

Als sie den Palast erreichen, befiehlt der König Teta, sogleich einzutreten. Sobald er vorgestellt worden ist, fragt Khufu, warum sie einander nie zuvor begegnet seien. Darauf antwortet der Weise, er käme, wenn er gerufen würde und nicht früher. «Du hast gerufen, also bin ich gekommen!»

Dann spricht der König wieder zum Magier. «Ist es wahr, was berichtet wird, dass du weisst, wie man den Kopf wieder am Körper befestigt, wenn er abgeschnitten worden ist?» Der Alte antwortet, dass er dazu in der Lage sei.

Siegel von Ramses II

Der König befiehlt, dass ein verurteilter Krimineller herbeigebracht werden soll, aber auf die Bitte des Magiers hin wird stattdessen eine Gans gebracht.

Er schneidet den Kopf des Vogels ab und legt ihn auf die eine Seite des Säulengangs, den Körper des Tieres auf die andere Seite. Teta erhebt sich und intoniert einige «Worte der Macht». Da bewegen sich plötzlich Kopf und Körper des Tieres aufeinander zu und der Kopf schnattert. Nach diesem Kunststück vollbringt Teta das gleiche mit einem Vogel einer anderen Art. Schliesslich trennt er den Kopf eines Ochsen ab und vereinigt ihn wieder mit dem Körper.

Diese Erzählung könnte oberflächlich gesehen erdacht worden sein, um zu zeigen, dass der mächtige Pharao Cheops keinen Magier in seinem Gefolge hatte, der in der Lage war, dieses Kunststück zu vollbringen. Die Geschichte zeigt jedoch, dass schon zur Bauzeit der Pyramiden von Gizeh die magische und politische Macht von Memphis — dem damaligen Regierungssitz — im Schwinden begriffen war.[48] Ideen, die in Theben weiter unterhalb am Nil kultiviert worden waren, gewannen an Einfluss, und die thebanische Gottheit Amun-Ra (Jupiter) wurde eine von Ägyptens höchsten Göttern. Die Macht Thebens blieb insgesamt dreitausend Jahre lang erhalten.[49]

Die Wirkung der ägyptischen Magie auf die Griechen war schwerwiegend. Der Papyrus Nr. 75 von Reuvens ist eine lange Rolle mit einem volkstümlichen Text von zweiundzwanzig Kolumnen, von denen jede aus über dreissig Zeilen besteht. Auf der Rückseite befindet sich eine griechische Übersetzung. Unter den darin enthaltenen Zeichnungen gibt es eine Gottheit mit einem Szepter, die den Kopf eines Esels hat, und eine von Anubis, der bei einer aufgebahrten Mumie steht.

Leemans hat eine Übersetzung des griechischen Textes angefertigt, der von magischem Wissen ägyptischen Ursprungs übersprudelt. Die Themen seien hier kurz umrissen: magische Zeremonien von grosser Zauberwirkung mit Hilfe der Liebe; das Rezept für ein Heilmittel von einem gewissen Hermerius; eine Formel für Freude und zukünftiges Glück; eine Methode zur Erwirkung von Träumen; zwei weitere zum gleichen Zweck. Als nächstes folgt ein Ritual, durch das man eine Gottheit zu Rate ziehen kann. Diejenigen, die unter Perioden ungezügelten Temperamentes leiden, können Erlösung durch einen anderen Prozess finden. So geht es fast endlos weiter, von der Herstellung eines Ringes, der jedes Unternehmen zum Erfolg führen soll, bis zur Sphäre des Democritus. Weiter ist eine Methode angegeben, wie man Streit zwischen Mann und Frau entfacht. Schliesslich folgt ein Mittel, durch das man einem Menschen den Schlaf rauben kann, bis er stirbt, illustriert mit dem Bild eines ägyptischen Gottes.

Der Autor scheint der Priesterschaft der Isis angehört zu haben. Er wird von Porphyrius so kritisiert:

«Was ist das für eine Absurdität, dass ein Mensch, der mit allen Schwächen des Menschseins behaftet ist, nicht nur die Geister der Toten beeinflussen können soll, sondern gar den Sonnengott selbst und auch den Mond und andere himmlische Wesen. Der Magier lügt, um die himmlischen Wesen zu zwingen, die Wahrheit zu sagen: denn wenn er droht, die Himmel zu erschüttern oder die Geheimnisse der Isis zu verraten oder das Geheimnis, das in Abydos verborgen liegt oder das heilige Boot anzuhalten oder die Glieder des Osiris dem Typhon zuliebe zu verstreuen ... Was für ein Mass von Verrücktheit zeigt das bei einem Menschen, der somit etwas androht, was er weder versteht noch auszuführen vermag.»⁵⁰

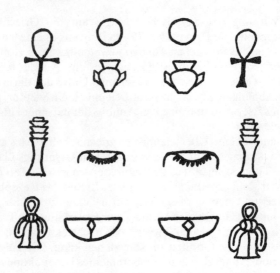

Magische Zeichen auf dem Sarg der Priesterin Ta-Ahuti
(Britisches Museum Nr. 24 793)

Und doch erwähnt Chaeremon (1. Jh. n. Chr.), der priesterliche Schreiber, dass diese Dinge bei den Beschwörungen der ägyptischen Priester sehr beliebt waren.

Wir wissen aus zuverlässiger Quelle, von Jamblichus, dass die Priester der Isis wirkliche Magie praktizierten. Auch er weist darauf hin, dass die Beschwörungen der Götter durch die Priesterschaft Drohungen enthielten.

Dies hat alles für denjenigen, der die Rituale der westlichen Magie studiert hat, insbesondere diejenigen der jüdischen Tradition, einen vertrauten Klang. Auch die folgende Prozedur, die altägyptischen Ursprungs sein soll, wird für einige Leser vertraut klingen:

«Eine Schüssel und eine Grube, die mit Hilfe eines Knaben mit einer Lampe gefertigt wurden, ich rufe dich an, oh Zeus! Helios,

Mithra, Serapis, Unbesiegbarer, Besitzer des Honigs, Vater des Honigs ... Lasse Gott, den ich anrufe, zu mir kommen, und lasse ihn nicht fortgehen, bis ich ihn entlasse ... Fülle eine metallene Kanne mit Öl und salbe dein rechtes Auge mit Wasser aus einem Boot, das gekentert ist.»

Trotz der vielen magischen Rituale, wie sie im *Ägyptischen Totenbuch* und auf anderen Papyri aufgezeichnet sind, ist es wahrscheinlich, dass viele der im alten Ägypten gebräuchlichen grossen Zeremonien nur teilweise erhalten geblieben sind, soweit sie von arabischen, hebräischen und anderen Schriftstellern überliefert wurden. Einer der Gründe dafür ist, dass einige der Wunder, die angeblich von ägyptischen Zauberern ausgeführt wurden, in ihren eigenen Zauberbüchern nicht aufgeführt werden. Es ist auch möglich, dass viele der Prozeduren durch das Gesetz der Übertragung verlorengingen, das die Weitergabe an Menschen verhinderte, die als Adepten ungeeignet waren – und unter diesen wurden sie auch nur an eine begrenzte Anzahl weitergegeben.

Ein grosser Teil der religiös-magischen Praxis der Ägypter bestand im Gebrauch von Amuletten. Der Skarabäus ist am bekanntesten: Eine der in Ägypten heimischen Käferarten, die oft in Ton oder Stein gefertigt wurde. Er stellte ein Symbol des Sonnengottes dar – und somit auch des Lebens, und man glaubte, dass der Skarabäus die Macht besässe, Tote wieder zum Leben zu erwecken, wenn man ihn in ein Grab setzte. Ausser dem Skarabäus-Amulett brauchte man zur Wiederbelebung die Kenntnis der Machtworte, die man über dem Leichnam aussprechen musste.

Dieser Skarabäus-Kult gelangte nach Griechenland, woher wir Anleitung erhalten, wie man den Skarabäus mit Macht «auflädt», bevor man ihn trägt:

«Setze den modellierten Käfer, setze ihn auf eine Papiertafel. Unter der Tafel soll reines Leinengewebe liegen. Darunter sollst du etwas Olivenholz legen, und in die Mitte der Tafel eine kleine Weihrauchpfanne, in der Myrrhe und Kyphi geopfert werden sollen. Und halte ein kleines Gefäss aus Chrysolith bereit, das mit Salbe aus Lilien oder Myrrhe oder Zimt gefüllt sein soll. Und nimm den Ring und lege ihn in die Salbe, nachdem du ihn zunächst gesäubert und gereinigt hast, und opfere ihn in der Räucherpfanne zusammen mit dem Kyphi und der Myrrhe. Lasse den

Ring dort drei Tage lang liegen. Nimm ihn dann heraus und lege ihn an einen sicheren Ort. Lege bei der Feier einige reine Brotlaibe bereit und einige Früchte der Jahreszeit. Nachdem du noch ein Opfer aus Weinstöcken dargebracht hast, nimm den Ring während dieses Opfers aus der Salbe und salbe dich mit dem noch am Ring hängenden Rest derselben. Du sollst dich früh am Morgen salben und nach Osten gewendet die unten angegebenen Worte

Anubis, der Gott der Toten

aussprechen. Der Käfer soll aus einem wertvollen Emerald geschnitten sein. Durchbohre ihn und führe einen Golddraht durch ihn hindurch, graviere auf der Unterseite des Käfers die heilige Isis ein; und nachdem du ihn so eingeweiht hast, benutze ihn!»

Der erwähnte Spruch lautete: «Ich bin Thoth, der Erfinder und Begründer der Medizin und der Buchstaben; kommt zu mir, du, der du unter der Erde bist, erhebe dich zu mir, grosser Geist!» Ausserdem war angegeben, dass die Prozedur nur an bestimmten Tagen stattfinden konnte: dem 7., 9., 10., 12., 14., 16., 21., 24. und 25. Tag vom Anfang des Monats an gerechnet.

Zwei Charakteristika der altägyptischen Magie, die uns in westlichen Ritualen überliefert sind, scheinen ihren Grundton zu treffen. Sogar in den Tagen von Ramses II. (vor mehr als 5000 Jahren) war der Glaube an das mystische Wort der Macht hoch entwickelt: es wurde genau wie die Magie selbst als eine Kunst angesehen, die so alt war, dass sie keinen bekannten Ursprung hatte ausser der Offenbarung durch die Götter. Es ist sehr gut möglich, dass einige dieser Worte, die in manchen Fällen schon damals aus sinnlosen Silben zusammengesetzt waren, in der Folge der mesopotamischen Eroberungen durch viele Pharaonen ihren Weg nach Ägypten fanden. Andere stammen aller Wahrscheinlichkeit nach aus der nubischen Magie, die in Afrika immer noch in Blüte steht.

Die zweite Charakteristik hängt mit den weiter oben behandelten Beschwörungen zusammen. Um die Geister und Götter – zum Guten oder zum Bösen – zu zwingen, seinem Willen zu gehorchen, musste der Zauberer die Worte der Macht und die Namen der Götter kennen. Nur so war er in der Lage, ein diktatorisches Verhalten gegenüber den Göttern zu entwickeln. Es gab keine Ausnahme bezüglich der Anzahl und der Macht der Götter, die «gebunden» oder gezwungen werden konnten, den Befehlen des Zauberers zu gehorchen. In manchen Fällen identifizierte sich der Magier sogar so eng mit den Kräften des angerufenen Gottes, dass er dessen Namen annahm und Befehle in seinem Namen erteilte. Forscher der mittelalterlichen europäischen Magie werden diese Eigenart in einigen Prozeduren der westlichen Versionen des *Schlüssels Salomos* wiedererkennen, in denen der Ausführende mit dem Geist nicht nur unter seinem eigenen Namen, sondern als Salomo selbst in Verbindung tritt.[51]

Die Worte der Macht, so kann man vermuten, sind der semitischen Theorie vom «Höchsten Namen Gottes» verwandt, den selbst Eingeweihte nicht aussprechen dürfen. Die Ägypter scheinen mit anderen Völkern die Überzeugung geteilt zu haben, dass ein Name – gleich ob der eines Menschen oder der eines Gottes – in enger Verbindung mit den Kräften, Eigenschaften und spirituellen Elementen des Namensinhabers stand. Ob es wirklich nur Sittsamkeit ist, die Frauen vieler Länder ihren Namen keinem Fremden verraten lässt? Sie ist die «Tochter des Soundso oder die Frau von diesem oder jenem Mann». Anthropologen kennen die sehr verbreitete Stammessitte, umfassende Vorsichtsmassnahmen zu treffen, um sicherzustellen, dass der wirkliche Name eines Menschen ausserhalb seiner unmittelbaren Familie nicht bekannt wird. In manchen Fällen wird der Name oft geändert. Es gibt schon eine Menge Literatur zu diesem Thema, und ich wage nicht, ihr noch etwas hinzuzufügen.

Osiris

Das magische Wort oder der magische Name besitzt auch dann noch seine ursprüngliche Macht, wenn derjenige, der sie benutzt, sie nicht versteht. Diese Ansicht stammt vielleicht von den Ägyptern, sicher war sie ihnen aber geläufig, so wie später den Magiern vieler Länder.

Im Louvre gibt es einen magischen Begräbnispapyrus, der aus der fernen Zeit Ramses II. stammt und auf dem als Namen barbarische Worte erscheinen: «Oh Ualbpaga, Oh Kemmara! Oh Kamalo! Oh Aamagoaa! Der Uana! Der Remu! ...»

Da ähnliche Worte und Ausdrücke in den meisten anderen magischen Schriften vorkommen, ist es wahrscheinlich, dass sie für die Priester damals nicht mehr Sinn ergaben als für uns. Dieser Linie der Forschung folgend und in der Annahme, dass einige dieser Worte der Macht aus benachbarten Ländern stammten, stellte der Vicomte de Rougé im letzten Jahrhundert eine Liste von Worten zusammen – sie wurde unglücklicherweise nicht veröffentlicht –, die Ähnlichkeiten mit von den Nubiern und anderen Völkern gesprochenen Dialekten zu haben scheint.

Im magischen Papyrus von Harris ist ein Ritual enthalten, mit dessen Hilfe der Anrufende durch die Verwendung bestimmter Namen die wirkliche Gestalt des Gottes Amsu annimmt. Dies könnte ein Schlüssel sein. Man könnte einwenden, dass die Identifikation des Magiers mit dem Geist oder Gott in Worten und Gebeten dazu gedient habe, ihn zu diesem Gott oder Geist zu machen. Oder er könnte geglaubt haben, dass er alle Eigenschaften und Kräfte der genannten Gottheit zumindest für eine kurze Zeit ausleihen kann. Das Ritual ist für einen Menschen gedacht, der sich auf einem Schiff vor etwa auftauchenden Monstern oder feindlichen Tieren schützen will.

Mit einem «harten Ei» in einer Hand sagt er:

«Oh, Ei des Wassers, du bist über die Erde verbreitet worden[52], Essenz der göttlichen Affen, der grossen im Himmel und auf der Erde: Du wohnst in den Nestern im Wasser, ich bin aus dem Wasser entstiegen, ich war mit dir in deinem Nest, ich bin Amsu von Coptos, ich bin Amsu, der Herr von Kebu.»

Genauso wie die Namen magische Kräfte in bezug auf das irdische Leben enthielten, so wurde ihre Macht auch in Begräbniszeremonien beschworen, und sie wurden in den imaginären Begegnungen zwischen der Seele und den Göttern des Jenseits benutzt. Keine Seele konnte hoffen, ihren gerechten Lohn zu empfangen und Zutritt zum Himmel zu erhalten, bevor sie nicht einer sehr genauen Prüfung unterzogen worden war, wie sie im *Totenbuch* beschrieben wird.

Was ist über das Einbalsamieren und über die genauestens konzipierten Pyramiden zu sagen, die als wichtige Bestandteile der altägyptischen Magie angesehen wurden? Es gibt bereits eine Menge Literatur, in der solche Autoritäten wie Flinders Petrie und Wallis Budge die Rituale der Einbalsamierung und ihren Sinn ausführlich beschrieben haben. Kurz gesagt wird der Grund für die Erhaltung der sterblichen Überreste darin gesehen, dass der Kontakt, wie gering er auch sein mochte, erhalten bleiben und die Seele, das Ego (*ka*) und den Körper nach dem Tode zusammenhalten sollte. Lenormant ist der Meinung, dass es einen Endzeitglauben gab, demzufolge der Körper eines Tages in seiner früheren Form (wenn auch geläutert) wiederauferstehen würde. Eine andere Ansicht ist allerdings verbreiteter: nämlich, dass die Mumie erhalten wurde als Herberge für das *ka*. Ausserdem scheinen die symbolischen Riten, die mit der Mumie vollzogen wurden, die Funktion gehabt zu haben, die Ereignisse widerzuspiegeln, die der Seele angeblich in der jenseitigen Welt zustossen sollten — wie zum Beispiel die Zeremonie der Mundöffnung. Es handelt sich dabei in der Tat um eine magische Verdoppelung des zukünftigen Lebens der Seele im bekannten Sinne der sympathetischen Magie. Es ist auch möglich, dass es eine Überzeugung gab, derzufolge gewisse Organe im Körper weiterfunktionierten, wenn auch auf andere Weise als zu Lebzeiten.

Man hat Bücher und Schriften verfasst, um zu beweisen, dass die Pyramiden symbolisch sowohl das *Totenbuch* als auch das vermutete *Buch des Thoth* darstellen. Es scheint kein Zweifel zu bestehen, dass die Abmessungen einiger Pyramiden und ihre innere Gestaltung und Planung mit mystischen und magischen Konzepten der dynastischen Religion in Verbindung stehen. Ob sie allerdings den Schlüssel zu ihr bilden, ist ein Thema, über das noch nicht abschliessend diskutiert worden ist. Konventionell denkende Beobachter neigen meist dazu, den Symbolismus der Pyramiden als natürliche Projektionen ägyptischen Glaubens und ägyptischer Theologie anzusehen, und weniger als Anzeichen für irgendein anderes Ziel als die Bewahrung des Leichnams vor Entweihungen. Beim gegenwärtigen Wissenstand über den altägyptischen Okkultismus eine andere Meinung zu vertreten, wäre gleichbedeutend mit der Annahme, dass die ägyptischen Priestermagier die Absicht hatten, zukünftigen Generationen verborgenes Wissen zu übermitteln. Da jedoch kein Anzeichen darauf hindeutet, dass sie diesen Wunsch hatten, lässt das nur auf ihr Vorgefühl schliessen, dass die Macht der Pharaonen irgendwann schwinden würde. Dann müsste man sich fragen, auf welchen Voraussetzungen eine solche Annahme beruht.

Ich setze den oben angedeuteten Forschungsstand voraus und

schliesse solche übernatürlichen «Offenbarungen» aus, wie sie mir von einem ernsthaften Forscher des Okkulten berichtet wurden. Ihm war in einem Traum enthüllt worden – und auch teilweise durch ein spritistisches Medium –, dass es seine «Mission» sei, nach Ägypten zu gehen und im Schatten der Pyramiden zu kampieren: dann würden ihm ihre okkulten Kräfte und Zwecke enthüllt werden. Da er zu jener Zeit sehr wohlhabend war und so verrückt nach Abenteuern wie jedermann, tat er genau das, was ihm befohlen war. Seine Bemühungen hatten ein einziges Resultat: er hatte so hohe Ausgaben, dass er verarmte. Unglücklicherweise erlebte er nicht einmal eine Offenbarung. Als er nach England zurückkehrte, musste er feststellen, dass sein Geschäft nahezu zusammengebrochen war. Unbestritten hatte die Erfahrung jedoch eine beträchtliche Auswirkung auf ihn.

SINGENDER SAND

In der El Meman-Kette am Roten Meer liegt der Jebel Narkous – der Berg der Glocke. Seine Felsen und Bergspitzen liegen so, dass man bei einer bestimmten Windrichtung ein lautes Raunen hört, «das aus dem Felsen ertönt». Das erklärt wahrscheinlich, warum weniger kultivierte arabische Stämme glaubten, dass die alten Ägypter die Fähigkeit besässen, Orakelstimmen aus dem Boden erschallen zu lassen.

Viele Magier behaupteten, diese Stimme deuten zu können: es handle sich um Stimmen von Geistern, die der Menschheit mitteilten, was sie tun und lassen sollte. Auf jeden Fall wirkt der Effekt auf den Besucher gespenstig.

Ähnliche Geschichten gibt es über ägyptische Priester, die Orakel aus dem singenden Sand lasen. Dieser Sand «singt» immer noch, und wahrscheinlich gab es einmal ein regelrechtes System, um seine Klänge zu interpretieren. Vielleicht liegt in dieser Idee ein Schlüssel zu einigen der magischen Vorstellungen des dynastischen Ägypten, die ursprünglich von jenseits des Roten Meeres stammen, genauso wie wir wissen, dass gewisse Riten aus Zentralafrika stammen. Die Wüstenvölker haben viele abergläubische Vorstellungen bezüglich des singenden Sandes, die so alt sein könnten wie die der Ägypter. Wenn man ihn zum Beispiel vor dem Neumond hört, dann stehen die Zeichen gut für den Stamm, wenn man ihn nach Neumond hört, ist das ein schlechtes Zeichen. Andere Geräusche des Sandes bedeuten, dass man eine bestimmte Reise machen soll, und wenn das der Fall ist, muss man beim Sand weitere Nachforschungen über die Reisezeit und die Orte anstellen, die man aufsuchen soll. Gleich nach dem Kriege wurde mir in Ägypten von den verschiedensten Leuten erzählt, dass ein lybischer Derwisch den Krieg schon 1937 vorausgesagt und die Senussis gewarnt habe, sich auf die westlichen Wüstenfeldzüge vorzubereiten. Diese würden mit Sicherheit, so sagte er, zur Befreiung vom italienischen Joch führen. All das – und noch vieles mehr hatte er vom singenden Sand gehört.

In der Nähe des Kom el Hettam, jener Sandsteinerhebung, die den Standort der einst so berühmten Paläste und Tempel Amunophs III. kennzeichnet, gibt es zwei sitzende Kolosse. Einen von ihnen hört man gelegentlich bei Sonnenaufgang singen. Manche Leute sagen, das Geräusch gleiche mehr dem Klang einer reissenden Harfenseite. Natürlich gibt es viele Erklärungen für diesen merkwürdigen Klang. Der Legende zufolge wurde der Koloss von Memnon errichtet, der wundertätige Kräfte besass. Er heilte auf wunderbare Weise Kranke, erweckte Tote, und täglich, bei Sonnenaufgang, sorgten die Winde dafür, dass sein Koloss bestimmte Worte wiederholte, die *Salámát* («Grüsse»). Mir wurde auch berichtet, dass bei ihrer Rückkehr nach Ägypten Memnon und gewisse Hohe Priester sich zuerst mit dieser Stimme unterhalten hätten …

Im Gegensatz zu dieser netten romantischen Geschichte hat der alte Sir Gardiner Wilkinson erklärt, er habe im Schosse des Kolosses einen Stein entdeckt. Gespannt, was ein von ihm ersonnenes Experiment ergeben werde, stieg er auf die Figur und schlug den Stein mit einem kleinen Hammer an. Das klang so, als würde Messing angeschlagen. Sir Gardiner ist daher der Meinung, dass nur das Anschlagen des Steins bewirken kann, dass die Statue zu sprechen scheint.

Ähnliche metallische Geräusche kann man erzielen, wenn man Teile der hohen Felsen bei Tunbridge Wells anschlägt, insbesondere den Glockenfelsen. Diese Phänomene, die in vielen Ländern bekannt sind, werden sehr wahrscheinlich durch rein natürliche Umstände verursacht, oder aber es handelt sich um Erfindungen früherer Völker als Ergänzung ihrer magischen Riten. Es ist jedoch sehr unwahrscheinlich, dass es irgendwelche wirklich ausserphysikalischen Erklärungen dafür gibt.

Gleichzeitig hat sich aber oft ihr Wert als Omen gezeigt. Es gibt eine Geschichte, die erzählt, dass sich an der Stelle, wo Napoleon

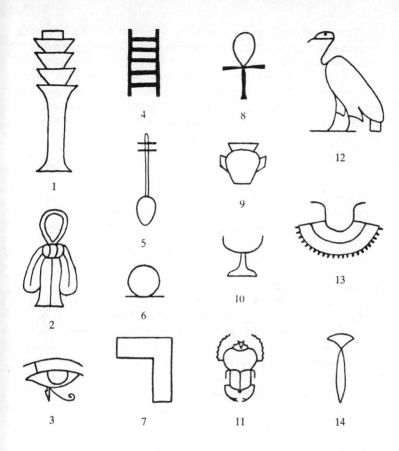

Ägyptische Amulette

1 Das Tet
2 Die Spange
3 Das Auge des Horus
4 Die Leiter
5 Das Amulett des Nefer
6 Das Amulett des Shen
7 Das Amulett der Sicherheit
8 Das Lebensamulett
9 Das Herzensamulett
10 Das Kissenamulett
11 Das Amulett des Skarabäus
12 Das Amulett des Geiers
13 Der Goldkragen
14 Das Papyruszepter

die Strasse zwischen Savoyen und Frankreich baute – ungefähr zwei Meilen von Les Sechelles entfernt –, in einem Tunnel eine Säulenhalle befindet, die siebenundzwanzig Fuss breit und 975 Fuss lang ist. Als die Aushöhlungsarbeiten fast beendet waren und die Tunnelbauer sich in der Mitte trafen, wurden die wenigen Zoll, die noch dazwischen lagen, mit einer Spitzhacke beseitigt. Da erschallte ein Klang, der an lautes Stöhnen erinnerte. Als man Napoleon dies berichtete, da wurde er kreidebleich, denn ein Magier hatte ihm gesagt, dass nach dem Erschallen eines solchen Klanges in seiner Gegenwart oder Nähe die Zukunft ihm nur noch Niederlagen bringen würde.

Es gibt natürlich eine wissenschaftliche Erklärung für dieses Ereignis. Aber jeder Okkultist würde sagen, dass übernatürlicher Ursprung nicht erforderlich ist, um ein Phänomen zu einem wirksamen Vorzeichen zu machen. Ein gewisser Mr. Bakewell, der die Geschichte des Napoleontunnels untersuchte, führte dennoch das Phänomen auf den Temperaturunterschied an den beiden Ausgängen zurück.

Besondere Aufmerksamkeit widmeten die ägyptischen Magier den Zeiten und Daten, die ihnen für okkulte Handlungen am geeignetsten erschienen. Die folgende Tafel zeigt die glücklichen und unglücklichen Tage entsprechend den rituellen Kalendern Altägyptens an. Die Tage sind in Drittel unterteilt: «G» (glücklich) bedeutet, dass der angegebene Zeitraum als glücklich angesehen wurde. «U» (unglücklich) steht für die Zeiten, die nicht unter gutem Einfluss standen.

Der Monat des Thoth, der am 29. August beginnt, (der 1. Thoth ist der 29. August):

Tag	erstes Drittel	zweites Drittel	drittes Drittel	entsprechend dem:
1.	G	G	G	29. August
2.	G	G	G	30. August
3.	U	U	U	31. August
4.	U	U	U	1. September
5.	G	G	G	2. September
6.	U	U	G	3. September
7.	G	G	U	4. September
8.	G	G	U	5. September
9.	G	G	G	6. September
10.	G	G	G	7. September
11.	U	U	U	8. September
12.	U	U	U	9. September
13.	G	G	UU[53]	10. September
14.	G	U	U	11. September
15.	G	U	U	12. September
16.	U	U	U	13. September
17.	G	G	G	14. September
18.	G	G	G	15. September
19.	G	G	G	16. September
20.	U	U	U[54]	17. September
21.	G	G	U	18. September
22.	U	U	U	19. September
23.	U	U	U	20. September
24.	G	G	G	21. September
25.	G	G	G	22. September
26.	U	U	U	23. September
27.	G	G	G	24. September
28.	G	G	G	25. September
29.	G	G	G	26. September
30.	G	G	G	27. September

6 DAS JU-JU-LAND DER NIL-ZWILLINGE

«*Mungo* dringt in ihn ein, und er ist am Ziel ...»

Im Sudan, jenem ausgedehnten Land zwischen Ägypten und Äthiopien, das ein Drittel der Grösse Europas einnimmt, gibt es Schwarze und Weisse Magie bis auf den heutigen Tag.

Es kostete mich mehr als ein Jahr, die drei Hauptarten von Zauberei und Hexerei in dieser seltsamen und auch heute noch faszinierenden Region zu entwirren und auszuwerten. Im Norden, wo der Halfa-Katarakt das Nilwasser nach Unterägypten spült, erzählen die Tempel und Monumente die Geschichte der alten Pharaonenzeit, die sich immer noch in den Gebräuchen der ansässigen Stämme widerspiegelt. Im Westen existieren unter den sich auftürmenden Nubabergen das Regenmachen und die Schwarze Kunst, das Gummipflücken und Ju-Ju nebeneinander.

Im fernen Süden, beim buchstäblich dampfenden Äquatorgürtel, jenseits des Verwaltungszentrums Juba, schmücken sich die nackten Nilanwohner noch mit der heiligen Schlingpflanze, nehmen mit Hilfe der Magie Rache und befragen regelmässig die örtlichen Orakel.

Das Haupthindernis bei meinen Versuchen, die verwirrenden

Rituale in einen Sinnzusammenhang zu bringen, war nicht die Schweigsamkeit der Ortsansässigen. Ich war natürlich nicht der erste Fremde, der in Nubien auf der Suche nach der Lehre der Zauberer war, und ich würde auch nicht der letzte sein. Aus diesem Grunde ergoss sich in die oftbesuchten Orte ein Strom von Kriegern oder deren Frauen, die mir vermeintliche Zaubersprüche anboten oder mir versprachen, mich zu einem heiligen Baum zu führen. Einige behaupteten, dass ich gegen geringes Entgelt von ihnen erlernen könne, wie man die versteckten Kräfte einer wundertätigen Pflanze nutzbar macht. Wenn man mit Speeren, mit Geld oder mit Rasierklingen bezahlte, konnte man jeden Tag Tausende von unechten Zaubersprüchen von gutgläubigen, fehlgeleiteten oder auch wirklich unehrlichen Eingeborenen erwerben.

All dies galt es zu vermeiden. Denn im Khartoum und Omdurman, den Zwillingshauptstädten am Zusammenfluss der beiden Nilströme, kauften die Reisenden regelmässig »Geheimnisse« von den Ortsansässigen. Der dortige Markt für Zaubersprüche blüht und gedeiht. Diese Szenerie war so verwirrend, dass ich in einigen Gegenden einen Dolmetscher mitnehmen musste, um meine Absichten verständlich zu machen.

Ich erzählte den nubischen Häuptlingen, dass ich nicht zur Gruppe der gewöhnlichen Reisenden zu rechnen sei. Ich sagte, ich sei ein Schriftsteller, der die Geschichte und die Gebräuche der Stämme aufschreiben wolle, damit die Nachfahren sie nachlesen könnten. Auf diese Art fand ich — erstaunlicherweise vielleicht — willige Zuhörer. Dieses Ergebnis ist wahrscheinlich weniger meiner Überzeugungskunst zuzuschreiben als der Sorge der sudanesischen Stammesältesten, die von der Anziehung der Städte auf ihre Jugendlichen zutiefst beunruhigt waren. Wenn die jungen Leute aus der Stadt zurückkehrten, hatten sie nur zu oft das Interesse an den Stammesbräuchen verloren und sich von ihren Verwandten entfremdet. Ihre neuerworbene Bildung liess sie jene vornehmen Wesenszüge verleugnen, die westliche Besucher in der afrikanischen Gesellschaft beobachteten.

Nachdem ich es geschafft hatte, ihnen diese Dinge zu erklären, waren Nubas, Shilluks, Nyam-Nyams wie auch Hadendoas meist begierig, ihre Gebräuche zu schildern, ganz gleich, ob sie im arabisierten oder im äquatorialen Gebiet lebten.

Am südlichen Äquatorgürtel herrscht kein Zweifel darüber, dass Magie zum Wesen einer organisierten Religion gehört. Die Medizinmänner, die eigene Tempel, Rituale, Geheimgesellschaften, Orden und Einweihungsgrade ihr eigen nennen, scheinen auch für jeden Anlass und jedes menschliche Gefühl mit einem Zauberspruch gewappnet zu sein.

Bei den Nyam-Nyams, deren Gebiet durch die ehemalige französische und belgische Kolonialregierung zerteilt ist, erben einige der Zauberer ihren Rang. In vielen Fällen jedoch stellen sich junge Kandidaten zur Aufnahme in einem magischen Zirkel vor. Sie werden dann ermächtigt, sich als vollwertige Zauberer anzusehen und die Kunst vollständig auszuüben.

Die negroiden Einwohner des fernen Südens, schöne aufrechte und abgehärtete Menschen, haben etwas rätselhaftes, zumindest, was ihren Geist anbetrifft. Sie sind sehr interessiert an modernen Dingen: sie fahren Autos, lernen Englisch und nehmen den christlichen Glauben an. Jedoch zeigen auch noch die fortschrittsgläubigsten Eingeborenen im Umkreis ihres Stammes eine solche Mixtur von westlichen und afrikanischen Sitten, dass man manchmal nicht herausbekommen kann, wo ihre wahren Gefühle liegen.

Eines ist jedoch klar: die meisten dieser Menschen glauben noch an ihre eigene Form von Magie.

Wenn ein lernwilliger Schüler sich einem Zauberdoktor zur Ausbildung vorstellt, wird er auf das genaueste nach seinen Motiven befragt. Befriedigt die Antwort den Meister oder den Magierrat, so wird er gegen Bezahlung einer Gebühr zugelassen. Diese Zahlung ist von besonderer Bedeutung, nicht nur wegen des Geldes – es handelt sich meist um kleine Summen im Wert eines Penny – sondern wegen des ersten Prinzips des *Nagua* oder des «Wunderwirkens».

Als Grund wird angegeben, dass der «machthabende Geist» des *Nagua* – von dem alle Macht stammt – ein Opfer aus Geld, Rasierklingen oder anderen kleinen Geschenken verlangt. Das erinnert eigenartigerweise an die eher westliche Tradition mittelalterlicher magischer Rituale, in denen vom Beschwörer regelrechte Opfer dargebracht wurden. Auf vergleichbare Weise bittet der Zauberdoktor (der *Irrah*) um eine Münze, wenn er für einen Kunden einen Bann spricht oder seine Macht auf irgendeine andere Weise einsetzt. Dies erinnert auch stark an den Brauch der Zigeunerwahrsagerinnen, die Silber über ihre Handflächen gleiten lassen, bevor ihre Kraft wirksam wird.

Ich habe nur wenige Zauberdoktoren angetroffen, die ablehnten, ihre Lehren einem Aussenseiter zu übermitteln, wenn ich sie einmal davon überzeugt hatte, dass ich nicht beabsichtigte, die Magie in ihrem Land auszuüben. Einige vereinbarten mit mir, dass ich die «Kunst» im Umkreis von hundert Tagereisen nicht ausüben dürfe – ich stimmte dem bereitwillig zu. Die ganze Angelegenheit wurde so ernsthaft behandelt – auch nachdem man mich einige Zaubersprüche gelehrt hatte – dass es kaum anzunehmen ist, dass die Zauberer selbst nicht an die Magie glauben.

Die Initiation beginnt damit, dass der Meister den Schüler zu einem Fluss bringt und ihn auffordert, darin zu baden.[55] Daraufhin begeben sie sich gemeinsam in eine Höhle oder setzen sich unter eine überhängende Uferböschung, um so dem Geist der Magie den Weg zu ihren Herzen zu ebnen. Dies ist ein Hinweis auf die Verbindung dieser Tradition mit einem Wassergott, die jedoch wahrscheinlich in Vergessenheit geraten war. Als ich nach dem Grund des Zeremoniells fragte, konnte niemand etwas darüber sagen, jedoch bestanden alle ausdrücklich auf seiner Wichtigkeit.

Als nächstes wird eine Blume gepflückt, die einer Schlüsselblume ähnelt; sie wird dem Neophyten überreicht. Nachdem der Tutor den Schüler eine Anzahl einfacher Zaubersprüche gelehrt hat, führt er ihn zu einer Versammlung der Zauberer, damit der Neuling die Rituale der Zauberkunst kennenlernt.

Zur Herbeiführung von Siegen ist der folgende Zauberspruch typisch: «Ich bin ein Magier und aller Zauber mächtig. Was ich sage, wird wahr. Ich sage: ‹Schenke dem Soundso Sieg. Er wird siegreich sein in allen Dingen›.» Dann beschreibt der Zauberer im einzelnen die gewünschte Art des Sieges und schmückt die Kühnheit aus, die dem glücklichen Krieger oder Jäger bald eingegeben wird.

Dieser Spruch wurde siebenmal wiederholt, wobei der Magier am Boden hockte. Vor ihm stand der unvermeidliche, mit Wasser gefüllte Topf; in seiner Hand hielt er die geweihte Pfeife.

«Während du dies sprichst», sagte der *Irrah* zur Erklärung des Zauberspruchs, «musst du eine hölzerne Pfeife im Mund halten. Blase auf ihr dreimal in die vier Himmelsrichtungen.»

Alle Zaubersprüche sollen wirksamer sein, wenn sie über fliessendem Wasser gesprochen werden. So liess das Geräusch meines Brausebades bei mir einmal den Gedanken aufkommen, dass ich meine «Magie» praktizierte.

Einer meiner Informanten war von dem Wunsch besessen, dass ein anderer Mann ihn fürchte. Er nahm mich mit zum Pflanzensammeln, wobei er vier verschiedene Sorten von Blättern sammelte, denen er eine Handvoll gemahlener Nüsse beimengte. All dies kochte er mit Fett und zwei kleinen Ästen ohne Rinde in einem Topf über einem Holzfeuer. Sobald das Gebräu kochte, murmelte er in einem fort leise vor sich hin: «Dies sind Kräuter, sie besitzen Macht: die Nüsse sollen meinen Feind erschrecken. Durch die Macht des *Nagua* sind die Stöcke stark, sie werden die Nüsse schlagen; das Wasser kocht, es kocht wie meine Wut. Meine Wut auf die Nüsse, auf meinen Feind.»

Er teilte mir zwei Tage später mit, dass sein Feind gekommen sei, um sich bei ihm zu entschuldigen und ihn gebeten habe, den Bannspruch von ihm zu entfernen. «Und wie hast du ihn entfernt?» fragte ich. «Ich habe die Kräuter, die ich zuvor verbrannt hatte, auf den Fussweg geschmiert», lautete seine Antwort. «Andernfalls wäre er sehr schnell in einen übleren Zustand gekommen als den der Furcht, denn meine Wut war gross. Jetzt hat er sogar eingewilligt, für mich zu jagen und mir beim Landbau zu helfen.»

Bei diesen magiegläubigen Stämmen erfreuen sich Liebeszauber einer grossen Beliebtheit. Ein Zauberer, der sich erbot, mir die Herstellung eines Liebeszaubers zu erklären, fragte mich, ob solche in meinem Lande gefragt seien. Die Antwort, die ich ihm geben konnte, war, sie seien es einmal gewesen. «Wenn ich dorthin käme, könnte ich den Leuten damit helfen?» lautete daraufhin seine Frage.

Ich erschauderte bei dem Gedanken, diesen Mann in seinem Aufzug mit Gazellenhorn, dem Hemd aus Schlangenhaut und einer Knochenkette – so betörend dies alles in seiner Heimat wirken mochte – in einer westlichen Grossstadt zu erblicken.

Er wollte den Zauberspruch dennoch sprechen und lud mich ein, dem Ritual beizuwohnen. Er sagte dies mit der Ehrerbietung, die ein Fachmann einem anderen entgegenbringt. Das ganze war eine sehr komplizierte Prozedur: Zuerst zeichnete er auf einer Lichtung einen Kreis; dann brachte er wie üblich einen von drei Stöcken gehaltenen Topf zum Kochen. In diesen warf er gemahlene Erdnüsse, Holzkohle und Sand hinein. Derweilen umschritt der Zauberdoktor das Gebräu, wobei er sich sorgsam im schützenden Kreis aufhielt und niemals die Augen von der Mischung abwandte. Nachdem er den Topf etwa zehnmal umkreist hatte, warf er nacheinander zwölf Hühnerfedern auf die wallende Brühe. Ein halber Liter Öl rundete das Rezept ab. Nun schlug er leise und mit beiden Händen abwechselnd auf eine kleine mit Fell bespannte Trommel. Dann erst folgte der eigentliche Zauberspruch. «Ich bin ein Magier, oh Topf, du enthältst die Medizin der Liebe, den Zauber der Liebe und der Leidenschaft. Mein Herz schlägt wie die Trommel, mein Blut kocht wie das Wasser.» Dies wiederholte er dreimal. Dann sang er, während er starr auf das Gebräu schaute: «Bringe mein Begehren zu mir, mein Name ist Soundso und mein Verlangen ist jemand, den ich liebe.»

Er versicherte mir mit grösster Feierlichkeit, dass dieser Zauberspruch, wenn er ihn an drei aufeinanderfolgenden Abenden wiederhole, die Geliebte an ihn «binden» würde. Und dies war noch nicht alles. «Wenn du das Wasser so lange kochst, bis es verdampft ist, und du trägst zwei Prisen des Rückstandes in einem Blatt eingewickelt bei dir, so wird dies jedesmal, wenn du es vor dich hinlegst, das andere Geschlecht anziehen.»

Ich fragte ihn, ob die so verursachte Wirkung nicht zu weit gestreut würde. «Nein», antwortete er, «denn die Frauen werden erst angezogen, wenn der Bann auf folgende Weise vervollständigt wird: du musst die Person anschauen, beide Fäuste ballen und sie zusammenfügen, wegschauen und dann viermal langsam deine Augen schliessen. Jedesmal wenn du es tust», fuhr er fort, «wird die Wirkung stärker.»

Aber diese Zauber werden von Laien selten angewandt. Denn zum einen verrät man ihnen nicht den ganzen Zauber, zum anderen ist ein ziemlich langes Training erforderlich, bevor sie wirken. Anwärter auf den hochgeachteten Rang des Magiers verharren mindestens vierzig bis sechzig Tage im Fasten und Einhalten von Tabus, bevor sie einen Zauberspruch anwenden.

Kein ausübender Magier darf während seiner Studienzeit für länger als ein paar Sekunden Angehörige des anderen Geschlechts anschauen – ausser nach sieben Uhr abends. Es gibt gewisse Speisen, die magische Kräfte verleihen sollen: insbesondere grünblättriges Gemüse, Erdnusspaste und manchmal auch kleine Vögel. Des Nachts trägt der Magier einen Strohhut und manchmal zwei silberne Schmuckstücke wie beispielsweise durchbohrte Münzen – ägyptische Halbe-Piaster-Münzen.

Mit diesen Kennzeichen an der rechten Seite des Kopfes oder des Körpers betritt er Gebäude oder überquert er Pfade mit einem langen und einem kurzen Schritt. Während der gesamten Trainingszeit verbringt er nach Sonnenuntergang eine halbe Stunde damit, eine kleine Trommel zu schlagen. Kurz vor Sonnenuntergang schaut er mindestens fünf Minuten zum Himmel. In Gesellschaft schliesst er seine Augen und beisst sich oft auf die Unterlippe. Man erwartet von ihm, dass er wenig redet, ausser mit denjenigen, die ebenfalls dieses Training absolvieren.

Frauen üben die Magie nicht so häufig aus wie Männer. Dies ist nicht so, weil Frauen weniger dazu befähigt wären, sondern weil die Männer sie nur ungerne unterrichten: Die Männer leben in der tiefverwurzelten Furcht, dass sie durch Machtzuwachs der Frauen aus ihrer überlegenen Position vertrieben würden.

Die drei Schnüre, die oft von männlichen Zauberdoktoren getragen werden – zwei rote und eine weisse – können Frauen nicht gefahrlos tragen, da sie dann als Hexen entdeckt werden könnten. Man erzählte mir, dass früher viele Frauen diese Insignien zur Schau gestellt hätten, denen eine grosse Zauberkraft zugeschrieben wird. Der Machtzuwachs ihrer Männer und die Massnahmen der europäischen Kolonialregierungen gegen die Zauberei haben viele dieser Sitten verschwinden lassen.

Eigenartigerweise beschränken sich die Aktivitäten der Ju-Ju-Männer in Zentralafrika – soweit ich das beurteilen kann – auf die weisse Magie, obwohl ihnen der Ruf anhaftet, dass sie mit Hilfe ihrer geheimen Kenntnisse die Fähigkeit besässen, Leben auszulöschen. Die meisten Magier sind der Meinung, dass *jeder* Tod die Folge von magischen Einwirkungen von irgendwoher gegen den Verstorbenen ist. Jedoch sind nur wenige Magier je als ausgesprochene Todesbringer bekannt geworden.

Eine der wichtigsten bekannten Methoden zum Erlangen magischer Kräfte – so sagt man im Süden – ist das Fischtabu. Der angehende Magier bittet seine Frau, einen Verwandten oder jemand anderen – in dieser Reihenfolge der Präferenz –, einen Fisch vor ihn hinzulegen. Dann schliesst er dreimal langsam seine Augen, «so als ob Staub darin wäre», runzelt die Stirn und lässt den Fisch wegnehmen. Oder er berührt den Fisch nur, ohne davon zu kosten. Der Grund für dieses Zeremoniell soll darin liegen, dass «die Geister, die mich davon abhalten, ein Magier zu werden, durch den Fisch angezogen werden. Sie verstecken sich in seinem Innern, um so in meinen Körper zu gelangen. Weil ich den Fisch aber zurückweise, werden die Geister entfernt».

Die Ursprünge dieser Gebräuche könnte man zweifellos weiter in die Geschichte zurückverfolgen. Doch dies hätte eine grossangelegte Erforschung der Geschichte und der Gebräuche zentralafrikanischer Stämme zur Voraussetzung. Dies überstiege bei weitem die Möglichkeiten eines einzelnen.

In dieser Region herrscht die Ansicht, dass zwar grundsätzlich jeder ein Magier werden kann, dass aber bestimmte Menschen doch besser für diese Aufgabe geeignet sein sollen. Der ideale Zauberer wurde mir wie folgt beschrieben: ein Mann von durchschnittlicher Grösse, eher hell- als dunkelhäutig (möglicherweise weil ein Teil ihrer Magie von den hellhäutigen koptischen Abessiniern stammt) und zwischen dreissig und fünfzig oder zwischen zweiundzwanzig und sechsundzwanzig Jahren alt. Ausserdem werden Leute mit roten und vollen Lippen bevorzugt.

Ich bin überzeugt davon, dass oft in diesen magischen Künsten ein autohypnotisches Element eine Rolle spielt. Wenn der Zauberer vor dem Wassertopf sitzt, seine Augen ohne zu blinzeln auf die Wasseroberläche fixiert, dann scheinen sie fast immer leer zu werden, so als ob er sich in Trance befände. Wenn er anfängt, zum Schlag der Trommel seine Zaubersprüche zu murmeln, umherzuwandeln und seinen Körper von der einen Seite zur anderen zu schwingen, dann entsteht eine Leere und gleichzeitige Intensität, die dem hypnotischen Zustand vergleichbar ist.

Ein grosser Teil der äthiopischen okkulten Lehre ist zu den südlichen Nilanwohnern durchgesickert. Ein alter Mann beschrieb mir das Aussehen und die Fähigkeit eines «geborenen Zauberers». Diese Beschreibung ähnelt sehr dem Inhalt gewisser Legenden jenes Landes.

Er sagte: «Ein Besitzer okkulter Kräfte mag von seinen Kräften wissen oder auch nicht. In jedem Fall muss man ihn suchen und beobachten, denn er ist erfolgreich in seinem Leben und kann mit sehr wenig Mühe ein grosser Zauberer werden. Du wirst ihn immer als einen Fremden treffen, sagt die Legende; er ist niemals ein Mitglied deines eigenen Stammes, auch nicht deiner Familie, denn in diesem Falle wäre seine Kunst für dich nicht von Nutzen. Der Magier muss vom anderen Geschlecht sein, gross, dünn, jugendlich, er soll markante Augenbrauen und einen starren Blick haben.»

Wenn man diesen Menschen trifft, muss man sich ihm auf bestimmte Weise nähern oder ihn anreden, «und es wird von grossem Nutzen sein». Hier scheint eine gewisse Überschneidung mit jener seltsamen und legendären Gestalt des Mittleren Ostens und Zentralasiens zu bestehen: Khidhr, Ilyas oder Enoch, wie er manchmal genannt wird.

Der typische Magier trägt meist nur ein Lendentuch, wenn er seinen Pflichten nachgeht. Jedoch wird für den täglichen Gebrauch

auch ein breitrandiger Strohhut verwendet, der auf der Stirnseite mit Pfeilen geschmückt wird.

Um magische Kraft zu erlangen, schreitet er über ein Grab. Ausserdem trägt er durchbohrte Tierhörner mit sich herum, mit denen er den magischen Kreis zeichnet. Er setzt sein Fasten und seine Konzentrationsübungen so lange fort, bis eines Tages *Mungo* in ihn eindringt; dann ist er am Ziel. Durch dieses Training wird man in Afrika zu einem guten Medizinmann.

Mungo scheint eine Art Ektoplasma zu sein, das irgendwo im Inneren des Hexers entstehen soll, sobald die magische Kraft in ihm gereift ist. Von dieser Besessenheit weiss niemand, ausser ihm selbst.[56] Der Zustand scheint nach allgemeiner Ansicht spontan einzutreten und ein Gefühl der «Furchtlosigkeit und Leichtigkeit» zu erzeugen.

Um es noch einmal zusammenzufassen: einen Tag, nachdem er sein Fasten und seine Trommelübungen beendet hat, erkennt er, wenn er auch die Himmelsschau und das Blinzeln und alle sonstigen Riten vollzogen hat, dass er nun «bereit ist zum Handeln». Diese Grundideen gibt es in der Zauberei der gesamten Nillandschaft, bei den Nyam-Nyams, den Shilluks und auch bei anderen Stämmen Zentralafrikas.

Im Gegensatz dazu sind die magischen Riten der Nuba von Kordofan im äussersten Westen des Sudans und die der Bewohner der an Ägypten angrenzenden Gebiete eng mit den okkulten Künsten Altägyptens verwandt.

In Kordofan führen Jungen und Mädchen rituelle Tänze auf, die einen magischen Sinn haben. Wie in der südlichen Region wird auch hier manchmal weisses Puder oder Knochenasche zur Körperbemalung verwendet.

In Taloda spielen glattrasierte Schädel und Pferdehaarwedel eine wichtige Rolle beim rituellen Tanz, der hier von Männergruppen der Stämme gemeinsam getanzt wird. Wenn auch heute noch im modernen Ägypten verborgene Lehren aus der dynastischen Zeit umgehen – insbesondere unter den Kopten –, so sind doch vor allem im nördlichen Grenzgebiet des Sudans der Aberglauben und die Riten der letzten viertausend Jahre zu finden. Man wird dort weder einen Mann noch eine Frau ohne das traditionelle Amulett – *Hijab* genannt – für Stärke oder gegen den bösen Blick finden. Mumienstaub steht in hohem Ansehen, und die zerfallenen Tempel, beispielsweise derjenige von Semna, der sich nahe am reissenden Nil befindet, sollen der Ursprung wunderbarer Heilkünste sein. Einige Zaubersprüche, die bei den Nomadenstämmen gebräuchlich sind, scheinen in einer Sprache gesprochen zu werden, bei der es sich um diejenige der Pharaonen handeln könnte. Zweifellos führt die Bevölkerung selbst die allgemein anerkannte besondere Wirksamkeit ihrer Magie auf deren pharaonischen Ursprung zurück.

In der Region der ehemaligen Goldminen, in denen einst Ägypter, Römer, Griechen und Araber arbeiteten, erzählt man sich so manche Geschichte über jene Hadendoas – die Fuzzy-Wuzzies –, die durch längeren Aufenthalt bei den Fledermäusen in den verlassenen Minen die Schwarzen Künste erlernt haben sollen.[57]

Bevor man zuverlässige Aussagen über die afrikanische Magie machen kann, ist noch vieles zu klären. Bis dahin wird man sich mit nur lose zusammenhängenden Notizen wie diesen hier begnügen müssen. Kann die afrikanische Magie Wunder bewirken? Ich kann keine bessere Antwort geben als jener französische Offizier mit seiner dreissigjährigen Äquatorialerfahrung: «Was soll ich sagen, Monsieur? Wenn man mit einer Sache tagtäglich gelebt hat, so kann das dazu führen, dass man vieles akzeptiert, was man im Westen niemals glauben würde.»

Es hat in der Vergangenheit schon grosse Kontroversen gegeben über die vermeintlich aussergewöhnlichen psychischen Kräfte der Afrikaner. Um diese untersuchen zu können, wäre es notwendig, viel Material zu sammeln und zu sichten. Dies aber entspräche nicht dem Hauptanliegen dieses Buches. Im Kapitel über die altägyptische Magie wurde schon auf Anzeichen hingewiesen, die für die Bedeutung der südlichen Nilländer bei der Überlieferung der magischen Künste nach Westen sprechen. Von dieser Theorie stellt ein kleiner Schritt die Verbindung zu Hunderten von magischen Riten anderer afrikanischer Stämme her, die zum Teil heute noch in Gebrauch sind.[58] Im Rahmen dieses Buches können wir nur noch einige Chrakteristika der Magie der afrikanischen Völker beschreiben, die noch weiter südlich als der Sudan beheimatet sind.

Diese Stämme, die oberflächlich als Kaffern (vom arabischen Wort *Káfir* – «Ungläubiger») bekannt sind, besitzen eine reiche magische Tradition. Genau wie andere magische Systeme umfassen auch die ihren Wahrsagerituale, Diagnosen und Krankenheilungen sowie die Kommunikation mit Geistern. Ausserdem glauben diese Völker an Amulette und Talismane und praktizieren Zauberei. All diese Dinge zählen überall auf der Welt zu den Wirkungsbereichen der Schamanen, Medizinmänner, Zauberdoktoren oder wie sie sonst heissen mögen.

Man kann das Foto, das Bild oder sogar den Schatten eines Menschen verhexen; darin stimmen Kaffern, japanische, britische, chaldäische und ägyptische Zauberer überein. Krankheiten können auf Tiere übertragen werden, so besagen primitive (und auch spätere) semitische Lehren: Ausserdem werden Sündenböcke geopfert. Zauberer wie Teta, können Tote wieder zum Leben erwecken, sogar, wenn sie schon im Grab gelegen haben. Durch Magie kann man auch zu Reichtum gelangen, aber der Nachteil dabei ist, dass ein Mensch, der durch übernatürliche Kräfte schnell reich geworden ist, leicht vor Gericht gestellt werden kann, so wie es in früheren Zeiten das Schicksal englischer und spanischer Zauberer war. Vor Gericht wird er sich wie seine Vorfahren einer Feuer- oder Wasserprobe unterziehen müssen, oder sogar einer Giftprobe, wie es bei den alten Griechen Sitte war. So wie den Hexen des Mittelalters nachgesagt wird, dass sie für ihre finsteren Künste menschliche Babies gebrauchten, wird es auch über die Kaffern berichtet. Alle diese Ähnlichkeiten — und viele mehr — müssten wissenschaftlich geordnet werden.

Es ist sicherlich schwer festzustellen, ob diese oder andere Rituale ihren Ursprung in Afrika haben, oder ob sie sich von anderen Kontinenten dorthin ausgebreitet haben. Jedoch halte ich folgende Fakten für interessant: (1) dass man in dieser Region Rituale finden kann, die anderswo längst ausgestorben sind und (2) dass sie zu weitverbreitet und der Magie anderer Länder zu ähnlich sind, als dass sie sich unabhängig voneinander entwickelt haben könnten. Ausserdem scheint ihre Entwicklung auch derjenigen in anderen Ländern zu gleichen. Zauberdoktoren tragen besondere Wahrzeichen ihres Berufs. Sie stellen Zaubertränke her, die sehr an diejenigen der orientalischen und westlichen Magie erinnern. Sie wahrsagen mit Hilfe von Gebeinen. Die Amazulus starren in Kristalle. Exorzismus und andere Rituale der Teufelsaustreibung sind weit verbreitet. Sollten all diese Fakten reinem Zufall entspringen? Selbst dann wäre das für sich genommen schon sehr interessant. Wenn es sich aber nicht um Zufall handelt, dann verdienen die Zusammenhänge unsere weitere Aufmerksamkeit. Die Auseinandersetzung damit wäre gleich lohnend für Okkultisten, Skeptiker, Wissenschaftler und Mystiker. Aber dies wäre ein Thema für ein weiteres Buch.

7 DIE FAKIRE UND IHRE LEHREN

«Der vollkommene Mensch erlangt seine Macht durch das Entwickeln der mystischen Kraft, die in seinem Körper verborgen liegt. Sie ist in den fünf geheimen Organen gespeichert: den Lataif. Diese sind: das Herzzentrum, das Geistzentrum, das geheime Zentrum, das verborgene Zentrum, das geheimnisvollste Zentrum ...»
Sheikh Ahmed-El-Abbassi: *Die Geheimnisse der Sufi-Macht,* eine Weiterentwicklung von Shah Muhammad Gwath's *Geheimnisse des mystischen Weges* (Asrar-ut-Tariquat, vom Naqshbandiyya-Orden).

Der Westen, der sich zu Recht rühmt, viele Aspekte der orientalischen Kultur vor dem Vergessen bewahrt zu haben, ist selbst in starkem Masse vom *Tasawwuf* beeinflusst worden, der Lehre der Fakire.[59] Jedoch wieviele Menschen wissen, abgesehen von einigen wenigen Orientalisten, was das ist?

Yoga, Shinto, Buddhismus, Taoismus und Konfuzianismus, sie alle haben in Europa und Amerika ihre Anhängerschaften. Nur der Sufismus — die höchstentwickelte mystische Bewegung der Araber, Perser, Türken und der restlichen Welt des Islams — bleibt das letzte ungeöffnete Buch des geheimnisvollen Ostens.

Ist der Sufismus eine Religion? Ein geheimer Kult? Eine Lebensanschauung? Von all diesen Dingen hat er etwas — und ist doch keines davon. Unter den vierhundert Millionen Anhängern des Islam besitzt *Tasawwuf* eine Macht, die jene aller politischen, sozialen oder ökonomischen Bewegung auf der ganzen Welt bei weitem übertrifft.

Dieser bemerkenswerten Philosophie, deren Anhängerschaft in

halbmönchischen und halbmilitärischen Gruppen organisiert ist, hingen so verschiedene Menschen wie die arabischen Alchimisten – die Brüder der Reinheit –, die mahdistischen Krieger des Sudans und die grössten klassischen Poeten Persiens an. Unter dem Banner der Fakire (was wörtlich «die Bescheidenen» heisst) stürmten die Derwische des Türkischen Reiches Wien. Getrieben von der mystischen Poesie der Sufis (und, wie behauptet wird, von übernatürlicher Macht) eroberten die Afghanen Indien.

Auf der anderen Seite waren Literatur und Kultur der Sufis der Ursprung einiger der wichtigsten Bau- und Kunstwerke Asiens.

Wo liegen die Quellen dieses seltsamen Kults, den sogar moderne Wissenschaftler noch heute für die stärkste unabhängige Kraft im Mittleren Osten halten? Obgleich es darüber in den orientalischen Sprachen eine beachtliche Literatur gibt, ist über die ersten Anfänge des Kultes so gut wie nichts bekannt.

Die Sufihistoriker führen seinen Ursprung auf Mohammed selbst zurück. Es ist aber auch schon vermutet worden, dass dieser esoterische Kult den frühesten Versuch des Menschen darstellt, sein Ego von den materiellen Dingen zu befreien.[60] Dies ist in der Tat das Hauptziel der Bewegung. Der Sufismus ist ein ausgeprägter und sehr umfassender Lebensstil, der sich zum Ziel gesetzt hat, den Menschen zu seiner ihm bestimmten Rolle im Leben zu führen.

Der Mensch, so sagen die Sufiheiligen, ist ein Teil eines ewigen Ganzen, von dem alles herkommt und zu dem wir alle zurückkehren müssen. Dies kann nur durch Läuterung erreicht werden. Wenn die menschliche Seele im rechten Verhältnis zum Körper steht und vollständige Kontrolle über ihn erlangt hat, dann erreicht der Mensch den Zustand der Vollkommenheit: den des vollkommenen Menschen, der sehr an jenen Übermenschen erinnert, der in der Vorstellungswelt des östlichen wie des westlichen Okkultismus eine grosse Rolle spielt. Dieser «Übermensch» besitzt ungeheure Kräfte.

Es gibt im Sufismus bestimmte klar unterscheidbare Schritte, die zum Ziel führen. Für die Aufnahme in einen der Orden, die in ihrer Organisation an die Mönchsorden des Mittelalters erinnern (die angeblich jenen der Sufis nachgeahmt sein sollen), ist die erste Vorbedingung, dass der Neuling «in der Welt, aber nicht von der Welt» sein soll. Dies ist der erste wichtige Punkt, in dem sich dieser Kult von fast jeder anderen mystischen Philosophie unterscheidet. Denn jeder Sufi muss sich in seinem Leben einem nützlichen Beruf widmen. Entsprechend seiner Zielsetzung, ein ideales Mitglied der Gesellschaft zu werden, kann er sich nicht von der Welt abschneiden. Mit den Worten einer Fachautorität ausgedrückt heisst dies:[61]

«Der Mensch ist dazu bestimmt, ein Leben in der Gemeinschaft zu leben. Er soll mit anderen Menschen zusammen sein. Durch den Sufismus dient er dem Unendlichen wie auch sich selbst und der Gesellschaft. Es ist nicht möglich, eine dieser Verpflichtungen zu vernachlässigen und ein Sufi zu sein oder zu bleiben. Die einzige Disziplin, die anzustreben es lohnt, ist jene, die man inmitten der Versuchung erlangt. Ein Mensch, der wie ein Einsiedler der Welt entsagt, und sich so von den Versuchungen und Ablenkungen fernhält, kann keine Kraft entwickeln. Denn Kraft entwickelt sich, wenn ein Mensch aus dem Bannkreis seiner Schwäche und Unsicherheit herausgezerrt wird. Der Asket, der ein vollkommen mönchisches Leben führt, täuscht sich selbst!»

Das Wort «Fakir» wird im Westen zur Bezeichnung einer Art von Gauklern oder Wundertätern verwendet. Seine ursprüngliche Bedeutung ist jedoch «ein demütiger Mensch». Demut ist die erste Tugend des Suchenden. Er muss seinen Kampf um rein weltliche Ziele aufgeben, bis er den Grund allen Lebens im richtigen Zusammenhang sieht. Und dies steht nicht im Widerspruch zu allem vorher Gesagten. Denn der Mensch ist berechtigt, die Dinge der Welt zu geniessen, wenn er gelernt hat, dies in Demut zu tun.

Die Anwendung dieser Doktrin ist es, die den Sufis – in ihrer Rolle als Fakire und Derwische – jenen Ruf von Unverwundbarkeit, Unfehlbarkeit und Überlegenheit eingebracht hat. Es besteht kein Zweifel daran, dass die Geisteskonzentration, die die Sufis erzielen, die Ursache für einige mit Recht übernatürlich zu nennende Erscheinungen ist. Es gibt historisch gut belegte Beispiele für die Macht verschiedener dieser Männer. Wenn man den Sufismus mit grösstmöglicher Wissenschaftlichkeit untersucht, so wird man oft auf falsche Sufis stossen, die nur mit der Leichtgläubigkeit der Massen spielen. Andererseits sind Zehntausende von unparteiischen Beobachtern von der Tatsache überzeugt, dass *Tasawwuf* einigen seiner Anhänger Macht von ansonsten unbekannter Intensität verleihen kann.

Wie schon in anderen Kapiteln dieses Buches muss auch hier erwähnt werden, dass solche Phänomene, wenn sie wirklich existieren, die Anwendung von Naturgeheimnissen sein könnten, die bis jetzt von der orthodoxen Wissenschaft nur unvollständig verstanden worden sind.

Welche Wunder und Fähigkeiten werden den Sufiheiligen zugeschrieben? Es gibt fast kein Wunder, das nicht von irgendeiner Fachautorität den Derwischen zugeschrieben wird. Dennoch sind einige Wunder charakteristischer für diesen Kult als andere.[62] Das erste davon ist die Aufhebung der normalen Zeit. Dies steht in Zusammenhang mit der Lehre, dass Zeit nicht existiert. Es gibt viele Geschichten über dieses Phänomen, und einige davon sind von peinlich genau berichtenden Historikern überliefert.

Der berühmteste Vorfall ist wahrscheinlich der des Sheikh Shahab-el-Din. Über ihn wird berichtet, dass er fähig war, Früchte, Menschen und Gegenstände ganz nach seinem Willen herbeizuzaubern. Er soll einmal den Sultan von Ägypten gebeten haben, seinen Kopf in ein Gefäss mit Wasser zu legen. Sogleich verwandelte sich der Sultan in einen schiffbrüchigen Seemann, der in einem völlig unbekannten Land an den Strand gespült worden war.

Er wurde von Holzfällern gerettet, betrat die nächste Stadt und arbeitete dort als Sklave. Er schwor dem Sheikh, dessen magische Kunst ihn in diese unangenehme Lage gebracht hatte, finstere Rache. Nach einigen Jahren erlangte er seine Freiheit zurück, gründete ein Geschäft, heiratete und liess sich nieder. Nachdem er schliesslich erneut verarmt war, arbeitete er als selbständiger Lastenträger und ernährte so seine Frau und sieben Kinder.

Eines Tages, als er zufällig einmal wieder am Meeresstrand war, nahm er ein Bad.

Sogleich befand er sich wieder in seinem Palast in Kairo und war wie zuvor der von seinen Höflingen umgebene König. Der Sheikh sass mit leichenblassem Gewicht vor ihm. Das ganze Erlebnis, das scheinbar Jahre gedauert hatte, hatte in Wirklichkeit nicht mehr Zeit als ein paar Sekunden beansprucht.

Diese Anwendung der Lehre, dass die «Zeit für den Sufi nicht von Bedeutung» ist, kommt in einer berühmten Episode aus dem Leben Mohammeds zum Ausdruck. Es wird berichtet, dass der Prophet auf seiner berühmten «Nachtreise» vom Engel Gabriel zum Himmel, zur Hölle und nach Jerusalem gebracht wurde. Nach neunzig Zusammenkünften mit Gott kehrte er zur Erde zurück: gerade noch rechtzeitig, um einen Kessel voll Wasser aufzufangen, der umgestossen worden war, als der Engel Mohammed mit sich genommen hatte.

Nicht nur die Zeit, auch der Raum hindert den Sufi-Adepten kaum daran, zu reisen, wohin er will. Diese Art von Fortbewegung scheint für die meisten berühmten Sufi-Lehrer normal gewesen zu sein. Sufis wurden oft gleichzeitig an Orten gesehen, die viele tausend Meilen voneinander entfernt lagen. Sheikh Abdul-Qadir Gelani – einer der gefeiertesten Heiligen des Sufismus – soll Tausende von Meilen «wie der Blitz» gereist sein, um rechtzeitig zur Beerdigung eines befreundeten Adepten einzutreffen.

Auch Wandeln auf dem Wasser und Flüge über ungeheure Strecken gehören zu den Wundern, die Eingeweihte regelmässig vollbracht haben sollen.

Wirkliche Wunder sind nur Propheten vorbehalten. «Kleinere Wunder» (*Karámát*) dagegen können eine grosse Anzahl von Sufis vollbringen. Die Tricks von Zauberern, die in der Täuschung von Leichtgläubigen bestehen, werden als *Istidraaj* bezeichnet, was soviel bedeutet wie das Ausführen von Taschenspielerkünsten. Reine Magie, worunter man das Vollbringen von Wundern mit Hilfe von Geistern versteht, ist ein vollkommen anderer Zweig der okkulten Wissenschaft.[63]

DIE ORGANISATION DER ORDEN

Mystische Orden dieser Art erstellen ein strenges Regelsystem für die Anwärter auf die Sufimacht. Abgesehen von denen, die den Kult für sich alleine praktizieren, müssen alle Novizen nach einer vorgeschriebenen Formel vom *Pir* oder «Lehrer» aufgenommen werden. Söhne folgen ihren Vätern und treten in die gleichen Orden ein wie diese; nur diejenigen, die durch einen Fürsprecher empfohlen werden, können als Schüler des ersten Grades, des *Salik* oder «Suchenden» angenommen werden.

Die Orden, die nach ihren Begründern benannt werden (Naqshbandiyya, Chistiyya, Qádriyya usw.), sind in Gruppen organisiert, die unter anerkannten Meistern arbeiten. Der Fortschritt von einem Grad zum nächsten wird durch eine Urkunde oder Erklärung des Meisters der Gruppe, der der Akolyt angehört, bekanntgegeben. Um einen bestimmten Bereich der Kunst zu studieren, reisen die Schüler beispielsweise von Marokko nach Java oder sogar von China nach Libyen, um sich dem *Halqa* («Zirkel») eines vielgerühmten Lehrers anzuschliessen. Wenn dieser einverstanden ist, wird der Schüler für einige Monate zur Probe aufgenommen. Der Suchende lebt dann ein Leben der Armut, kleidet sich vielleicht in ein safranfarbenes Gewand und verrichtet gewöhnliche Arbeiten. Während seiner Studienzeit muss er dem Meister mit einer Hingabe dienen, die strengste militärische Disziplin in ihren Anforderungen bei weitem übersteigt.

Er muss an den rituellen Rezitationen gewisser geheimer heiliger Schriften teilnehmen, muss die fünf rituellen Gebete und Waschungen ausführen, ausserdem während des jährlichen Fastenmonats von Sonnenaufgang bis Sonnenuntergang fasten und die Werke der Meister lesen.

DIE ORDEN

Im Sufismus gibt es einige gesonderte Orden oder *Tariqas* («Pfade»). Sie führen ihren Ursprung auf Mohammed selbst und seine Gefährten zurück. Es heisst auch, dass sie ihren Ursprung in einer mystischen Bruderschaft hatten, die unter den unmittelbaren Anhängern des Propheten bestand, den *Ashâb-Us-Safá*.

Diese Männer, über die wenig Verlässliches bekannt ist, versenkten sich in gute Werke, Kontemplation, Fasten und Gebet. Sogar der Ursprung ihres Namens ist in Geheimnisse eingehüllt.[64] Die bekanntesten Theorien besagen jedoch, dass sie sich entweder nach ihren wollenen Gewändern benannt haben (*Souf*, arabisch: «Wolle») oder dass der Name von *Safá* abgeleitet ist, was «Reinheit» heisst.

Die heutigen Hauptorden sind Naqshbandiyya, Chishtiyya, Qádriyya und Suharwardiyya. Jeder dieser Orden hat sein Eigenleben; keiner ist dem anderen feindlich gesinnt. Sie haben einige ihrer Heiligen und auch manche Praktiken gemeinsam. Die Anschauungen über die Ziele der Menschheit und insbesondere der Sufis gleichen sich bei ihnen allen.

Es gibt noch eine Reihe weiterer Orden, die von Marokko bis Java, über Indien und Afghanistan verstreut liegen, im Grunde überall da, wo sich der Islam ausgebreitet hat. In allen Fällen sind ihre Schriften und Rituale höchst symbolisch.

Die Aufnahme in einen Orden hängt immer von persönlicher Fürsprache und Einweihung ab.

Die Sufis spielen traditionell eine wichtige, wenn auch meist inoffizielle Rolle in der Gesellschaft wie auch in der Geschichte. Die Derwische des Sudans waren und sind ein Sufiorden, der als militärische und in neuerer Zeit auch philanthropische Gruppe organisiert ist. In den Tagen des ottomanischen Reiches war die überall gefürchtete Elite-Truppe der Janitscharen[65] eine militärische Sufibruderschaft, die in Verbindung stand mit dem heute als Naqshbandiyya bekannten Orden. Der ehemalige König von Libyen, Sayed Idris, ist Oberhaupt eines Sufiordens, und die meisten, wenn nicht alle seiner Untertanen sind selbst Sufis. Der Fakir von Ipi, jener «Feuersturm der Nord-West-Grenze Indiens», war ein Sufioberhaupt. Diese kurze Aufzählung könnte den Eindruck erwecken, dass es in den Orden viel Militarismus gibt. Vielleicht lässt sich das dadurch erklären, dass andere Aspekte dieser Bewegung im Westen weniger bekannt sind und eine Bezugnahme auf sie ausserhalb ihres Zusammenhangs den Leser lediglich verwirren würde.

DIE LEHREN DES SUFISMUS

Die Theorie des Sufismus besagt, dass der Mensch in seinem gewöhnlichen Zustand als Halbtier und Halbgeist unvollständig ist. Alle Lehren und Rituale der Sufis zielen darauf, den Suchenden zu reinigen und ihn zu einem *Insán-i-Kámil* – einem «vollkommenen Menschen» zu machen. Es ist denkbar, dass ein Mensch diesen Zustand der Vollkommenheit alleine oder durch andere Mittel als die des Sufismus erreicht. Mit seiner vorgeschriebenen Methode und seiner Führung durch die Meister, die schon auf dem Pfad vorangegangen sind, soll der Sufismus jedoch der fundiertere Weg sein.

Wenn der Suchende den Zustand der Vollkommenheit erreicht hat, der das Ziel des Kults darstellt, befindet er sich in Übereinstimmung mit dem Unendlichen; dann existieren für ihn das Ringen und die Ungewissheit nicht mehr, an die er als unvollkommener Sterblicher gebunden war. Dieser letzte erreichbare Zustand heisst *Wasl*, «Vereinigung».

Das mönchische Leben jedoch wird von allen Sufidenkern gemieden. Der Grund dafür ist, dass der Mensch sich antisozial verhält, wenn er der Gesellschaft seinen Dienst und seine Tatkraft vorenthält. Und antisozial zu sein verstösst gegen den göttlichen Plan. Daher sollte man nach den Worten des ersten Merksatzes des Sufismus «*in* der Welt sein, aber nicht *von* der Welt!» (*Dar Dunya Básh: Az Dunya Mabásh!*)

Die Hierarchie der Sufiheiligen des Islams wird daher sowohl nach ihren Berufen als auch nach ihren Titeln benannt. So war beispielsweise einer von ihnen (Attár) ein Chemiker, ein anderer (Hadrat Baháuddin Naqshband) Maler usw. Einige indische und persische Könige gingen, nachdem sie Sufis geworden waren, einer zusätzlichen Betätigung nach, um selbst für ihren Unterhalt sorgen zu können. Sie blieben auch weiterhin Könige, entnahmen aber für ihren Eigenbedarf nichts mehr dem Thronschatz.

DIE UNSICHTBAREN HERRSCHER DES SUFISMUS

Das Oberhaupt aller Sufis ist der *Qutub*: er ist der erleuchtetste aller Sufis und hat den Grad des *Wasl* (Vereinigung mit dem Unendlichen) erreicht. Er hält nach verschiedenen Quellen die Macht über die gesamte Organisation der Sufis in Händen. Andere behaupten, der *Qutub* habe auch beachtliche politische und weltliche Macht. Jedenfalls kennen ihn nur sehr wenige persönlich, da er nur Kontakt zu den Ordensleitern pflegt. Er hält telepathisch Konferenzen ab oder er benutzt dazu andere Mittel der «Ausserkraftsetzung von Zeit und Raum». Das letztgenannte Phänomen bedeutet, dass Sufis vom Grad der *Wasl* fähig sind, sich augenblicklich überall hinzubegeben, und zwar in ihrer körperlichen Form. Dies geschieht durch einen Prozess der Entkörperlichung.

Der *Qutub* wird von vier Stellvertretern begleitet, den *Awtád* oder »Säulen«, deren Aufgabe es ist, Wissen und Macht über die vier Himmelsrichtungen (der Erde) zu erhalten und dem *Qutub* ständig über die Politik aller Länder zu berichten. Den *Awtád* stehen die vierzig *Abdal* zu Diensten (die »spirituell Verwandelten«), diesen wiederum die siebzig Edlen, die ihrerseits die dreihundert Herren anführen. Sufiheilige, die in dieser Hierarchie keine offizielle Stellung einnehmen, werden *Wali* oder »Heilige« genannt.

EINTRITT UND INITIATION

Zutritt zu den Orden erhält man durch einen ihrer vielen hundert Zweige (*Halqa*), die überall im Osten zu finden sind.

Die Mitgliedschaft in einem Orden wird von den Initiierten gewöhnlich nicht geheimgehalten, aber die Erläuterungen der esoterischen Bereiche des Kultes werden nur ihnen übermittelt.

An manchen Orten nehmen die Väter ihre jungen Söhne mit zu den Ordensritualen. So wird schon bei den Heranwachsenden die Neugierde auf den Sufismus geweckt. Es ist ungewöhnlich, wenn der Sohn eines Sufis sich nicht dem jeweiligen Orden seines Vaters anschliesst.

Wenn der Kandidat für den niedrigsten Grad des *Salik* vorgestellt wird, so kann es sein, dass man ihm erlaubt, der Versammlung eine Zeitlang beizuwohnen, bevor er von seinen Förderern offiziell zur Aufnahme in den Orden vorgeschlagen wird. Die Aufnahme durch einen Führer oder *Pir* zieht nicht notwendigerweise Fortschritt nach sich. Dies ist eine der wirklich ausserordentlichen Eigenheiten des Sufismus im Gegensatz zu anderen mystischen oder geheimen Bruderschaften. Fortschritt oder Beförderung und sogar die Weitergabe geheimen Wissens gelangen von selbst zu dem, der dafür bereit ist.

Wenn der Anwärter nicht «reif» (*pukhta*) ist für die Erleuchtung, dann wird er niemals Fortschritte machen. Wenn er jedoch eingeweiht ist, so ist er sehr wahrscheinlich auf dem Weg zum Erfolg, und wenn er sich streng an die Rituale und Praktiken des Ordens hält, dann wird er von ihnen profitieren. Mit anderen Worten: wenn jemand, der kein Sufi ist, einen Sufi-*Halqa* besucht, wie es manchmal vorkommt, so hört er zwar alles, was gesagt wird, nimmt vielleicht sogar an allen Wiederholungen der heiligen Formeln teil oder sogar an den rituellen Umschreibungen, er wird aber keine Erleuchtung erlangen und auch nicht verstehen, was vorgeht.

Ein gutes Beispiel hierfür ist das Kloster des Mevlevi-Ordens in Zypern, wo jedermann Zutritt zu den eigenartigen Zeremonien der tanzenden Derwische hat. Diese fühlen sich nicht im geringsten gestört durch die Gegenwart der Ungläubigen, Nicht-Eingeweihten oder sogar Störenfriede. Sie glauben unerschütterlich daran, dass ihre Zeremonien und Formelwiederholungen (*Dhikr*) nur für die Eingeweihten wirksam sind.

Neuankömmlinge in einem Sufizirkel nehmen gewöhnlich an verschiedenen Rezitationen teil, an den Wiederholungen heiliger Sätze, an Gesang und Tanz, je nach dem jeweiligen Orden. Manche Orden verwenden Musik, andere nicht einmal Rezitationen, ausser *sotto voce* (mit gesenkter Stimme).

In einem geeigneten Augenblick im Verlauf des Geschehens wird der Kandidat dem Oberhaupt des Zirkels vorgeführt. Dieser stellt ihm dann gewisse Fragen, um seine Eignung festzustellen. Wenn er angenommen wird, nimmt ihn der Obere bei der Hand und flüstert gleichzeitig in sein Ohr. Nun ist der Novize ein Suchender, und es bleibt nur noch ein Ritual zu vollziehen, um seine Aufnahme in den Orden abzuschliessen: der Grosse Eid. Darin schwört der *Salik*, seinem *Pir* vollkommen und vorbehaltslos zu gehorchen.

Fast jeder Sufi, der dem Pfad folgt, ist ein gründlich vorbereitetes und aufgenommenes Mitglied eines Ordens. Jedoch gibt es auch noch eine andere Form des Sufismus. Diese, *Uwaysi* genannt, wird von denen ausgeübt, die zwar den traditionellen Regeln des Sufismus folgen, aber dennoch mit keinem Orden in Verbindung stehen. Der Name für sie stammt von Uways ul Qarani von Yaman, einem Zeitgenossen Mohammeds, von dem gesagt wird, er habe in spirituellem Kontakt mit dem Propheten gestanden, obwohl er diesen nie getroffen hat.

Zwei wichtige Punkte kommen in dieser Lehre von den *Uwaysis* zum Ausdruck: erstens zeigt sie, dass die spirituelle oder telepathische Verbindung im Sufismus eine besondere Rolle spielt. So wie die Zeit für den Sufi nicht von Bedeutung ist, so ist er auch in der Lage, mit einem anderen in weiter Ferne telepathisch zu kommunizieren, sogar wenn dieser schon gestorben ist. Daher gibt es wichtige Sufiheilige, die behaupten, Inspiration und Unterstützung von anderen zu erhalten, die sie vielleicht nie getroffen haben, oder gar vom Geist eines schon längst Verstorbenen. Zweitens wird vom Sufismus anerkannt, dass jemand Fortschritte auf dem Pfad machen kann, der nicht unter der direkten und ständigen Führung eines *Pirs* oder Meisters arbeitet. Gleichzeitig wird aber auch betont, dass diese Fälle selten sind.

DER SUFIPFAD

Nachdem der Suchende vom Oberhaupt des *Halqa* angenommen worden ist, erhält er den Titel *Murid*, «Schüler», und muss sich von diesem Zeitpunkt an der strengen Vorbereitung widmen, die ihn zur zweiten Stufe führen soll: jener des *Tariqat*, der «Möglichkeit». Dies ist der eigentliche erste Grad des Sufismus, und er zeigt spirituellen Fortschritt an.

Zwischen dem ersten und dem zweiten Grad muss der Schüler nicht nur jede Anweisung des Meisters befolgen, sondern ausserdem in allen Einzelheiten die rituellen Gebote des formellen Islams beachten. Zusätzlich zur Lektüre einiger vorgeschriebener Bücher verbringt er soviel Zeit wie möglich mit der Rezitation von *Dhikrs*.[66] Diese Formel soll helfen, jede Schwäche im Glauben und in der Befähigung zu beseitigen, die der *Pir* entdeckt hat. Dies ist die Periode der Wiederhinwendung zum Thema «Sei in der Welt, aber nicht von der Welt». Die Absicht und das Ziel jedes Suchenden in diesem Stadium ist es, sich auf die Gedanken und die Person des *Pir* zu konzentrieren. Umgekehrt wendet der *Pir* seine Gedanken regelmässig denen des Schülers zu und sendet ihm grosse spirituelle Energie, um ihn in seinem Kampf gegen das «Selbst» zu stärken. Mit dem «Selbst» sind die sinnlichen Dinge gemeint, die vom spirituellen Fortschritt abhalten.

Auf der Stufe des *Murid* wohnt der Suchende den nächtlichen Treffen der Derwische (Sufis) in ihren *Halqas* oder Klöstern bei. Sufis der verschiedensten Entwicklungsstufen nehmen an solchen Treffen teil und wiederholen die gleichen *Dhikrs*. Aber das beeinträchtigt die Kraft des *Dhikrs* nicht und auch nicht die Fortschritte der verschiedenen Suchenden, denn die *Dhikrs* können auf allen Entwicklungsstufen von grossem Wert sein. Darüber entscheidet jedoch der *Pir*.

Wenn der Schüler den Titel des *Tariqat* erlangt hat — entweder weil der *Pir* es entschieden hat oder weil er selbst merkt, dass er diese Stufe erreicht hat —, verlagert er seine Aufmerksamkeit von den Gedanken seines Lehrers auf die des jeweiligen Ordensgründers. In diesem Stadium hält der Lehrer seine eigenen Gedanken noch auf den Schüler ausgerichtet, um dessen spirituelle Kräfte zu stärken.

Falls der *Pir* zustimmt, werden dem Schüler nun möglicherweise gewisse wundertätige Übungen gestattet. Sein okkultes Wissen und seine magischen Fähigkeiten mögen gross sein, er darf sie jedoch nur mit Zustimmung des *Pir* entwickeln.

Diese Sufis sind nun im Zustand des *Safar-ullah*, der «Reise zum Wissen». Sie müssen sich auf das Erreichen der Einheit mit dem Geiste des Ordensgründers konzentrieren, den sie nun *Pir* nennen anstelle des Lehrers, dessen Schüler sie sind. Der Lehrer selbst wird nun *Sheikh* oder *Murshid* genannt.

Auf Geheiss des *Murshid* reisen sie oft in ferne Länder. Es ist ihnen nicht gestattet, den Sufismus zu verkünden, es sei denn, sie werden darüber befragt und sie haben das Gefühl, dass die Fragesteller von ihren Antworten profitieren könnten. Sie unternehmen Pilgerreisen nach Mekka, Medina und Jerusalem wie auch zu anderen Heiligtümern. Dieses Stadium nimmt generell viel mehr Zeit in Anspruch als das vorhergegangene.

Es ist jedoch bekannt und schriftlich belegt, dass Fortschritt von einem niedrigen Grad zu einem höheren auch ohne Eingreifen des *Murshid* eintreten kann.

Nach dem *Tariqat* folgt der dritte Grad: *Arif*, der «Wissende». Von diesem Zeitpunkt an strebt der Suchende nach Einheit mit den Gedanken des Propheten; er ist nun über den Geist des Ordensgründers hinausgewachsen. Dieser Teil des Weges ist bekannt als *Safarli-Allah*, die «Reise aus dem Vergessen».

Okkulte und alle Arten von übernatürlichen Fähigkeiten sind sehr bezeichnend für den Grad des *Arif*. Der Geist ist nun nahezu von allen schädlichen physischen Einflüssen und Gelüsten gereinigt. Das Selbst ist gut unter Kontrolle. Was noch übrig bleibt, ist der Gipfel, der Grad der *Fana* oder der «Vernichtung». Damit ist die vollkommene Zerstörung aller Gedanken gemeint, die den Suchenden von der völligen Erkenntnis aller Dinge trennt. Weiter kann er nicht gehen – ausser zur fünften Stufe, der Rückkehr zu einem alltäglichen Leben, um andere zu reinigen.

DIE WUNDER DER SUFIS

Kamáluddin, einer der wichtigsten Historiker der Sufis, beschreibt ein typisches Beispiel der Totenerweckung, wie es Studenten des Naqshbandi-Ordens kennen.

Qaiyúm, ein Naqshbandi-Oberhaupt, soll seine Enkelin von den Toten erweckt haben, nachdem ihr Tod drei Tage zuvor bestätigt worden war. Der Heilige bestand darauf, dass sie noch lebe. Als der Körper schon eindeutige Anzeichen der Verwesung aufwies, die im indischen Klima sehr schnell vonstatten geht, sprach er einfach zu ihr. Und es heisst, dass sie sich daraufhin aufgesetzt habe.

Eine grosse Anzahl von Wundern wird auch vom bekanntesten weiblichen Sufi, Rabii'a al-Adawiya berichtet, die im achten Jahrhundert lebte.

Wie uns die wenigen, die sie gut kannten, genauestens berichtet haben, war ihre wichtigste Lehre, dass Gebet und Rezitation von

Formeln der Weg zum Wissen und deshalb auch zur Macht seien. Sie war dem üblichen Gebrauch des Gebets gegenüber – als Mittel zum Erlangen von Vergebung und Erlösung – abgeneigt.

Rabii'a soll durch Verwendung der Formel *La-illáhá-illa-alláh* («Es gibt keinen Gott ausser Allah, dem Einen») Feuer ohne Holz erzeugt haben, Nahrung bekommen haben, ohne ihr Haus zu verlassen, und sie soll auf übernatürliche Weise genügend Gold für ihren Lebensunterhalt erhalten haben.

In Ihrer Jugend wurde sie als Sklavin verkauft. Eines Tages sagte ihr Herr zu ihr, dass er einmal eine Lampe ohne irgendeinen Halt über ihr habe schweben sehen. Dieses Erlebnis bedrückte ihn so sehr, dass er sie, ohne irgend jemandem davon etwas zu erzählen, sofort freiliess.

Die Wundertäter der Sufis halten nicht nur die rituellen Gebete und Waschungen ein, sondern verwenden zusätzlich verschiedene wichtige *Dhikrs*, um so eine Konzentration des Geistes zu erzeugen, die sie in die Lage versetzt, okkulte Phänomene fast jeder Art hervorzurufen. Unter anderem sind dies die Fähigkeiten, Schmerzen zu beseitigen und Krankheiten zu heilen, das Reisen zu jedem beliebigen Ort in einem Augenblick sowie Wissen um zukünftige Ereignisse und Gedankenlesen, sogar in Abwesenheit einer Person.

DIE DHIKRS DER SUFIS

Alle Rezitationen werden in einem Zustand ritueller Reinheit ausgeführt. Das Gesicht, die Arme, die Füsse und der Mund werden gewaschen. Wenn der Suchende seit seinem letzten *Dhikr* geschlafen hat, muss er ein Bad nehmen. Auch jede andere Verunreinigung muss durch Untertauchen des ganzen Körpers beseitigt werden.

Dhikrs werden generell in den Stunden der Dunkelheit ausgesprochen. Wenn ein übernatürliches Resultat erzielt werden soll, so muss das *Dhikr* sich auf einen Aspekt der göttlichen Macht beziehen, die der beabsichtigten Wirkung verwandt ist. Wenn der Sufi beispielsweise Krankheiten heilen möchte, so bereitet er sich darauf durch Wiederholen eines *Dhikrs* vor, das aus einem mit der Heilung verbundenen Namen Gottes besteht. Dieses richtet er auf das Objekt seiner Aufmerksamkeit und konzentriert sich gleichzeitig auf das erwünschte Ergebnis.

Wenn beispielsweise die Hilfe eines Sufis erbeten wird, um den

Erfolg irgendeiner Unternehmung zu sichern, so wird er sich reinigen und drei Nächte, von denen die letzte auf einen Donnerstag fällt, die einfache Formel *Ya Fátih* («Oh Sieger») rezitieren – eines der Attribute des Allmächtigen. Am Donnerstag (der «machtvollen Nacht der Woche»), hat er in seinem Geiste die volle Macht erreicht, so lautet jedenfalls die Theorie. Möglicherweise gibt er dem Bittsteller auch einen Talisman oder ein Amulett, auf dem dieses *Dhikr* geschrieben steht. Solch ein Amulett wird am Arm getragen. Noch heute sind diese *Dhikr*-Amulette in allen Bevölkerungsschichten des islamischen Ostens weit verbreitet. Es ist nicht ungewöhnlich, dass die Sufis Besuch von einem längst verstorbenen wichtigen Mitglied des Ordens empfangen. Von diesem erhalten sie dann oft Ratschläge, welchen Weg sie am besten in einer bestimmten Angelegenheit einschlagen.

Am Anfang seines Trainings sind die esoterischen Bereiche des Sufis für den Suchenden von geringerer Bedeutung als das Erzielen von Fortschritten durch strikten Gehorsam gegenüber den Regeln des Kults. Die Wurzel allen Fortschritts ist das *Dhikr*. Wenn der Suchende unter direkter Anleitung eines Sheikhs arbeitet, so wird ihm von diesem ein *Dhikr* gegeben; wenn er ein *Uwaysi* ist und allein an seinem Ziel arbeitet, so sucht er sich selbst ein *Dhikr* aus. In beiden Fällen ist es seine Aufgabe, es zu wiederholen und dabei gewissenhaft die Anzahl der Wiederholungen zu zählen.

Beim leisen Aufsagen der Formel (*Dhikr khafi*) wird ein Rosenkranz mit neunundneunzig Perlen benutzt und bei jeder Wiederholung eine Perle gezählt. Beim *Dhikr jali*, der «lauten Wiederholung», wird der Rosenkranz oft nicht benutzt. Wenn der Suchende sich nicht zu einem *Halqa*-Treffen begibt, dann geht er an einen ruhigen Ort und verbringt seine Kontemplationszeit in einem für diesen Zweck vorgesehenen Raum.

Es gibt auch eine Übung, die unter dem Namen *Fikr* bekannt ist. Dabei handelt es sich um eine Meditation, bei der man sich auf eine gewünschte Kraft oder auf die Unermesslichkeit des Universums konzentriert. Wenn *Dhikr* und *Fikr* in solchem Mass geübt worden sind, dass sie zur zweiten Natur werden, dann wird eine höhere Form des *Dhikrs* notwendig. Dies ist die Atemkontrolle und die Konzentration auf den Atem. Der Geist konzentriert sich auf eine einzige Idee, und gleichzeitig wird die ursprüngliche *Dhikr*-Formel oder eine andere rezitiert, diesmal jedoch in einem festen Rhythmus, der dem Atem entspricht.

Wenn das *Dhikr* so den Geist durchdringt, dass es ohne bewusste Bemühung automatisch wiederholt wird, so benutzt man die «Höhere Form». Nach der Lehre der Sufis ist damit die Meisterung der Gedanken und ihre Verbindung zum Körper erreicht.

Der Zweck dieser Höheren Form ist die Erzeugung des nächsten und äusserst wichtigen Phänomens: der Ekstase. Wenn auch eingeräumt werden mag, dass man zur Ekstase ohne *Dhikrs* gelangen kann, so heisst es doch auch, dass sie durch andere Mittel nicht so leicht zu erreichen ist. Im Zustand der Ekstase, dem Bewusstlosigkeit folgen kann, vollzieht sich im Geist eine bisher nicht beschriebene Veränderung. Wahre Ekstase ist unter dem Begriff *Wajd* bekannt; sie ebnet den Weg zum *Khatrat*, der Erleuchtung. Jetzt sind Geist und Seele vom Körper befreit, und Wissen und Macht nehmen den Platz der gewöhnlichen Gedanken ein, von denen der Geist gereinigt wurde. Im Chishti-Orden wird Musik verwendet, um den Zustand der Ekstase zu erzeugen; einige Orden behaupten, dass ihre Mitglieder in Trance fallen, wenn sie in die Augen ihres Sheikhs schauen. Die sogenannten tanzenden Derwische erreichen Trance und ekstatische Phänomene durch monotone Umdrehungen; dies tritt am deutlichsten beim Mevlevi-Orden hervor, der am bekanntesten in der Türkei ist. Sufis sollen im Zustand der Ekstase alle Barrieren von Zeit, Raum und Gedanken überwinden können. Sie sind in der Lage, scheinbar unmögliche Dinge zu vollbringen, weil sie nicht mehr an die Barrieren gebunden sind, die für gewöhnliche Menschen existieren. Sicher ist, dass einige ihrer übernatürlichen Aktivitäten beim gegenwärtigen Stand der Wissenschaft schwer zu erklären sind. Die Grundprinzipien sehr vieler Systeme religiöser und okkulter Praxis sind sich eigenartig ähnlich. In den geheimen und nicht so geheimen Riten fast aller Völker finden sich die Prinzipien der Führung, der Jüngerschaft und der Disziplin, der Konzentration und des Monotheismus.

Wenn die Wundertaten der Sufis und der Hindugurus, der afrikanischen Zauberdoktoren und der Medizinmänner des Amazonas in wissenschaftlichem Geiste erforscht würden, so dürfte es keine Fragen von Glauben oder Nicht-Glauben mehr geben. Wir müssten uns eingestehen, noch nicht schlüssig bewiesen zu haben, dass geheime esoterische Lehre nicht existiert. Ähnlichkeiten zwischen verschiedenen Traditionen sind nicht mit Hilfe des psychologischen Gedankens zu erklären, dass diese Riten nur die natürlichen menschlichen Bestrebungen nach Überlegenheit symbolisieren.

ICH BIN

Sufi-Gedicht von Mirzá Khán, Ansári

Wie soll ich beschreiben, was für ein Ding ich bin?
Ganz existiere ich und bin doch nicht-existent
— durch Ihn, ich bin.

Was auch immer nichtig wird in der Existenz,
ich bin die Bedeutung dieses Nichts.

Manchmal ein Stäubchen auf der Sonnenscheibe;
manchmal ein Kräuseln auf der Wasserfläche.

Jetzt fliege ich im Wind der Assoziationen umher.
Jetzt bin ich ein Vogel der körperlosen Welt.

Ich benenne mich auch selbst mit dem Namen des Eises:
Zur Winterszeit bin ich erstarrt.

Ich habe mich mit den vier Elementen umhüllt;
ich bin die Wolke am Firmament.

Von der Einheit bin ich in die Unendlichkeit gelangt:
tatsächlich existiert nichts, was ich nicht bin.

Meine Lebenskraft stammt aus der Quelle des Lebens selbst;
und ich bin die Rede in jedem Munde.

Ich bin das Gehör in jedem Ohr;
und ich bin das Sehen in jedem Auge.

Ich bin die Möglichkeit von allen Dingen;
ich bin die Wahrnehmung eines jeden.

Mein Wille und meine Zuneigung gehören jedem;
auch bin ich mit meinen eigenen Taten zufrieden.

Für die Sündigen und Lasterhaften bin ich böse;
aber den Guten bin ich wohltätig gesinnt.

SCHEMATISCHE DARSTELLUNG DES SUFIPFADES
(TARIQA-SUFIYYA)

Okkulte Phänomene, die auf verschiedenen Stufen des Sufi-Pfades auftreten:

1. Mujiza (Grosse Wunder). Sie werden nur von Propheten vollbracht.

5. GRAD Bekannt als Safar Billah: Der Sufi kehrt zu den Menschen zurück, um sie zu leiten.

– *Baqa* Grad des Wali (Heiliger). Stufe des *Masaviut Tarafain*, oder «Im Gleichgewicht zwischen zwei Kräften».

2. Karamat (Kleinere Wunder). Beispielsweise Gehen auf dem Wasser, Vorhersagen der Zukunft.

4. GRAD Bekannt als Safarli-Allah: Reise aus dem Vergessen.

– *Fana* Vernichtung der Gipfel. Die Wahrheit ist erreicht und Fana erlangt, in strenger Einsamkeit und konzentrierter Meditation. Der Suchende erreicht die spirituelle Einheit mit den Gedanken des Propheten.

3. Mu'awanat (Übernatürliche Wundertätigkeit). Beispielsweise Fliegen; Negation des Raumes.

3. GRAD Stufe des Safarullah: die Reise zur Erkenntnis.

– *Arif* (Erkenntnis). Erlangen spiritueller und okkulter Kräfte. Der Suchende erreicht die Einheit mit den Gedanken des *Pir* («Ordensgründer»). Spirituelle Kraft wird durch den Sheikh («Führer») in den Geist des Suchenden projiziert.

2. GRAD

4. Sihr (Erlaubte oder «weisse Magie» wird mit Einverständnis des Sheikh ausgeübt).

– *Tariqat* («Möglichkeit»). Der erste wirkliche Grad des Sufismus. Er ist der Vereinigung mit dem Geist des Sheikhs oder Murshids («spiritueller Lehrer») gewidmet.

Während dieser Zeit folgt der Suchende seinem Sheikh in allen Dingen und führt bedingungslos gewisse Rezitationen und spirituelle Übungen aus. Dies ist die Zeit, die dem Thema «Sei in der Welt, aber nicht von der Welt» gewidmet ist.

1. GRAD

– *Muridi* (Jüngerschaft). Von einem Meister als geeigneter Kandidat für den Sufi-Pfad akzeptiert.
Salik, wörtlich: Suchender – allgemeiner Begriff für den Sufi auf dem Sufi-Pfad.

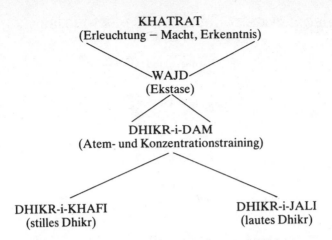

Darstellung der Stufen zur Erleuchtung durch die drei Arten des Dhikr (Wiederholung) nach der Lehre des Sufismus.

DIE ORGANISATION DES CHISHTI-ORDENS

Grossmeister

PIR (Oberhaupt des Klosters)

Pilger-Sufis
— Organisation der regionalen Halqas (Zirkel)

Ansässige Sufis
(1) Arbeiter
(2) Gefährten
(3) Einsiedler

Fünf Halqas unter der Leitung von Pilger-Sufis. Diese sind in Gilden und Zentren zur weiteren Verbreitung der Lehre durch Laienmitglieder des Klosters organisiert.

THEORETISCHE DARSTELLUNG DER WELTIERARCHIE DER SUFIS

Esoterische Heilige

QUTUB – die Achse. Das Oberhaupt aller Sufis.

Erster Imam
(«Führer»)

Zweiter Imam
(Gehilfen des Qutub)

O O O O
Die vier Awtad («Säulen»)
entsprechend den vier Himmelsrichtungen

O O O O O O O
Die sieben Abdal – die Bevollmächtigten der Awtad, die
verantwortlich sind für die Belange der sieben Kontinente.

O O O O O
Fünf Amd («Unterstützer») assistieren den Abdal.

Siebzig Edle
vertreten Gebiete.

Die dreihundert Oberen von Ländern,
die kleiner sind als Nationen.

Heilige ohne territorialen
Zuständigkeitsbereich.

Suchende, die unter Anleitung
von Heiligen arbeiten.

Laien und Freunde.

DIE ELF GEHEIMEN REGELN
DER INITIIERTEN SUFIS

Charakteristisch für alle Sufi-Orden sind die vom jeweiligen Ordensgründer geschriebenen und manchmal von seinen Nachfolgern ergänzten Ordensregeln, die das Verhalten und die Konzentration des Suchenden betreffen. Im folgenden sind die unerlässlichen Regeln des Naqshbandi-Ordens wiedergegeben:

1. *Beachten des Atems.* Der Geist muss daran gewöhnt werden, sich insgeheim aller Vorgänge bewusst zu sein, sogar des Atems. Gleichzeitig muss er in Gedanken des Unendlichen pulsieren (göttliche Essenz und Allmacht).
2. *Reise ins eigene Land.* Man muss oft daran denken, dass der Sufi ein «Reisender» auf dem Sufi-Pfad ist.
3. *Beobachtung der Füsse.* Beim Gehen soll der Sufi die Aufmerksamkeit auf seine Füsse richten. Die geheime Bedeutung davon ist, dass er im metaphorischen Sinn darauf achten muss, wohin er geht.
4. *Einsamkeit in Gesellschaft.* Der Geist muss ständig konzentriert werden, so dass der Sufi auch in Gesellschaft, inmitten aller Ablenkung, seine Gedanken auf seine Aufgabe gerichtet halten kann.
5. *Erinnern.* Der Sufi darf niemals vergessen, dass er ein Eingeweihter ist.
6. *Einschränkung.* Dies bezieht sich auf die kurzen Gebete, die die Wiederholungen des Dhikr unterbrechen.
7. *Bewusstheit.* Der Geist muss sich der vielen Ablenkungen bewusst werden. Diese müssen überwunden werden.
8. *Sammlung.* Konzentration muss erreichbar sein durch das blosse Denken dieses Wortes und auch ohne Worte.
9. *Unterbrechung der Zeit.* Während festgelegter Denkpausen soll der Sufi seine Handlungen durchdenken und sie überprüfen.
10. *Unterbrechung der Zahl.* Bewusstheit bezüglich der erforderlichen Wiederholungen des Dhikrs.
11. *Pause des Herzens.* Während dieser Pause wird der Geist geübt, sich das Herz des Suchenden vorzustellen, auf dem der Name Allahs geschrieben steht.

8 DER ARABISCHE BEITRAG

«Im Namen von Suleiman, dem Sohne Davids (der Friede sei mit ihm), der sich alle Dschinnen untertan machte: Im Namen des Königs Suleiman und durch sein Siegel und seinen Eid verpflichte ich mich, die Macht, die du mir geben wirst, mit bester Absicht anzuwenden und sie völlig geheimzuhalten.»
– Der Eid des Magiers aus dem *Buch des siebenfachen Geheimnisses,* Erstes Tor.

Über die Praktiken arabischer Magie vor der Entstehung des Islams im siebten Jahrhundert n. Chr. ist nur wenig bekannt. Nach arabischer Überlieferung hinterliess Salomo einer Gruppe von Eingeweihten eine grosse Menge seiner Zaubersprüche und Kräfte. Diese Eingeweihten hüteten ihre Geheimnisse in abgelegenen Oasen. Andere Magier füllten mit Hilfe von magischen Worten, Talismanen und Zaubersprüchen riesige Keller mit Schätzen an und übten als eine Art okkulter Elite ihre Macht auf der ganzen Welt aus.

Vor der Entstehung des Islams wurden die semitischen Traditionen, die Arabern, Juden und Assyrern gemeinsam waren, in den Ritualen und Symbolen des Tempels von Mekka verkörpert: der mystischen Kaaba, die Mohammed reinigte und wieder dem Monotheismus weihte, nachdem er seine Mission erfüllt hatte. Unter den dreihundertsechzig Geister-Göttern, die dort verehrt wurden, waren auch Al-lát, Manát, Uzza und Hobal: Dämonen und Götter, «die Orakel sprachen und die Wege des Menschen bestimmten». Ihre Priester stammten ausschliesslich vom königlichen Stamme der

Quraish. Wir wissen über die vorislamischen arabischen Zauberer, dass ihre Methoden stark an die der anderen semitischen Nationen erinnern. Der arabische Beitrag wird interessant von dem Zeitpunkt an, als die alles erobernden Clans aus der Wüste kamen und die Epoche der Assimilation mit anderen magischen Systemen anbrach.

Die Geschichte der arabisch-islamischen Magie folgt den Spuren der arabischen Zivilisation. Unter den frühen Kalifen von Syrien, Spanien und Ägypten wurde eine phantastische Menge von geschriebenem Material, das aus dem Erbe Roms, Griechenlands und aller anderen eroberten Nationen erbeutet wurde, ins Arabische

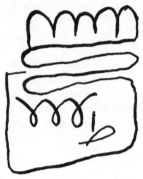

Arabisches Amulett zum Austrocknen der Quelle oder Zisterne eines Rivalen – nach Ibn Khaldún.

übersetzt. Wissenschaftler, von denen viele im Staatsdienst standen, systematisierten die Lehren des Aristoteles und der anderen griechischen Schriftsteller, fassten alte Chroniken zusammen und schufen weltliche sowie religiöse und ehtische Gesetze. An den blühenden Universitäten von Kairouan, Azlar, Cordoba und Bhagdad arbeiteten Doktoren auf den Gebieten der Medizin, Magie und Alchimie. Jüdische und chaldäische magische Lehren wurden zusammengefasst und studiert.

Wie war die Haltung der arabischen Moslems zur Magie? Die Weisen erkannten – wie gewöhnlich in Übereinstimmung mit dem Koran – an, dass die magische Theorie in der einen oder anderen Form eine reale Kraft sei. Einige der interessantesten magischen Abhandlungen der Welt stammen aus den Federn arabisch-islamischer Schriftsteller des zwölften bis sechzehnten Jahrhunderts, und es ist grösstenteils auf ihre Zusammenarbeit mit gelehrten Juden an den spanisch-arabischen Universitäten zurückzuführen, dass ein grosser Teil der orientalischen Lehren nach Europa gelangte.

Fakhr-ed-Din El-Rázi (Rhazes) schuf eines der ersten arabischen magischen Systeme. Nach seiner Ansicht ist *Sihr* («Magie») in drei *Naw* oder Kategorien unterteilt.

Zunächst gibt es die chaldäische Magie, die für ihn hauptsächlich ein Sternenglaube ist. Als zweites gibt es die wahre Geistermagie, die eine Art Spiritismus sein kann und die Hypnose einschliesst. Sie behandelt auch die Interaktion der menschlichen Seele mit ihrem Gastgeber, dem Körper, und mit den Körpern anderer Menschen. Der Kontakt mit dem Geist anderer Menschen und seine Verwendung bilden einen Teil dieser Kategorie. Schliesslich gibt es noch Wunder, die zu vollbringen nach islamischem Glauben nur Propheten möglich ist.

Die Legende besagt, dass es einmal zwei Engel gab, Hárut und Márut, die die Kunst der Magie erlernten und ihre Kenntnisse der Menschheit übermittelten, und dies ist die Grundthese aller arabischen Magie. Es gibt auch so etwas wie *Dschinnen* («Genien»), die teils Geister sind, zum Teil aber auch etwas anderes. Sowohl die Engel als auch die *Dschinnen* werden mehr als einmal im Koran erwähnt. Eine andere Form der Magie, mit der sich die Araber beschäftigten, ist die Kunst, Menschen in Tiere zu verwandeln. Dies wird im Westen Lykanthropie genannt.

Die klassischen Werke arabischer Forscher der okkulten Wissenschaften und auch vieler anderer Bereiche enthalten Berichte über magische Lehren und Rituale. Autoritäten wie der Historiker Tabari sprechen über Magie, und die *Sozialphilosphie* von Ibn Khaldún erwähnt gewisse Riten, die er selbst miterlebt und aufgezeichnet hat. Sogar die philosophischen Schriften Al-Ghazzális, des Vaters der modernen Logik, zeigen deutlich, dass die arabischen Meister sich ernsthaft mit dem Thema auseinandergesetzt haben.

Ibn Khaldún, der Sozialphilosoph, hinterliess uns einen der erfrischendsten und unvoreingenommensten Berichte, die je ein mit der Magie konfrontierter Denker verfasst hat. Im vierzehnten Jahrhundert schrieb er, es gäbe zwei Arten von Magie: 1. die reine Magie, 2. die Talismane.[67]

Reine Magie definiert er als eine Kraft, die direkt aus dem Inneren des Magiers stammt, ohne die Vermittlung eines Helfers *(mua-*

'win). Dabei geht es nicht um die Hilfe oder die Beschwörung von Geistern. Dies könnte eine Widerspiegelung des *Mana-Akasha-*Glaubens sein: eine weitverbreitete, nahezu unerschlossene okkulte Kraft, die benutzt werden kann, und die weder gut noch böse ist; es handelt sich um eine fast psycho-physische Kraft. Die zweite Art von Magie, die im Begriff Talisman zusammengefasst ist, schliesst die Notwendigkeit ein, mit einer fremden Macht in Kontakt zu treten und sie zu benutzen.

Ibn Khaldún war der erste, der eine Verbindung bemerkte zwischen dem hypnotischen Zustand und der Fähigkeit, eine Art von Macht zu benutzen. Er sagt, dass das Zeichnen von Pentakeln und anderen Ritualen die Emotionen des Magiers in Hochspannung versetzen müsse. Wenn das nicht geschehe, bliebe er erfolglos. Dies ist der erste schriftliche wissenschaftliche Kommentar auf dem Gebiet der Magie.

Vor diesem Hintergrund intensiver intellektueller Auseinandersetzung, die das Studium der verschiedensten Systeme umfasste, entstand eine immense Vielfalt von Talismanen und anderen wundertätigen Objekten.[68]

Talismane sind zu bestimmten Zeiten herzustellen. Sie müssen entweder eines oder beide magischen Metalle, Eisen und Kupfer, enthalten. Ihre Symbolik ist ein machtvolles Mittel, um die Dienstbarkeit der Geister zu erzwingen. Wer beispielsweise Zwietracht säen will, der muss einen rechteckigen Talisman herstellen, wenn der Mond im Steinbock steht. Wenn ein im Steinbock hergestellter Talisman jedoch Kreisform hat, so ruft er einen Geist herbei, der Kenntnis von geheimen Schätzen hat, und zwingt ihn, sie zu verraten. Das Wort *Athoray*, das unter dem Schutz der Plejaden steht, verleiht Seeleuten, Soldaten und Alchimisten aussergewöhnliche Kräfte, wenn es auf eine Kupfertafel geschrieben wird. Gebäude, Quellen und Minen können durch einen Talisman aus dem gleichen Material zerstört werden, wenn das Wort *Adelamen* und das Zeichen für »Stier« daraufgeschrieben wird. Dieses soll sich auch machtvoll auf jede Form böser Magie auswirken. Ein dreieckiges Stück Eisen, hergestellt unter dem Sternbild Stier, mit dessen Zeichen und dem Wort *Alchatay,* in schwarz daraufgeschrieben, wird von Reisenden getragen und soll viele Krankheiten heilen. *Athanna,* mit dem Zeichen der Zwillinge auf eine mondsichelförmige Tafel aus Eisen und Kupfer geschrieben, hilft Belagerern. Wenn es in der bösen Magie angewendet wird, kann es Ernten vernichten und ist auch bei Rache wirksam, *Aldimiach,* ebenso unter dem Zwillingszeichen und auf gleiche Weise zusammengesetzt wie der vorige Talisman, wird für Liebe und Freundschaft benutzt.

Es wurde empfohlen, eine vollständige Sammlung dieser Zeichen mit pechschwarzer Tinte auf ein weisses Papier zu schreiben. Diese Sammlung sollte die hilfesuchende Person mit sich führen. Wenn dann der Mond oder die Sonne durch die richtigen Tierkreiszeichen hindurchging, sollten die latenten Kräfte des Talismans zu wirken beginnen und die erwünschten Ergebnisse sollten fühlbar und sichtbar werden.

Es gibt noch andere Variationen dieser astrologischen Lehre. *Al-*

Stilisierter «Machtzauber» in chinesischer Tuschzeichnung, mit einem Pfirsichholzstift auf Papier geschrieben. Die arabische Inschrift bedeutet: «Oh Stamm von Hashim!» – aus der Sammlung des Autors.

mazan, im Zeichen des Löwen, lässt Männer streiten – und auch Frauen! Für Reisende ist dies ein schlechtes Zeichen, und als Talisman wird es im allgemeinen als Erzeuger von Zwietracht angesehen. *Algelioche,* der auch im Zeichen des Löwen in fester Position steht, fördert Liebe und Wohlergehen. *Azobra* von der Mähne des Löwen ist gut für Reisen und zur Wiederherstellung verlorengegangener Gefühle. *Alzarfa* im Zeichen der Jungfrau bringt materiellen Gewinn; *Achureth* im Zeichen der Jungfrau erhält die Liebe und heilt Kranke, aber hilft nicht bei Reisen zu Lande. Diejenigen, die einen Schatz finden wollten, benutzten einen Talisman mit dem Namen *Agrafa* im Zeichen der Waage; und *Azubene* in Verbindung mit dem Skorpionszeichen wurde als ungünstig für Seereisen angesehen.

Talismane aus Kupfer und Blei, die unter dem Einfluss der Krone des Skorpions hergestellt wurden und auf denen der Name *Alchil* eingraviert stand, sollten das Schicksal im allgemeinen und auch Reisen begünstigen.

Die folgenden arabischen Talismane, die einst in Europa sehr weit verbreitet waren, vervollständigen die Liste, die in verschiedenen Büchern der Magie aufgeführt wird.

Allatha, der Schwanz des Skorpions, ist ungünstig für Reisen und neue Freundschaften und wird dementsprechend in der Hassmagie angewendet. *Abrahaya* vernichtet zu Unrecht erworbenen Reichtum und stachelt Menschen zum Glückspiel an. *Abeida* ist gut für Ernten und Reisende, verursacht aber Trennung und Unzufriedenheit, wenn mit böser Absicht angewendet. *Sadahecha* steht unter dem Steinbockzeichen und sichert gute Gesundheit, während *Zabodola* nur bestimmte Krankheiten heilt. *Sadabeth* ist der Glücksstern, und sein Talisman sollte von all denen getragen werden, die eheliche Treue suchen. *Sadalabra* ist in Verbindung mit anderen Hasstalismanen bei Rache nützlich, vernichtet Feinde und verursacht auch Trennung. *Alfarz* andererseits kann helfen, den Partner fürs Leben zu finden und bringt auch gutes Geschick im allgemeinen. *Albothan,* vom Zeichen der Fische beherrscht, garantiert Sicherheit an seltsamen Orten: dies ist eines der Schutzamulette, die Magier bei ihrer Arbeit tragen. Es fördert Harmonie und macht Verheiratete glücklich.

Arabische Magie ist höchst symbolisch. Viele der traditionellen Zeichen der Zauberer – wie das Pentagramm, das Siegel Salomos und der Schild Davids, das Auge des Horus und die Hand des Mondgottes – sind unter arabisch-islamischen Zauberern in ständigem Gebrauch.

Eine seltsame Lehre sollte hier erwähnt werden. Die Swastika ist seit Urzeiten bei allen Völkern ein Symbol für die Sonne und das Leben. Die Araber sind der Ansicht, dass schon aus ihrer Form allein eine gewisse Kraft entspringt. Wenn dieser Form durch Gedankenmacht eine Bedeutung zugeordnet wird, so verdoppelt sich ihre Kraft. Wenn die Bedeutung verdreifacht wird, so wird auch die Kraft verdreifacht, die der Magier durch die Symbolik der Swastika und durch andere magische Mittel beherrscht. In einer arabischen Schrift des siebzehnten Jahrhunderts, *Tilism wa'l Quwwa («Macht und Talismane»)*[69] finden wir eine Erweiterung dieser Theorie. Die Christen, so sagt der anonyme Autor, wählten das Kreuzeszeichen

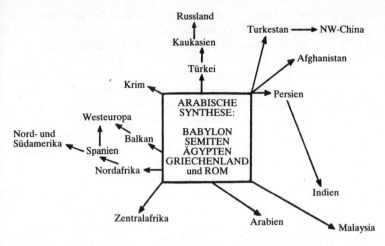

Darstellung der Ausbreitung arabischer Magie, die von den Zivilisationen des Nahen Ostens stammt: achtes bis fünfzehntes Jahrhundert n. Chr.

zu ihrem Emblem. Nun wissen wir, dass seit Urzeiten das Kreuz in der Magie benutzt wurde, um die Sonne darzustellen, und dass es auch «eine Kraft enthält, deren Eigenschaften unklar sind». Das Kreuz war schon vor Jesus von Bedeutung. Nach der Kreuzigung wurde es übernommen und hatte so doppelte Bedeutung und auch doppelte Kraft. «Das gleiche gilt für die Swastika.»[70]

Der Ursprung der Swastika ist unbekannt. In China ist sie noch sehr verbreitet unter dem Namen *wan,* und man nimmt an, dass sie vom Buddhismus übernommen wurde, was möglicherweise ein Hinweis auf ihren indischen Ursprung ist: «Die Anhäufung von günstigen Zeichen, die zehntausend Tugenden besitzen und eines der fünfundsechzig mystischen Zeichen, von denen man annimmt, dass sie alle auf die berühmten Fussspuren Buddhas zurückzuführen sind.» Das Zeichen ist auch in anderen Ländern mit buddhistischer Tradition verbreitet.

Sie ist mit dem Hammer des Thor, des Zeus oder Donnergottes der Skandinavier gleichgesetzt worden, weshalb die Deutschen Nationalsozialisten sie als «arisches» Symbol übernahmen.

Der Name, den wir für dieses Symbol verwenden, stammt von zwei Sanskritwörtern ab: *su* («gut») und *asti* («es ist»), was soviel bedeutet wie «es ist gut».

Es gibt viele Abarten der Kreuz-Swastika: unter anderem auch das Fylfot, das Wahrzeichen der Isle of Man.

Es gibt verschiedene arabische Bedeutungsverbindungen von Kräften, Anrufungen und Namen mit der Swastika. Eine davon ist *Ya Ali* («Oh, Ali!»), die Anrufung des vierten Kalifen und Gefährten Mohammeds. Diese ist verbreitet unter den Schiiten, die diesen Mann hoch verehren. Ausserdem wurde dieses Symbol in Persien zur Anrufung der vier Kalifen verwendet: *Yá Chahár-Yár* («Oh, ihr vier Freunde»). In diesem Falle wie auch im vorherigen erwecken die Arme (oder Beine) dieser Figur den Eindruck, sich im Uhrzeigersinn zu drehen. Ein Kalligraph, dem die Bedeutung der *Chahár Yár*-Anrufung bekannt war, ersann für ein Siegel eine Version mit meinem Namen, bei der zwei Swastikas in verschiedenen Richtungen rotieren. Die zweite enthielt meinen Titel: *Sayed Shah*.

Soviel zum Anteil der Talismane am arabischen Beitrag zur Magie. Das schwierige Gebiet der Knotenzauber ist charakteristisch für den Umgang mit Dämonen und Geistern und steht im Gegensatz zur Talismantheorie oder der Theorie von der zweiten Kraft des Ibn Khaldún.

Ein wichtiger Hinweis auf die Herstellung und Anwendung von Knoten als Mittel bei Verwünschungen befindet sich im Koran:[71]

Der Tagesanbruch:
«Sprich: ‹Ich nehme Zuflucht zum Herrn des Tagesanbruchs,
dass er mich von dem Übel befreie, das er schuf,
und vom Übel der Dunkelheit, wenn sie sich herabsenkt,
und von der Bosheit derer, die auf Knoten blasen,
und vor der Bosheit des Neiders, wenn er neidet.›»

Dies bezieht sich eindeutig auf die alte semitische Knotenlehre, die auf den *Maqlu-*(brennenden)Tafeln zitiert wird: «Ihr Knoten ist gelöst, ihre Zauberei ist vernichtet und all ihre Zaubersprüche füllen die Wüste an.»

Die islamische Tradition erzählt eine kuriose Legende über den Propheten Mohammed, der von einem jüdischen Zauberer mit dieser Methode verhext worden sein soll. Neun Knoten wurden in eine Schnur geknüpft, wovon jeder eine Verwünschung «band». Diese Schnur wurde dann in einer Quelle versteckt. Nur die rechtzeitige Warnung des Erzengels Gabriel soll das Versteck dieses Todeszaubers enthüllt haben. Solche Verzauberungen entkräftet man, indem man die Knoten nacheinander löst; aber in diesem Fall berichten die Chronisten, dass sich die Knoten auf Geheiss des Propheten selbst lösten.

Genauso wie Böses in eine geknotete Schnur gebunden werden kann, so kann auch Gutes hineingeknotet werden. Bei den Stämmen Zentralasiens werden Krankheiten durch «Blasen auf Knoten» geheilt, und es gibt hierfür ein spezielles Ritual. Eine dreifarbige Schnur wird aus je einem grünen, blauen und roten Faden gesponnen; jeden Tag wird ein Knoten geknüpft. Nach sieben Tagen verbrennt man den Zauber an einem unzugänglichen Ort. Danach soll die Krankheit verschwinden.

Magisches Quadrat zur Erleichterung der Geburt. Aus Al-Ghazzáli's *Befreiung vom Irrtum*. Die Zahlen sind:
4 9 2
3 5 7
8 1 6

Viele der Geschichten aus *Tausendundeiner Nacht* entspringen den magischen Lehren der Araber und Chaldäer über den *Dschinn* und seine Kräfte: Wie die westlichen Hexen glaubten, durch Ausführung bestimmter Riten die Dienste eines mächtigen Dämonen erzwingen zu können, so erzählen die traditionellen arabischen und islamischen Schriften über die Wunder des Dschinnenlandes und des Landes der Feen (Peristán). Die Methode, *Dschinnen* mit Talismanen zu beschwören, ist weit verbreitet. Im allgemeinen stellt man zunächst einen Talisman her und parfümiert ihn mit dem entsprechenden Weihrauch. Dann wird der *Dschinn* im Namen Salomos beschworen und mit Salomos Zorn bedroht (d. h., ihm wird angedroht, dass er in einer Metallflasche eingesperrt wird), wenn er nicht erscheint. Wenn diese Beschwörung genügend oft wiederholt worden ist und gewisse andere Voraussetzungen erfüllt sind, dann wird der *Dschinn* kommen und dem Beschwörer dienen.[72]

Unter den islamischen Theologen gibt es verschiedene Ansichten über die Frage des «Machtwortes» und seiner Verwendung. Einige sind der Meinung, dass ein solches Wort, selbst wenn es existiert, niemandem auf der Erde bekannt ist; deshalb sei die Frage seiner Anwendung nicht von Bedeutung. Diejenigen, die Ibn Khaldún und Geber folgen (vom letzteren wird gesagt, er habe fünfhundert Bücher über Magie geschrieben), behaupten, dieses Wort sei offenbart worden, und es allein *(Ism-el-Azam)* könne den Gehorsam der *Dschinnen* erzwingen. Gelehrte des Okkultismus wie Geber (Ja'afir Abu-Musa) jedoch legen Wert auf den Unterschied zwischen Magie und Zauberei. Bei der letzteren *(kahána)* werden ausschliesslich Talismane verwendet ohne Erwähnung des Namens Gottes, der nach ihrer Überzeugung nicht für böse Zwecke verwendet werden kann.

Es gibt noch andere Spuren ägyptischer und babylonischer Magie im arabischen Okkultismus, die in dunklen Zeiten nach Europa gelangten. Entweder wegen dieser Quelle oder wegen ihrer Verbindung nach Indien waren die Araber der Überzeugung, dass der magische Kreis, *al-Mandal,* bei allen Beschwörungen nötig sei, um den Magier vor dem Zorn Satans zu schützen — Satan war natürlich der Urheber der Schwarzen Magie, so wie Salomo als Urheber der weissen Magie angesehen wurde.

Unter den bekanntesten Schriftstellern, die sowohl über verbreitete magische Praktiken als auch über magische Theorie geschrieben haben, befinden sich At-Tabari *(Tafsir),* Er-Rázi *(Mafatih)* und Al-Zamakhshari *(Kashshaf).* Ihre Werke werden von westlichen Okkultismusforschern im allgemeinen nicht beachtet. Von diesen Schriften gibt es jedoch auch keine guten Übersetzungen in westliche Sprachen.

9 LEGENDEN ÜBER ZAUBERER

«Wir haben mit eigenen Augen gesehen, wie einer dieser Männer ein Bild von einer Person herstellte, die er verzaubern wollte ... ein Dämon fährt aus seinem Mund ... viele böse Geister steigen hernieder, und das Opfer wird von dem gewünschten Übel befallen.»

Ibn Khaldún: *Muqaddama* (14. Jahrhundert).

DAS GEHEIMNIS DES EL-ARAB

Die nomadischen Araber von Hejaz sind heute alles andere als ein abergläubisches Volk. Der rigide und phantasielose Charakter des puritanischen Wahabismus, wie er unter dem gegenwärtigen Regime verkündet wird, lässt wenig Raum für irgend etwas anderes als eine streng moralische Lebensführung. Die einzige Ausnahme, die ich während meiner einjährigen Reise durch dieses Gebiet fand, war die Geschichte von El-Arab.

El-Arab war, so scheint es jedenfalls, entweder ein grosser Betrüger oder ein grosser Magier – oder der erste Mensch, der die Elektrizität nutzte. Er tauchte vor drei- oder vierhundert Jahren als wandernder Einsiedler auf und zog sich in ein kleines Dorf zurück. Nach einem Streit mit den Ortsansässigen, denen seine theologischen Ansichten zu frei erschienen, wurde er in die Wildnis vertrieben. Anscheinend hatte El-Arab jedoch eine besondere Zuneigung zu diesem Ort entwickelt. Er soll von den etwa eine Meile vom Dorf entfernten Sanddünen lange Blitze auf die unglücklichen Dorfbewohner gelenkt haben, bis sie ihn unwillig einluden, wieder unter ihnen zu wohnen.

Jetzt gab es allerdings keine religiösen Auseinandersetzungen mehr. Stattdessen verbrachte El-Arab («Der Araber» – dies war der einzige Name, den er preisgab), seine Zeit damit, Blitze auszusenden und seine Theorien zu verbreiten. Nach seiner Meinung hatten Blitze wie jedes andere Ding ihren besonderen Nutzen. Dinge, die man nicht nutze, seien ganz einfach verschwendet. Er, El-Arab, habe gelernt, sie zu beherrschen und sie nach seinem Willen einzusetzen. Als er der Hexerei bezichtigt wurde, lachte er nur. Reisenden pflegte er Blitze zu zeigen, die, wie er sagte, in Tonkrügen eingesperrt waren. Sonst ist nicht viel über seine Aktivitäten bekannt, ausser folgendem: Wenn jemand unruhig auf Neuigkeiten von einem fernen Ort wartete, öffnete El-Arab vorsichtig einen Krug und beschwor den Blitz, ihm Nachrichten zurückzubringen; dabei wies er in die Richtung, aus der die gewünschten Nachrichten kommen sollten. Es entstand eine Rauchwolke, man hörte ein scharfes Knakken, und der Blitz schoss aus dem Gefäss hervor. Dann öffnete er einen anderen Krug, in den der Blitz schneller als das Licht zurückkehrte und in dem ein grünes Glühen zu sehen war. Dieses pflegte El-Arab zu deuten und daraus die gewünschte Information zu geben, die stets der Wahrheit entsprach.

In seinem alltäglichen Leben schien es keine aussergewöhnlichen Ereignisse zu geben. Und das Seltsame war, dass Fremde, die sich in die Wüste verirrt hatten, dem Licht folgten und so sicher das Dorf erreichten.

El-Arab soll bis zu seinem Tode fast hundertfünfzig Jahre in seiner Behausung gelebt haben. Kein Wunder, dass Generationen aufgewachsen waren, die ihn nicht als einen besonderen Menschen angesehen hatten und seine Blitze und die anderen ungewöhnlichen Dinge gar nicht kannten. Bei seinem Tode jedoch löste er einen schweren Schock aus. Wie gewöhnlich, wenn ein angesehener Mann starb, wurde sein Leichnam auf der Stelle verbrannt: im Wüstensand, in einer Düne in der Nähe der Dorfquelle. Als die Trauernden in ihr Dorf zurückkehrten, entdeckten sie, dass El-Arabs Haus verschwunden war! Ein solches Ereignis war noch nie im Dorf vorgekommen, und man hatte auch noch nie von etwas derartigem gehört. Noch heute erzählt man von diesem Ereignis. Wie ein Mann zu mir sagte: «Es mag seltsam erscheinen, aber es hat wirklich nur einen El-Arab gegeben. Wenn es zwei gegeben hätte, so wäre der zweite wohl auf die gleiche Art verschwunden.»

Vom wissenschaftlichen Standpunkt aus werden dem Forscher des Okkultismus verschiedene Dinge an den orientalischen Erzählungen über Magie auffallen. Zunächst einmal ist es schockierend zu beobachten, wie wenig unternommen wurde, um die magischen Lehren des Ostens zu untersuchen und wenn möglich die Tatsachen von der Phantasie zu trennen. In vielen Fällen scheinen die Geschichten einen wahren Kern zu haben, insbesondere diejenigen, die von bestimmten namentlich bekannten Magiern handeln. Das heisst nicht unbedingt, dass sie vollkommen der Wahrheit entsprechen; es heisst aber sicher, dass von der orientalischen Magie noch viel zu lernen ist. Wenn man Berichte über berühmte Magier liest und mit den Leuten redet, unter denen sie gelebt haben, dann drängt sich der Schluss auf, dass die Völker des Ostens im allgemeinen nicht leichter zu täuschen sind als diejenigen anderer Länder. In der soeben wiedergegebenen Erzählung beispielsweise waren die Araber, die sie mir wiedergaben, nicht damit zufrieden, die scheinbaren Wunder El-Arabs zu bestaunen. Die Geschichte hat gezeigt, dass sie eine von Grund auf praktische Rasse sind: deshalb sind sie, wie zu erwarten, mehr daran interessiert, *wie* er seine Macht erlangte – und ob sie auch von anderen zu erlangen sei. Dies ist, wie der Leser erkennen wird, das Wesen der wissenschaftlichen Haltung im Gegensatz zur philosophischen. Natürlich besitzen die Araber dieser Region nicht einmal die Grundlagen, um wissenschaftliche Spekulationen anzustellen, die über einen noch halbmittelalterlichen Horizont hinausgehen. Was jedoch hier zählt, ist ihre Grundhaltung.

Für Studienzwecke ist es daher durchaus von Interesse, diese Geschichten über die Zauberei zu sammeln.

SADOMA VON BAGHDAD

Sadoma war zur Zeit der frühen Kalifen von Baghdad ein gefragter Magier. Er pflegte meilenweit hinaus in die unwegsame Wüste zu reisen, «um dort mit den Geistern Kontakt aufzunehmen». Viele Male traf er dabei auf Reisende, die Wasser suchten und kurz vor dem Verdursten standen. Es wird berichtet, dass er, obwohl er nie Speisen bei sich trug, auf übernatürliche Weise in der Lage war,

Wasser und Früchte nach Belieben herbeizuschaffen und damit die Verdurstenden zu erlaben. Es gibt verschiedene Berichte über diese Art von Zauberei. Einer dieser Magier, dem der aus *Tausendundeiner Nacht* bekannte magische Vogel Roc seine Speisen in die Wüste brachte, war in der Lage, hilflose Reisende, die schon bewusstlos waren, zum Essen zu bringen.

Auch heute noch erzählen andere Reisende, dass sie einschliefen, nachdem sie, durch Hunger und Durst ermattet, in Stumpfsinn verfallen waren. Diese Menschen berichten, dass sie beim Aufwachen glaubten, im Traum den Weg nach Hause gesehen zu haben, als sei er in den Wüstensand gezeichnet gewesen. Auch war ihre Kraft zurückgekehrt. Abgesehen von der Legende über Sadoma ist es möglich, dass während ihres Schlafes auf irgendeine Weise ihr Unbewusstes angeregt wurde, und dass sie der seltsame siebte Sinn, den Wüstenvölker entwickeln, rettete.

Gefühle jeder Art scheinen oft geistige Kräfte auf eine höhere Ebene zu bringen. Dies könnte auf jeden Fall die Erklärung für viele magische Phänomene sein. Nach verbreiteter Ansicht sollen Gefühle (Begierde und Machtlust) den Menschen zur Hexerei treiben. Psychologen – und Historiker – behaupten, dass eine nur leichte Veränderung des Gehirns den Menschen glauben lassen kann, er sei in der Lage, die Natur zu kontrollieren, was er mehr als alles andere wünsche. Diese Theorie ist so gut wie jede andere. Jedoch ist es interessant, die *magische* Einstellung zu diesem Sachverhalt zu kennen. Die Magier sagen, dass der Mensch nur dann in der Lage ist, sich über die natürliche Ordnung der Dinge zu erheben, wenn seine Gefühle auf eine höhere Spannung als die des alltäglichen Lebens gebracht worden sind. Nur dann kann er der Natur und anderen Menschen seinen Willen aufzwingen. Wieder nähern wir uns hier halbreligiösen Zuständen und solchen des Wahnsinns.

Diesem Muster folgt auch das Volksmärchen vom Altankol, dem goldenen Fluss Tibets. Dieser Strom, der in den Sing-su-lay-See fliesst, führt angeschwemmte Goldteilchen mit sich. Man fängt sie in Ziegenfellen auf, die im Wasser aufgespannt werden. Aber die Legende besagt, dass ein gewisser tibetischer Magier schwor, die Kontrolle über das Gold zu erlangen, damit es nur diejenigen bekommen könnten, die es verdient hätten.

Das Ergebnis war – so heisst es weiter –, dass zwischen dem Magier und dem Flussgott ein Pakt geschlossen wurde. Immer wenn nun dem Lande eine Gefahr droht, hört das Gold zu fliessen auf.

Während verschiedener Streitigkeiten mit China soll sowohl vor als auch nach dem Ereignis dieses Verschwinden des Goldes aus dem Fluss beobachtet worden sein.

SILTIM, DER ZAUBERER

Siltim, ein arabischer Zauberer, hatte die Kunst entwickelt, jede von ihm gewünschte Gestalt anzunehmen. Als er sich einmal in ein wunderschönes Mädchen verliebte, das seine Liebe aber nicht erwiderte, da erreichte seine Liebe eine solche Intensität, dass er sich an einem abgelegenen Flussufer niederliess, um von seinen Gefühlen zu genesen.

Nach zwei Jahren, in denen er die Sprache der Fische erlernt und die Fähigkeit entwickelt haben soll, seine Macht nach Belieben in weite Ferne zu lenken, entdeckte er, dass er das Mädchen mitten in der Nacht zu sich beordern konnte. Sie war sich dessen bewusst, dass sie ihn besuchte. Man hätte ihr die Geschichte über ihre Träume wohl geglaubt, wenn sie nicht behauptet hätte, dass der Magier an einem wundervollen Ort lebe, obgleich allgemein bekannt war, dass er in einer einfachen Hütte am Flussufer lebte. Nach einiger Zeit jedoch ängstigten sich die Verwandten des Mädchens so, dass einer von ihnen zur Hütte des Einsiedlers reiste und ihn der Zauberei bezichtigte. Das gestand Siltim sofort ein und behauptete auch, er habe die Macht, sein Haus in einen Marmorpalast zu verwandeln. Sobald der Besucher zurückkehrte, um dies der Familie zu berichten, verschwand das Mädchen für immer. Ebenso verschwand Siltim. Diese Geschichte ist typisch für das Element der Gefühlskonzentration, das sehr vielen Bereichen der Magie gemeinsam ist.

Im Osten sind viele Geschichten überliefert, die sich auf die Suche nach dem Lebenselixier beziehen, durch das man die Unsterblichkeit erlangen konnte. Viele von ihnen beschäftigen sich mit dem Herz oder der Leber und einige sind eindeutig symbolisch. Die nun folgende, sehr bekannte Geschichte scheint philosophische und okkulte Elemente zu verbinden. Sie könnte auf einem realen Ereignis beruhen.

Ein reicher Landbesitzer heiratete die Tochter eines persischen Prinzen. Schon bald nach der Hochzeit verbrachte der Ehemann viel Zeit fern ab von seinem Wohnsitz auf Pilgerreisen. Ein Raum in seinem Haus blieb während seiner Abwesenheit stets verschlossen.

Obwohl er die junge Frau gewarnt hatte, niemals sein Geheimnis auszuspionieren, konnte sie ihre Neugierde nicht beherrschen. Eines Tages, als ihr Gatte in Syrien weilte, sprach ein reisender Schlosser bei ihr vor. Er war beauftragt, die Tür zu öffnen. In grosser Erregung begleitete die Frau ihn.

Zu ihrem Entsetzen brach der Mann vor ihren Füssen zusammen, als er den ersten Schlüssel ausprobierte. Er stiess furchtbare Schreie aus. Als die Diener herbeiliefen, um ihrer Herrin zu Hilfe zu kommen, fanden sie den Schlosser tot vor.

Bei der Rückkehr ihres Gatten musste die Prinzessin natürlich ihre Schuld eingestehen. Er erzählte ihr daraufhin, dass er sich mit Experimenten befasse, bei denen die Panazee des ewigen Lebens entstehen könne. Er sei fast am Ziel angelangt, wenn er den in einer alten Schrift dafür angegebenen Anzeichen trauen könne. Nur noch ein kleiner Rest des Experiments bleibe zu vollenden, doch diese unglückselige Unterbrechung habe die gesamte Arbeit null und nichtig gemacht, wie das bei den meisten magischen Riten der Fall ist. Zur Vollendung des Prozesses habe nur noch das Herz eines Schlossers gefehlt.

Aber dies war noch nicht alles. Eine grosse Wunde war auf der linken Brustseite des Toten zu sehen. Und im Raume selbst war alles zu Asche verwandelt worden. Während das Paar dastand und die Verwüstung betrachtete, ertönte von der Decke her ein spöttisches Lachen. Die Geschichte endet mit der melancholischen Bemerkung, dass zuerst der Ehemann verrückt wurde und später auch seine Frau. Nachdem sie beide im Abstand von ein paar Monaten gestorben waren, entdeckte man, dass ihre Herzen fehlten. Dies ist der Grund, weshalb ein Haus in Alt-Teheran noch heute das «Haus der drei gestohlenen Herzen» heisst.

Magier, insbesondere wenn es sich um reisende Betrüger handelt, beschäftigen sich oft mit den jeweiligen lokalen Vorgängen und helfen oft denen, die an altbekannten Krankheiten und Begierden leiden. Vor einigen Jahren wurde in Indien ein unbekannter Zauberer aus Bombay während einer Hungersnot über Nacht reich. Seine Haupttheorie bestand darin, dass Nacktheit mit Göttlichkeit gleichzusetzen sei.

Amulette aus himalayischem Leopardenpulver, so behauptete er jedenfalls, würden ihre Besitzer vor Peinigung durch Hunger und Krankheit bewahren. Tausende von Menschen starben, nicht jedoch der Zauberer. Er war in der Lage, sich auf dem schwarzen

Markt Reis zu kaufen. Ebenso ging es wohl einer Frau, die diese «Wunder» einem gewissen Maharadscha berichtete. Dieser ordnete an, dass in seinem Staate nichts gegen die Hungersnot unternommen werden solle, bis man den Zauberer zu ihm gebracht habe.

Nach beträchtlichen Überzeugungskünsten plazierte man den Zauberer in der Hofversammlung direkt neben Seiner Majestät. Jedes seiner Worte wurde als Offenbarung angesehen. Man überhäufte ihn mit Ehrungen und Geschenken, und er beharrte bis zum Schluss darauf, gegen das Tragen von Kleidern zu sein. Die letzte Nachricht über ihn lautete, seine Selbstwertschätzung sei so sehr gestiegen, dass er nur noch zweimal am Tag sprach. Jedes seiner Worte wurde mit einem goldenen Stift aufgeschrieben.

Kalifornien ist offensichtlich nicht der einzige Ort, an dem seltsame Kulte entstehen können. Wenn der besagte Magier auch heute nicht mehr in besonderem Ansehen stehen mag, so werden doch seine Heldentaten berühmt werden.

Ich habe Material über die Entstehung einer Vampirgeschichte sammeln können, die ungewöhnlich interessant zu sein scheint.

In Indien kursieren viele Geschichten über eine gewisse «englische Vampirin», die so oft wie möglich rohes Fleisch gegessen und menschliches Blut getrunken haben soll. Ist diese Geschichte wahr? Oder ist es nur eine der vielen blutrünstigen Erzählungen anti-britischer Agitatoren (wie die Horrorgeschichte über die «belgischen Babys» im Ersten Weltkrieg)? Die Wahrheit liegt irgendwo dazwischen. Dies ist eines der besten Beispiele für die Entstehung von Legenden, das ich jemals gehört habe.

Eine englische Witwe – ihr Gatte war 1916 umgekommen – lebte in Bombay und verbrachte die heisse Jahreszeit in den Bergen. Sie soll von sehr unauffälligem Äusserem gewesen sein. Das einzig Aussergewöhnliche, was es über ihr Leben zu berichten gab, war ihre Überzeugung, auf das andere Geschlecht unwiderstehlich zu wirken. Aber auch dies ist nichts wirklich aussergewöhnliches.

Ein Maharadscha, der seit einem Jahr im gleichen Gebirgsort lebte, pflegte rauschende Feste zu veranstalten. Eines Nachts nach einer solchen Festlichkeit fuhr die Frau (Frau W.) mit ihrer Freundin (Frau S.) in einer Rikscha nach Hause. Die Rikscha, die vor ihnen fuhr, war wegen ein paar im Wege liegender Steine umgestürzt; sie war zu schnell um die Ecke gefahren. Es gab ein paar Verletzte. Die beiden Frauen hielten ihre Rikscha an, um nachzusehen, ob sie auf irgendeine Weise helfen könnten. Es sei hier noch einmal betont, dass beide weder in den Unfall verwickelt noch selbst verletzt waren.

Als sie zu ihrem Hotel zurückkehrten, bemerkte Frau S., dass der Mund ihrer Freundin von Blut verschmiert war. Später ging das Gerücht um, man habe beobachtet, wie Frau W. das Blut eines der Unfallopfer aufgesaugt hätte: sie sei eine Vampirin. Einige Monate später starb sie, und seither ist die Geschichte ausgeschmückt worden und wird wahrscheinlich auch weiterhin wachsen.

Zufällig traf ich jedoch Frau S. und fragte sie, was sie über die ganze Angelegenheit wisse. Hier nun ihre Geschichte:

«Ich fragte in jener Nacht Frau W., wie das Blut in ihr Gesicht gelangt sei. Zunächst antwortete sie, es stamme von einem der Unfallopfer, und es sei durch Zufall in ihr Gesicht gelangt.

Drei Tage später jedoch, als das Gerücht schon kursierte, sie sei eine Vampirin – es wurde nicht von mir, sondern von einem der Verletzten des Unfalls verbreitet –, kam sie zu mir und legte ein ‹Bekenntnis› ab. Sie eröffnete mir, sie wolle zurück nach England reisen, um sich dort einer Behandlung zu unterziehen.

Ich fragte sie, ob sie eine Vampirin sei, jedoch bestritt sie dies. In Wahrheit hatte sie als Kind an einer Krankheit gelitten, deretwegen sie Sandwiches mit rohem Fleisch essen musste. Sie gewöhnte sich so daran, dass sie niemals mehr gekochtes Fleisch ass. Ihr Arzt sah dies als harmlos an und führte es auf einen psychischen Zustand zurück. Also behielt sie diese Essgewohnheit bei. Als sie nach Indien übergesiedelt war, wurde es für sie schwierig, an rohes Fleisch zu kommen. Schliesslich schaffte sie es doch, ihre Versorgung damit sicherzustellen, rationierte es aber so weit wie möglich. Sie sagte, sie habe zum Zeitpunkt der Unfallnacht schon wochenlang keines mehr gegessen gehabt und sei, als sie sich über den Verletzten gebeugt habe, vom Anblick des rohen Fleisches überwältigt worden. Deshalb habe sie mit ihrem Gesicht das seine berührt, wie um ihn zu küssen. Ein Inder, der dies sah und nichts von ihrer Vorliebe für rohes Fleisch wusste, verbreitete das Gerücht.»

Möglicherweise könnte man den menschlichen Vampirismus, wenn er je existiert hat, einer Psychose zuschreiben oder einem auf rohes Fleisch konditionierten Geschmack. Dass manche Menschen rohes Fleisch essen, ist wohlbekannt. Ein relativ neuer Bericht über derartige Gewohnheiten befindet sich in den Aufzeichnungen des berühmten schottischen Menschenfressers Sawney Beane und seiner Familie.

Es mag in der Magie gewisse Grundprinzipien geben; die Magier selbst jedoch stimmen bezüglich der Gründe für die Verwendung symbolischer Worte, Geräte und Schriften nicht klar überein.

Ein gewisser tibetanischer heiliger Mann, der den Titel eines Lama mit einiger Verachtung zurückwies, lebt wahrscheinlich noch und betreibt sein einträgliches Geschäft. Er verkaufte zum Gegenwert von fünf englischen Schillingen eine Rolle zur Reinigung der Seele. Es sei notwendig, sie zu reinigen, sagte er, bevor man ein ganzer Mensch werden könne. Und nur dann sei man in der Lage, die Wunder der Magie zu studieren oder zu würdigen. Obwohl er als Zauberer gerühmt wurde, sprach er niemals über seine Zaubersprüche und bestritt auch, dass er dreihundertfünfzig Jahre alt sei. «Höre nicht auf das, was die Leute sagen», sprach er, «ich bin weder hundert Jahre alt noch bin ich überhaupt schon geboren!»

Die Rollen, von denen ich eine besitze, bestanden aus verblichenen Blättern, die man mehrere Tage lang am Körper tragen musste, bevor der Zauberer darauf schrieb. Dies gewährleistete, dass sie von der Aura des Klienten durchdrungen waren und führte so die Hand des Tibeters. Ich musste etwa fünfzehn Minuten lang hinter ihm stehen, während er meine Rolle fertigstellte. Während dieser ganzen Zeitspanne unterhielt er sich ständig mit einem Stadtbewohner, der «vier Tagesmärsche entfernt wohnte», und anscheinend sprach er ausserdem noch mit irgend etwas anderem hoch in den Lüften. Das vollendete Werk wurde in ein Stück getrockneter Tierhaut eingewickelt und mit Darm verschnürt. Als ich nach England zurückkam, war es mir als Barometer nützlich, denn der Darm wurde jeweils vier Stunden vor einem Regen feucht.

Der heilige Mann erzählte mir, dass die «Kunst der Zauberer» – insbesondere derjenigen, die die Zukunft voraussagten – meist eine Vorspiegelung falscher Tatsachen sei und nur dazu diene, «die zu beeindrucken, die so etwas geradezu herausfordern, und ich habe gehört, dass es im Westen genauso ist». Er behauptete, die einzig authentische Kleidung für einen Magier sei diejenige, die er selbst trage, und er bat mich, mich so bald wie möglich so zu kleiden, damit ich in den Genuss des wohltätigen Einflusses dieses Anzuges käme, der dann mein Leben leiten werde.

Auf dem Kopf trug er einen pfannkuchenartigen Hut aus Schneeleopardenfell – dieses hatte allerdings seine schneeweisse Farbe verloren –, und in seinen Ohren trug er grosse unpolierte Kupferklumpen. Eine lange, schwere Kette aus ähnlichen Klumpen, die von Stücken roher Jade unterbrochen wurden, hing um seinen Nakken und über einem schmutzig gelben pelzgefütterten Mantel, der ihm bis zu den Knöcheln reichte. Von seiner Taille hing eine grosse grüne Ledertasche herab, die in der gleichen Farbe bestickt und mit roten Glasperlen verziert war. Lange Lederfransen vervollständigten das Bild. An seinen Füssen trug er ein paar fest mit Darm verschnürte, bestickte Pantoffeln mit freiliegenden Zehen. Seine Winterschuhe hingen ihm um seinen Nacken.

Er weigerte sich, einige der Jade- und Kupferringe, die er an den Fingern trug, abzugeben. Diese, so sagte er, seien sein «Glück» und würden Bergdämonen, die verschiedensten Feinde und Werwölfe, die Reisende angreifen, vernichten.

Zuletzt warnte er mich noch davor, meinen Körper zu waschen. «Die Hände darf man waschen, den Körper niemals.» Zumindest in diesem Punkte schien er ein überzeugter Verfechter seiner Lehre zu sein.

In Ägypten kursieren viele Geschichten über Magier des Mittelalters und ihre Versuche, das Lebenselixier oder den Stein der Weisen zu finden. Eine der interessantesten dieser Geschichten wurde mir in Kairo erzählt, und ich habe sie nicht nur um ihrer Fabel willen notiert, sondern wegen gewisser darin enthaltener Elemente.

Die arabischen und persischen Schriften über Alchimie und Magie enthalten Hinweise auf den Goldenen Kopf, und dennoch findet sich nirgendwo eine Erklärung, worum es sich dabei handelt. Hier nun fand ich endlich eine eindeutige Bezugnahme darauf.

Ein berühmter in Kairo ansässiger Zauberer, El Ghirby, konzentrierte sich darauf, verborgene Schätze zu suchen. Zu diesem Zweck erlernte er unter Anleitung eines alten Mannes, wie man einen Tonkopf in Gold verwandelt. Diese Verwandlung konnte ein Mensch jedoch nur einmal bewerkstelligen. Wenn die Umwandlung vollzogen war, wurde der Kopf zum Orakel oder er war von einem Geist besessen. Eine seiner neuen Fähigkeiten war es, verborgene Schätze anzuzeigen.

Es scheint, als ob El Ghirby den Kopf schon für gewöhnliche Weissagungen und seine Orakelfähigkeiten benutzt hatte, um ihn über viele seltsame Dinge zu befragen. Zweifellos begann der Kopf nach seiner Umwandlung zu sprechen, ohne die Augen und Lippen zu bewegen, und gab dem Zauberer präzise Auskunft, wo der erste Schatz zu suchen sei. Als El Ghirby diesen gefunden und in sein Haus gebracht hatte, befragte er das Orakel erneut. Dem Testament zufolge, das er hinterlassen haben soll, weigerte sich der Kopf, ihm mehr als einen Schatz pro Monat zu verraten. Also fand er sich damit ab zu warten. Aber wieder täuschte ihn der Kopf. Er erzählte El Ghirby von einem Schatz, dessen Grösse jede menschliche Vorstellungskraft übersteige: er liege aber achthundert Fuss tief auf dem Meeresgrund! Während eines darauffolgenden Wortwechsels warf der Kopf mit einem Krug nach El Ghirby. Der Krug aber zerschellte auf der Strasse und weckte so die Neugierde der Nachbarschaft.

Die Streitigkeiten zwischen dem Geist des Kopfes und dem Zauberer wurden immer häufiger. Allgemein meinten die Anwohner, dass der Mann verrückt sei. Eines Tages, als zufällig ein ahnungsloser Juwelier vorbeikam, flog ein besonders grosser Topf aus dem Fenster von Ghirbys Haus und traf den Juwelier im Nacken. Die Sache kam vor Gericht.

In seiner Verteidigung bestritt der Magier, ein Attentat beabsichtigt zu haben, und erklärte die Existenz des Kopfes. Er wurde zu sechs Monaten Gefängnis verurteilt. Als er nach Hause zurückkehrte, schien der Kopf zu einem besseren Benehmen zurückgefunden zu haben. Er riet El Ghirby, ein Lebenselixier herzustellen, und gab auch alle Zutaten und die Art der Zubereitung an. Nach kurzer Zeit kam dies dem Magistrat zu Ohren, der den Weisen verurteilt hatte. Da er ein Mann von über siebzig Jahren war, konnte ihn diese Entdeckung nicht unberührt lassen. Als Gegenleistung für eine Ehrenerklärung, die besagte, dass El Ghirby geistig gesund und ohne Tadel sei, wechselte eine Phiole der seltenen Medizin den Besitzer. In der gleichen Nacht sprach der Kopf zum Zauberer: «Ich hörte soeben, dass der Magistrat den Trank zu sich genommen hat. Das bedeutet, dass er noch mindestens sechzig Jahre leben wird. Ich habe nur leider vergessen, dir zu sagen, dass es *deine* Jahre waren! Du wirst am kommenden Morgen sterben, sobald das Elixier des Magistrats zu wirken beginnt.» Man erzählt, dass El Ghirby gerade noch genug Zeit hatte, um ein Geständnis über die ganze Sache aufzuschreiben und den Kopf in den Nil zu werfen, bevor ihn selbst der Tod ereilte.

10 DAS BESCHWÖREN DER GEISTER

«Abjad, Hawwaz, Hutti, Geist erscheine: denn ich bin Salomo, der Sohn Davids, Herrscher der Dschinnen und der Menschen! Erscheine, oder ich werde dich in eine metallene Flasche einsperren!»
　　　　　　　　　　　　　　　　Abu-Hijab's *Verzeichnis der Dschinnen*.

Der Glaube an die Existenz von Geistern und anderen grauenvollen Mächten ist nur ein Schritt vom Wunsch entfernt, sie herbeizurufen und zu bannen, und auch vom Wunsch des Zauberers, sie zu zwingen, seinen Befehlen zu gehorchen.

Zumindest in den älteren Schriften wird dieses Geistervolk gewöhnlich in Gruppen oder Arten eingeteilt, um es studieren zu können. Man könnte zwischen guten und bösen Geistern unterscheiden sowie solchen mit menschlicher Seele und jenen, die nie einen physischen Körper besessen haben. Ausserdem wäre zu unterscheiden zwischen Geistern, die in menschlicher, und denen, die in tierischer Gestalt erscheinen sowie solchen von furchterregender Gestalt. Aber diese Methode der Geisterunterscheidung trägt im Grunde nicht viel zum Wissen über die Beschwörungskunst bei.

Die Beschwörung selbst, gleich ob es sich um die christliche, buddhistische, arabische, ägyptische oder chaldäische handelt, wird innerhalb eines traditionell anerkannten Ritus und nach überlieferter Methode vollzogen. Allgemein üblich ist die Weihung des Beschwörenden und seiner Werkzeuge, falls er solche benutzt. Im allgemeinen wird auch ein magischer Kreis gezeichnet. Man unterscheidet zwischen der Anrufung und der eigentlichen Beschwörung. Wenn der Geist erschienen ist, folgt die Phase des Befehls oder der Befragung. Schliesslich muss der Geist die Erlaubnis erhalten, sich wieder zu entfernen; ohne sie könnte der Beschwörer von der Erscheinung angegriffen werden. Zwei Dinge werden oft als unbedingt erforderlich angesehen: eine Verbindung zum Tode oder zu den Toten und die Kenntnis von Worten der Macht.

Unserer Meinung nach resultiert ein grosser Teil der Bedeutung von Geisterbeschwörungen und des Interesses an ihnen aus der Abhängigkeit eines sehr grossen Teils der Magie von der Hilfe solcher Geister: ob es sich um Flüche oder Segenssprüche oder nur um magische Macht über andere (und über deren magische Macht) handelt.

Im allgemeinen wird übersehen, dass der «Spiritismus» – die Beschwörung der Geister der Toten –, wie er in Europa und im modernen Amerika bekannt ist, nur ein Gebiet der Magie ist, das von jeher von den Zauberdoktoren Afrikas, den Indianerstämmen Amerikas und den Schamanen Chinas und Japans gepflegt wird[73], wobei hier eine Menge anderer Völker noch unerwähnt bleibt.

Das Beschwören von Geistern, insbesondere jener von toten Verwandten, verlangt grosse Hingabe und umfangreiche Vorbereitung. Zu allen Zeiten glaubte man, dass es Menschen gibt, die solche Fähigkeiten leichter entwickeln, wie beispielsweise die modernen Medien. Doch wird manchmal vergessen, dass die Bücher der Zauberer genaue Beschreibungen des Vorgangs liefern, die auch gewöhnliche Menschen befolgen können.

In manchen den Chaldäern zugeschriebenen Ritualen wurde es als notwendig erachtet, den Geburtstag der Person zu wissen, die angerufen werden sollte. Wenn ausserdem ein Horoskop zur Verfügung stand, so war dies umso besser. Dies bedeutete, dass der Geist im Namen der Geburtsplaneten angerufen werden konnte.

Als nächstes meditierte der Beschwörer bis zu achtundvierzig Stunden lang in vollkommener Abgeschiedenheit. Dazu wählte er einen klaren und hellen Tag aus. Dann zeichnete er an einem der Ausübung der Magie gewidmeten Ort einen magischen Kreis. Der Magier benutzte dazu gewöhnlich sein eigenes Zimmer, eine Höhle oder einen ehemaligen Ort des Gebets. Innerhalb eines Durchmessers von sechs Fuss war der Magier geschützt; kein störender böser

Geist konnte in diesen Kreis eindringen. Zwischen diesem und einem zweiten konzentrischen Kreis wurde mit Kreide der Name Gottes auf den Boden geschrieben.

In hebräischen und neueren Ritualen nahm dies dann oft die Form einer ununterbrochenen Kette von Worten an wie: AGLA – ELOHIM – ADONAY oder ALPHA – OMEGA – TETRAGRAMMATON.

Innerhalb dieses Kreises wurden auch die rituellen Werkzeuge aufbewahrt. Dazu gehörten Öl, ein Schwert mit Namensinschriften (wie den soeben angegebenen) und ein Gefäss mit glühender Kohle für die Räucherung. Der Weihrauch wurde entsprechend dem jeweiligen Engel oder den Planeten, die angerufen werden sollten, ausgewählt. Von allen wahren Magiern wurde erwartet, dass sie Worte der Macht kannten, um die Geister herbeizurufen – Abracadabras wie *Sabaoth* aus dem Hebräischen oder *Abraxas* von den Gnostikern und *Anrehakatha-sataiu, Senentuta-batetsataiu* von alten ägyptischen Papyri.

Wenn der Magier seinen Platz im Kreis eingenommen und Weihrauch ins Feuer geworfen hat – nachdem er sich vorher versichert hat, dass er ein Pentagramm oder ein Siegel Salomos zu seinem Schutze bei sich führte –, stimmt er eine Anrufung der folgenden Art an. Diese hier ist einem griechisch-ägyptischen magischen Buch entnommen, das von Goodwin übersetzt wurde:

«Ich rufe dich an, der du die Erde und alles Gebein und alles Fleisch und allen Geist erschaffen hast, der du die See gemacht und die Himmel erschüttert hast, der das Licht von der Finsternis trennte, den grossen, alles lenkenden Geist, der alles ordnet, das Auge der Welt, Geist der Geister, Gott der Götter, der Herr der Geister, Herr der Geister, unbeweglicher Aeon, Iaouei, höre meine Stimme.

Ich rufe dich an, den Herrscher der Götter, den donnernden Zeus, Zeus, König, Adonai, Herr, Iaoouei. Ich bin es, der dich in syrischer Sprache anruft, den grossen Gott, Zaalaer, Iphphou, missachte nicht die hebräische Anrufung, Ablanthanalb, Abrasiloa.

Denn ich bin Silthakhookh, Lailam, Blasaloth, Iao, Ieo, Nebouth, Sabiothar, Both, Arbathiao, Iaoth, Sabaoth, Patoure, Zagoure, Baroukh, Adonai, Eloai, Iabraam, Barbarauo, Nau, Siph.»[74]

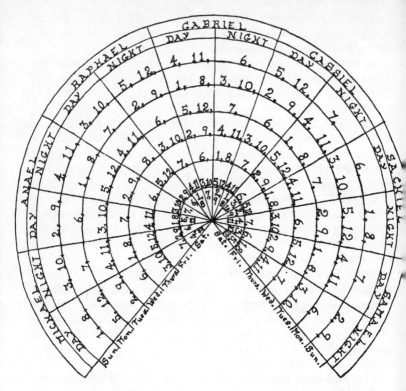

Tabelle über die Herrschaft der Engel zu allen Stunden der Woche

Der Vorzug dieses Zauberspruchs liegt, wie uns berichtet wird, darin, dass er den Geist zwingt, den Anweisungen des Zauberers zu folgen und seine Wünsche auszuführen. Andere Vorzüge sind, dass er «ankettet, erblinden lässt, Träume auslöst und Gunst erzeugt. Du kannst ihn zu jedem beliebigen Zweck anwenden». Dieser Spruch ist auch interessant wegen seiner Mischung aus hebräischen, griechischen, syrischen und anderen Wörtern.

Eine andere Beschreibung besagt, dass der Exorzist im Kreis stehen soll, ihn weihen soll, indem er das ganze Experiment in angemessener Weise erläutert und dann den Geist anruft, den er zu sehen wünscht. Wenn er sich gut konzentriert hat und nicht mehr von anderen Gedanken abgelenkt ist, muss er den Geist mit gesenkter Stimme anrufen. Zuerst nennt er den Namen des Angerufenen dreimal und verspricht ihm, dass ihm kein Leid geschehen soll. Daraufhin «soll der Geist erscheinen».

«Warte den Zeitraum einer vollen Minute ab; wenn dann der Geist nicht erschienen ist, wiederhole die Anrufung. Bete während der Wartezeit ernst. Wenn der Geist sich nach einem Zeitraum von fünf Minuten nicht zeigt, kann man stärkere Anrufungen folgen lassen.

Wenn der Geist erscheint, begrüsse ihn höflich, sage ihm, wie sehr du dich freust, ihn willkommen heissen zu dürfen, und bitte ihn, dir bei deinen Problemen zu helfen.»

Der Geist wird dem Beschwörenden dann die Zeit nennen, zu der er am besten zu erreichen ist, und ihm vielleicht auch einen «Gedanken-Namen» offenbaren, mit dem er ihn anrufen kann. Einige Autoren sagen, dass man ihn bitten muss, seinen Namen in ein Buch der Geister zu schreiben und auch sein Zeichen anzugeben.

«Solltest du durch irgendeinen Unglücksfall einen bösen Geist erweckt haben, so wird das Wort *Bast* ihn veranlassen zu verschwinden. Dies ist ein Wort altägyptischen Ursprungs, und es wird ihn dazu bringen, zu gehen, ohne irgendwelchen Schaden anzurichten.»

Es wird auch als wichtig angesehen, den Geist zu bitten, zum Schutzengel zu werden, und «verlasse den Kreis nach dem Verschwinden des Geistes noch für zwei volle Minuten nicht. Dann sprich ein Dankgebet dafür, dass er gekommen und wieder gegangen ist, und dafür, dass er dir seine Hilfe versprochen hat, genauso wie du es wünschtest, als du dich auf sein Kommen vorbereitetest. Zerstöre den Kreis und die Zeichnungen darin, damit nicht der Teufel oder einer seiner Verwandten ihn gegen dich verwendet, was ein Leichtes für ihn ist. Wenn der Kreis nicht zerstört wird und ein Elementargeist benutzt ihn, so wird der vorherige Benutzer niemals mehr in der Lage sein, gute Geister zu beschwören.» Vielleicht ist die folgende Formel, die von den assyrischen *Surpu*-Tafeln stammt, die älteste aufgezeichnete Formel zur Weihung eines Kreises.[75]

«Banne! Banne! Unüberwindbare Barriere,
Barriere der Götter, die niemand zu durchbrechen vermag,
Barriere vom Himmel und Erde, die niemand verändern kann,
die kein Gott aufheben kann,
die weder Gott noch Mensch lösen kann,

eine Schlinge ohne Ausweg, ausgelegt gegen das Böse,
ein Netz, aus dem Niemand zu entrinnen vermag,
ausgespannt gegen das Böse.
Ob es eine böse Seele, ein böser Dämon, ein böser Geist,
ein böser Teufel, ein böser Gott oder ein böser Unhold ist,
ein Hexendämon, ein Ghoul (Leichenfledderer)
oder ein Räuberkobold,
ob ein Gespenst, ein Nachtgeist oder der Gehilfe eines
Gespenstes ist,
ob eine böse Seuche, eine Fieberkrankheit oder eine unreine
Krankheit,
was die leuchtenden Gewässer der Ea angreift,
soll von der Schlinge der Ea gefangen werden.
Oder wer das Mahl des Nisaba überfallen hat,
soll im Netz des Nisaba gefangen werden.
Oder wer die Barriere durchbrochen hat,
Lasse nicht die Barriere der Götter,
die Barriere von Himmel und Erde, lasse sie nicht zerfallen;
oder was nicht die grossen Götter verehrt,
mögen die grossen Götter es fangen,
mögen die grossen Götter es verfluchen;
oder was das Haus angreift,
mögen sie es zwingen, sich an einen verschlossenen Ort
zu begeben;
oder was unherschwirrt,
mögen sie es an einen Ort ohne Ausweg bringen;
oder was durch die Haustür eingesperrt ist;
mögen sie es in ein Haus ohne Ausgang bringen;
oder das, was Türe und Riegel überwindet:
mit Tür und Riegel, mit einer unbewegbaren Querstange mögen
sie es zurückhalten;
oder was durch Schwelle und Angel hereinbläst,
oder was sich den Weg durch Querriegel und Schloss erzwingt,
wie Wasser mögen sie es ausgiessen,
wie ein Kelchglas mögen sie es in Stücke zerschmettern,
wie einen Ziegel mögen sie es zerbrechen;
oder was über die Mauer kommt,
sie mögen seine Flügel abschneiden;
oder was im Zimmer liegt,
sie mögen seine Kehle durchschneiden;

oder was durch ein Seitenzimmer hereinschaut,
sie mögen ihm in das Gesicht schlagen;
oder was in einem ... Zimmer murmelt,
sie mögen ihm den Mund verschliessen,
oder was frei in einem der oberen Räume umherschweift,
sie mögen es mit einer Schale bedecken und diese nicht mehr entfernen;
oder was sich zur Morgendämmerung verfinstert
sie mögen es in der Morgendämmerung
zu einem Ort des Sonnenaufgangs bringen.»

Was war zu tun, wenn auch nach wiederholter Konzentration kein Geist erschien? Die meisten Bücher beziehen diese Möglichkeit erst gar nicht mit ein. Eines belehrt uns jedoch, ein solcher Misserfolg zeige an, dass ein Fehler oder eine Unterlassung im Ritual berichtigt werden müsse. Das Experiment kann beliebig oft wiederholt werden, bis es vom Erfolg gekrönt wird.

Die Ägytper der dynastischen und wahrscheinlich auch die der vordynastischen Zeit wie auch die Babylonier und Assyrer glaubten, dass die Seele zur Erde zurückzukehren könne. Unter bestimmten Bedingungen könne sie sogar wieder in den Körper zurückkehren. Ausgeklügelte magische Zeremonien wurden vollzogen, damit die Seele glücklich sei und nicht zurückkehren brauche und dann zu einem unruhigen Geist würde. Diese Geister wurden angerufen, und man glaubte, dass man sie für magische Rituale verwenden könne.

Auf ähnliche Weise werden in vielen Teilen Afrikas – insbesondere in Zentralafrika – verstorbene Medizinmänner beschworen, damit sie ihre Stämme in schweren Zeiten beraten. Zu diesem Zwecke bewahrt man ihre Gebeine auf und weicht sie im Blute soeben Verstorbener ein, das mit Honig, Milch und Parfums vermischt wird. Diese Mischung soll angeblich die Seele veranlassen, zur Erde zurückzukehren. Wie in Ägypten die Geisterzeremonien in den Grabkammern der Pyramiden vollzogen wurden, so sind auch anderswo Friedhöfe und Kirchen sowie Orte, an denen gewaltsam getötet wurde, bevorzugte Plätze für diese Art von Exorzismus.

Auch andere Geister als diejenigen der Toten können auf ähnliche Art beschworen werden. Die folgende christianisierte Weihung eines Kreises ist typisch für die chaldäisch-semitischen Rituale. Nachdem der Kreis gezeichnet ist, intoniert der Beschwörende:

«Im Namen der heiligen, gesegneten und glorreichen Dreifaltigkeit schreiten wir zu unserem Werk, auf dass wir in diesen Mysterien vollenden, was wir zu vollenden wünschen: deshalb weihen wir dieses Stück Boden dem vorgenannten Namen zu unserem Schutze, so dass kein Geist, welcher es auch sein mag, in der Lage ist, diese Grenzen zu durchbrechen noch einen der hier Anwesenden zu verletzen oder ihm sonstigen Schaden zuzufügen.» (Gewöhnlich wurden die Magier von einem oder mehreren Helfern begleitet.)

«Sie sollen stattdessen gezwungen werden, vor dem Kreis zu stehen und auf unsere Fragen wahrheitsgemäss zu antworten, sofern es Ihm beliebt, der auf immer und ewig lebt und der sagt: ‹Ich bin Alpha und Omega, der Anfang und das Ende, das, was ist, was war und was sein wird, der Allmächtige. Ich bin der Erste und das Letzte, was lebt und was tot war: und siehe, ich lebe für immer und ewig und ich besitze die Schlüssel des Todes und der Hölle.› Segne, oh Herr, dieses Geschöpf aus Erde, auf dem wir stehen ...» (Die Erde hat wie alle anderen Elemente ihren eigenen Geist, der als «Geschöpf aus Erde» bezeichnet wird.)

«Bekräftige, o Gott, deine Stärke in uns, so dass weder der Widersacher noch ein anderer böser Geist uns scheitern lassen kann, durch das Verdienst Christi. Amen.»

Gewisse Informationen müssen dem Magier jedoch abgesehen von den Anrufungen und Machtworten zur Verfügung stehen. Zunächst sind dies die Namen der Stunden. Diese bilden – so wie sie in einem westlichen magischen Text wiedergegeben sind – eine seltsame Mischung von arabischen, semitischen und ägyptischen Namen mit griechischem Einschlag. Sie sind im folgenden aufgeführt, und wahrscheinlich handelt es sich um die Namen der Geister der Stunden:

NAMEN DER STUNDEN

Tag	*Stunde*	*Nacht*
Yain	1	Beron
Janor	2	Barol
Nasina	3	Thami

Salla	4	Athar
Sadedali	5	Methon
Thamur	6	Rana
Ourer	7	Netos
Thamie	8	Tafrae
Neron	9	Sassur
Jayon	10	Agle
Abai	11	Calerva
Natalon	12	Salam

Diese Namen werden auswendig gelernt, und der passende wird in den äusseren konzentrischen Beschwörungskreisen hineingeschrieben, zusammen mit Machtworten, dem Namen der Jahreszeit und dem Namen des Erzengels der Stunde. Die Namen der Jahreszeiten sollen den Namen der Engel der Jahreszeiten entsprechen: zum Frühling (Caracasa) gehören Core, Amatiel und Commissoros, zum Sommer Gargatel, Tariel und Gabriel. Zwei Engel beherrschen den Herbst: Tarquam und Guabarel. Der Winter beschliesst den Kreis mit Anabael und dem Engel Cetarari.

Soll die Beschwörung im Frühling stattfinden? Wenn ja, so sollte das Zeichen des Frühlings in den Kreis und in die Anrufungen eingeschlossen werden; ebenso der Name der Erde im Frühling und die Namen der Sonne und des Mondes in dieser Jahreszeit. Vier zusätzliche Informationen sind in diesem Falle erforderlich:

Name des Frühlingszeichens: Spugliguel
Name der Erde im Frühling: Amadai
Name der Sonne im Frühling: Abraym
Name des Mondes im Frühling: Agusita

	im Sommer	*im Herbst*	*im Winter*
Name der Erde:	Festativi	Rabinnana	Geremiah
Name der Sonne:	Athenay	Abragini	Commutoff
Name des Mondes:	Armatus	Mastasignais	Affaterin

Zeichen des Sommers: Tubiel
Zeichen des Winters: Attarib
Zeichen des Herbstes: Torquaret

Wenn der Magier diese wichtigen Namen beherrscht, reinigt er sich mit dem folgenden Gebet.

«Du sollst mich mit Ysop reinigen, o Herr, ich werde rein sein: du sollst mich waschen, und ich werde weisser sein als Schnee.»

Als nächstes wird der Kreis mit dem passenden Parfum besprengt, das später noch beschrieben wird. Anschliessend hüllt sich der Exorzist in ein weisses Leinengewand, das hinten und vorne am Körper befestigt wird. Während er das Gewand anlegt, spricht er:

«Ansor, Amacon, Amides, Theodonias, Amiton: durch die Verdienste der Engel, oh Herr, will ich das Gewand der Erlösung anlegen; damit ich erreiche, was ich zu erreichen wünsche, durch Dich, den heiligsten Adonai, dessen Königreich von Ewigkeit zu Ewigkeit währet, Amen.»

Der christianisierte Text, dem wir folgen, enthält zwar die meisten ritualistischen Merkmale des semitischen Systems und auch anderer Systeme. Es sind ihm aber Warnungen beigefügt worden, dass diejenigen, die Reichtum oder Macht oder irgend etwas Materielles für sich selbst zu erlangen trachten, nicht in der Lage sein werden, Geister zu beschwören. Dies ist jedoch nicht die überlieferte Sicht. «Zuerst müssen Herz und Geist von Begierden gereinigt sein. Und wenn die Fähigkeit irgendwann für eigensüchtige und persönliche Ziele benutzt wird, so geht die Macht dadurch verloren. Nur diejenigen, die die Fähigkeit besitzen, die Höhen zu erreichen, wissen das.»

In der Totenbeschwörung ist der magische Kreis und die Verwendung von Machtwörtern noch im Gebrauch. Die Rituale ähneln sich sehr. Wenn der asiatische Zauberer Chiancungi und seine Hexenschwester Napala böse Geister beschwören, dann befahlen sie Bokim, zu erscheinen und ihnen seine teuflische Hilfe darzubieten. Sie schmückten eine tiefe Höhle schwarz aus und zeichneten den Kreis mit sieben Thronen und der gleichen Anzahl Planeten darauf. Auch diese berüchtigten Zauberer benötigten Monate, bis Bokim endlich erschien. Als das geschah, garantierte er ihnen weitere 155 Lebensjahre und auch sonst noch viele Vergünstigungen. Da die Theorie über das «Verkaufen der Seele» im Osten nicht so bekannt ist, war die einzige Strafe, die Zauberer befürchten mussten, dem Dämon für diese Zeitspanne zu dienen. Bei ihrer Beschwörung machten die beiden grosszügigen Gebrauch von Duftstoffen und Räucherungen.

Wenn Saturn zur Zeit des Rituals herrschte (das heisst, wenn die

Beschwörung in der Stunde oder am Tag des Saturn stattfand), war der Duftstoff, der auf das Kohlebecken geworfen wurde, Pfeffer mit Moschus und Weihrauch. Wenn diese Mischung brannte, sollte man Geister in Form von Katzen und Wölfen sehen können. Jupiter erforderte das Opfern von Pfauenfedern, eine Schwalbe und einen Lapislazuli. Die Asche von all dem wurde dann mit dem Blut eines Storches vermischt. Die Geister des Jupiter hatten die Erscheinungsform von Königen, die von Trompetern begleitet wurden. Unter Mars wurde das Feuer mit aromatischem Harz, Sandelholz und Weihrauch, Myrrhe und dem Blut einer schwarzen Katze genährt. Für die Sonne wurden Moschus, Bernstein, Weihrauch, Myrrhe, Safran, Gewürznelken, Lorbeer und Zimt mit dem Gehirn eines Adlers und dem Blut eines weissen Hahns gemischt[76], zu Bällen geformt und den Flammen übergeben. Geister, die unter der Herrschaft der Venus beschworen wurden, erforderten Walrat, Rosen, Korallen und Agaven, vermischt mit dem Gehirn und dem Blut einer weissen Taube. Es wird sich noch zeigen, dass viele der oben genannten Mittel in den verschiedensten okkulten Praktiken gebräuchlich sind.

Merkur erforderte Weihrauch, der mit dem Gehirn eines Fuchses vermischt werden musste. Die Feuer sollten »weit entfernt von menschlichen Behausungen« entfacht werden. Die Mondgeister sah man als die am schwierigsten zu beruhigenden an. Sie erschienen in hauchdünnen, durchscheinenden Gewändern und hatten fahle und leuchtende Gesichter. Ihnen zum Gefallen musste man Mohnsamen, getrocknete Frösche, Kampfer, Weihrauch und die Augen von Stieren vermischt mit Blut in die Flammen werfen.

DIE METHODE ZUR ANRUFUNG VON LURIDAN

Magier besitzen die Macht, den Geist Luridan (den König des Nordens) anzurufen. Dies geschieht mit Hilfe einer Methode, die zwar keltisch ist, die aber höchstwahrscheinlich zu sehr früher Zeit von der semitischen Magie abgeleitet wurde.

Man zeichnet in einer Mondnacht in einem einsamen Tal mit Kreide zwei konzentrische Kreise. Der äussere Kreis sollte mindestens einen Durchmesser von 5,5 Metern haben, der innere Kreis sollte 30 Zentimeter kleiner sein. Man gürtet sich mit zwei Schlangenhäuten, zwei weitere dienen als Kopfbedeckung: alle vier müssen vom Rücken herunterhängen. Auf einer Seite des Kreises muss ein feuriger Berg eingezeichnet sein, und rund um den Berg müssen die folgenden Namen geschrieben stehen: GLAURON + OPOTOK + BALKIN + OPOTOK + ARTHIN + OPOTOK + SNAKNAN + NALAH + OPOTOK.

Der Berg wird dann mit den folgenden Worten geweiht: »OLFRON ANEPHERATON, BARON BARATHON, NAH HALGE TOUR HEELA + + +. Es ist anzunehmen, dass die letzten drei Kreuze das Schlagen des Kreuzzeichens anzeigen.

Nachdem dies vollbracht ist, sollte der Zauberer schreckliche Geräusche von klirrenden Schwertern, Trompetengeschmetter und ähnliches hören. Dann erscheinen vier Zwerge, die gälisch sprechen; «sie werden es aber übersetzen» − vermutlich, wenn sie darum gebeten werden.

Man muss sie befragen, ob sie Luridan kennen, und sie werden bestätigen, dass sie ihn kennen. Luridan[77] wird dann in Zwergengestalt erscheinen.

Jetzt muss der Zauberer Luridan «binden» (ihn in seine Macht bringen), indem er die grossen Namen anruft, die er schon zuvor angerufen hatte. Er muss dem Magier eine Schriftrolle übergeben, die mit mystischen Zeichen beschrieben ist. Dies ist ein Vertrag, der besagt, dass Luridan dem Adepten ein Jahr und einen Tag dient.

Der Zauberer entlässt dann den Zwergengeist, indem er ihm die berühmte «Erlaubnis zu entschwinden» erteilt. In diesem Augenblick verschwindet der Geist. Wurde ihm die Erlaubnis nicht erteilt, so konnte die Erscheinung jedermann in unsägliche Schwierigkeiten bringen, insbesondere natürlich den Zauberer selbst. Dies wird in magischen Schriften immer wieder ausdrücklich betont.

Dieses Ritual soll ebenso zur Anrufung der Geister Rahuniel, Seraphiel, Myniel und Franciel dienen. Sie sind die Herrscher des Nordens. Sie erscheinen, wenn sie von einem Magier herbeigerufen werden, der ein Pergament besitzt, auf dem die beiden geheimen Siegel der Erde aufgezeichnet sind. Er muss auch mit einer Bärenhaut bekleidet sein, deren Fell nach innen gewendet ist, und sich direkt auf seiner Haut befindet.

11 DIE MAGIE DES IRAN

«Die Vernichtung eines Feindes erreicht man durch ein Wachsbild, das man siebenmal geschmolzen und anschliessend wieder erstarren lassen hat ... in alten Zeiten glaubte man, dass die Macht eines solchen Bildes den Feind sogar über das Grab hinaus verfolge.»
Persien: *Kitabi Asrari Sihri Qavi,* 1326 A. H.

«Das wächserne Abbild einer Person verursacht, wenn es neben einen Leichnam gelegt wird, dass der so Verfluchte von einem Übel ereilt wird.»
Assur: *Maqlu,* Tafel IV

Persien könnte sich am besten dazu eignen, die Magie des mittleren Ostens zu studieren. Jedoch haben zahlreiche Eroberungen und religiöse Streitigkeiten, die dieses Pufferland zwischen Ost und West während der letzten dreitausend Jahre heimsuchten, dazu geführt, dass vieles, was von grosser Bedeutung hätte sein können, verlorenging. Es ist allgemein bekannt, dass die Anhänger Zoroasters eine Sammlung magischer Rituale von hohem Alter besassen.[78] Einige davon überdauerten in den heiligen Büchern ihre Nachkommen, den Parsen des heutigen Indien. Die arabische Eroberung zu Beginn des siebenten Jahrhunderts verwischte viele Spuren von okkulten Praktiken, an deren Stelle Lehren traten, die aus der arabischen Wüste stammten. Die Spuren assyrischer und babylonischer übernatürlicher Lehren, die einst in Persien so stark verbreitet waren, sind im allgemeinen heute nur noch in ländlichen Regionen in Form von Amuletten und Zaubersprüchen erhalten geblieben.

Bis heute gibt es in Persien nur sehr wenige Bücher über zeitgenössische Magie: Dies ist eigenartig, wenn man bedenkt, dass man in Ländern wie Ägypten und Indien solche Bücher ohne Schwierigkeiten erwerben kann. Wenn man jedoch auf ein persisches magisches Manuskript stösst, so weist es häufig Zeichen ernsthafter okkulter Studien und Überzeugungen auf; im Gegensatz zu den indischen und ägyptischen Elaboraten, bei denen es sich meist nur um fesselnd betitelte Traktate handelt, die den Leichtgläubigen das Geld aus der Tasche ziehen sollen.

Im Gegensatz dazu pflegen Perser ihre Magie gewöhnlich ernst zu nehmen. Zu dieser Überzeugung kam ich, als ich von einem selbsternannten Adepten die Erlaubnis erhielt, ein altes Manuskript zu prüfen. Aus der Kalligraphie schloss ich, dass es etwa zweihundert Jahre alt sein müsse. Es hiess *Ozean der Geheimnisse* und umfasste ungefähr vierhundert Seiten, enthielt keine Illustrationen und wies im Gegensatz zu vielen anderen magischen Handschriften eindeutige Anzeichen eines gewissen Masses an Forschung auf.

Der *Ozean der Geheimnisse,* der dreissig Kapitel umfasst, scheint die Bearbeitung eines anderen Werkes ähnlicher Art zu sein. Das mir bekannte Exemplar war von einem seiner früheren Besitzer mit Anmerkungen versehen worden. Wahrscheinlich, um die Zensur islamischer religiöser Lehrer zu vermeiden, enthält das Vorwort eine Warnung, dass «in der Magie nichts ohne Gottes Einverständnis geschehen kann, und dass dieses Einverständnis nur diejenigen erlangen, die sich mit beträchtlichen körperlichen und willentlichen Anstrengungen um Tugendhaftigkeit bemühen».

Das erste Kapitel soll offenbar dazu dienen, den Studenten in eine der Magie angemessene Geisteshaltung zu bringen. Übernatürliche Praktiken werden als Mittel bezeichnet, durch die Menschen, die sich einem besonderen Training unterziehen, «in einem Leben soviel erreichen können, wie andere in zweien». Dieses ungewöhnliche Beispiel von Zeitersparnis zeigt unter anderem, dass die Orientalen nicht so geduldig sind, wie es allgemein angenommen wird.

Niemand kann erfolgreichen Umgang mit Geistern pflegen, die magische Geheimnisse hüten, so heisst es im *Ozean,* wenn er nicht dreissig Tage in Meditation verbracht hat. Während dieser Zeit soll er nur so viel essen, dass er am Leben bleibt. Soweit wie möglich soll er während dieser Zeit «seinen Blick zu Boden richten», und das Nichteinhalten der fünf rituellen Waschungen der Hände, Füsse, des Gesichts, der Augen und Ohren wird durch vollkommenes Scheitern des Magiers bestraft. Während dieser ersten dreissig Tage seiner Einweihung muss der Novize einige Zeit mit dem Auswendiglernen der Namen von Engeln zubringen, die magische Geheimnisse hüten. Dies muss «alleine und in einem Raum, zu dem Frauen keinen Zutritt haben» geschehen. Während dieser Zeit muss er auch bestimmte Amulette herstellen. Das erste stellt eine Hand dar, die eine Mondsichel hält. Sie wird aus Silber hergestellt und in Baumwolle und Seide gewickelt. Das zweite, auf das man bis zum Ende der dreissig Tage keinen Blick werfen soll, muss aus Lehm hergestellt sein und soll drei Stücke gefärbter Baumwolle enthalten, von denen jedes die «Länge deines kleinen Fingers» haben soll. Das dritte Amulett besteht aus zwei ineinander verschachtelten Quadraten, die mit einer schwarzen Feder und schwarzer Tinte auf weisses Papier gezeichnet werden müssen.

Dies sind die Amulette, die den Zauberer vor Unglück schützen sollen. Sie haben eine gewisse Ähnlichkeit mit alten chaldäischen Amuletten, und die ineinander verschachtelten Quadrate könnte man mit dem Siegel Salomos in Verbindung bringen.

Ein flickenbesetzter oder aus Flicken bestehender Umhang muss angefertigt werden, dessen vorherrschende Farben Safran, Weiss und Blau sein müssen. Rosenwasser verleiht dem Umhang den ihm gebührenden Duft, bevor er bei jeder magischen Zeremonie mit den Worten *Rashan, Arshan, Narash* angelegt wird – was, soweit mir bekannt ist, sonst in keinem anderen wichtigen östlichen Ritual vorkommt.

Der Verfasser des *Ozeans* berichtet uns, dass es von Bedeutung ist, bei allen magischen Ritualen den Kopf zu bedecken, während die Füsse nackt sein müssen. «Lasse deinen Bart nicht über die vorgeschriebene Länge hinauswachsen.» Dieses Gebot steht wahrscheinlich in Verbindung mit der in Persien verbreiteten islamischen Lehre, dass der Bart nicht länger sein soll als der Umfang einer geballten Faust.

«Wenn du die Erleuchtung, die dich überkommen wird, beschleunigen willst», so fährt der Weise fort, «dann denke stets daran, während deiner Meditation diesen Umhang zu tragen und auf einem eigens zu diesem Zweck gefertigten Teppich aus Häuten zu sitzen.»

Das gesamte Training umfasst hundert Tage: «dreissig Tage der Abstinenzen, dreissig Tage der Erholung und dreissig Tage des Fastens von der Morgen- bis zur Abenddämmerung, an denen nur abends gegessen wird. Darauf folgen zehn Tage, in denen du spüren wirst, dass die Macht in dich eindringt.»

Während des Fastens muss der Magier in sich gehen. Das bedeutet, er muss entscheiden, was seine Ziele sind, und genau festlegen, was er mit seinem ersten magischen Experiment erreichen will. Es ist wichtig, hier anzumerken, dass «Hunde, die sich während dieser ersten hundert Tage dem Novizen nähern, seine *Barakat* (Macht) zerstören, so dass er nach einem Tauchbad, bei dem sein ganzer Körper untergetaucht wird, bei Neumond noch einmal von vorne beginnen muss».

Nachdem der angehende Zauberer den Umhang hergestellt, gefastet und sich angekleidet hat, muss er (in schwarzer Schrift) auf weissem Papier in Form von Zaubersprüchen aufschreiben, was er erreichen will. Diese sind bekannt als die *Kutub* (Bücher), und er muss sie mindestens einmal am Tag anschauen – vorzugsweise morgens und abends.

Wenn der Magier sich so vorbereitet hat, begibt er sich an einen Ort, wo er ungestört bleiben wird. Dies ist der Ort, an dem das erste Ritual stattfindet, das ihn zum Magier macht. Hier schichtet er sieben Steine auf dem Boden aufeinander, «einen über den anderen». Diese umschreitet er dann und rezitiert die Namen der Engel.

Unser Held muss drei Dinge bei sich führen: frischen Lehm, der mit Gras vermischt ist, und zwei kleine Töpfe, wovon der eine Honig, der andere Ziegenwolle enthält. Dies alles muss er in der Mitte des Kreises vermischen und dabei nach der elften Umschreitung folgendes Gebet intonieren:

«Núlúsh! Ich binde dich! In dem grossen Namen, der Salomo, dem Sohne Davids, bekannt war, dem grossen Magier, in dessen Namen ich spreche, befehle ich dir, mir zu erscheinen!»

Dann wiederholt der Beschwörende, «ohne auf Núlúsh zu warten», die Exorzismusformel:

«*Ashhadu inna la illaha illa Allah*» (zweimal) und
«*Audubillahi min ash-Shaitan er-Rajim!*»

Diese zweite Formel soll den Teufel davon abhalten, das Ritual zu stören.

Der angerufene Geist wird erscheinen, aber er «wird keine menschliche Gestalt annehmen, es sei denn, du befiehlst es ihm». Der Grund dafür scheint zu sein, dass diejenigen, die sich nicht in der Lage fühlen, die körperliche Form des Geistes zu ertragen, ihm dennoch befehlen können, das auszuführen, was sie von ihm wollen, und ihn dann wegschicken können.

Wenn der Geist materialisiert worden ist, kann man ihn zwingen, zu bestimmten Zeiten zu erscheinen, um Befehle zu empfangen. Man kann ihn sogar – und dies erinnert an *Tausendundeine Nacht* – in eine Flasche sperren und auf folgende Art darin festhalten:

«Nimm den Schwanz einer Katze und lege ihn mit einigen Tropfen Indigofarbe in eine kleine Metallflasche, die ausschliesslich aus Messing hergestellt sein muss. Wenn sie aus diesem Metall hergestellt ist, so werden Gefahren abgewendet. Entferne dann den Katzenschwanz wieder, belasse aber das Indigo in der Flasche.

Nachdem du dreiunddreissigmal die folgenden Worte wiederholt hast, wird der Geist erscheinen: ‹Im Namen Salomos, des Sohnes Davids, des Prinzen der Magier, befehle ich dir, Geist der Macht (es folgt hier der Name des Geistes), in diese Flasche zu fahren.› Der Geist wird dann erscheinen und darum bitten, dass du ihm gestattest, in Frieden nach Hause zu ziehen. Sage dann: ‹Der Friede sei mit dir, Geist, und wisse, dass dein Zuhause von nun an diese Flasche ist, und dass ich dein Meister bin, und dass alles, was ich sage und tue, zu deinem Vorteil geschieht und mit der Absicht, dir zu helfen.› Der Geist wird dann in Form einer kleinen weissen Wolke in die Flasche fahren.

Sorge dafür, dass du einen Flaschenverschluss hast, der genau passt. Er muss aus reinem Blei hergestellt sein. Stopfe diesen Verschluss in den Flaschenhals, so dass darüber noch etwas Raum bleibt. Dahinein füllst du kochendes Pech, das du zuvor mit dem Saft eines Zedernbaumes vermischt hast.

Wenn du mit dem Geist reden möchtest, dann rufe ihn und behandle ihn wie einen Freund. Du wirst ihn durch die Flaschenwand sehen. Er wird ein kleines Gesicht haben, das dem menschlichen ähnelt, aber rund ist.»

Man sollte einmal am Tage mit dem Geist sprechen, und «du musst ihm gestatten, dir kleine Dienste zu erweisen, genauso wie einem Sklaven, denn so macht man einen Sklaven glücklich; er freut sich zu wissen, dass er seinem Herrn von Nutzen ist». Wenn der Geist eine Gefahr auf den Herrn zukommen sieht, wird er ihn rufen («und es wird so klingen, als ob vor dir ein leiser Schrei ertönt») und ihn als Salomo, Sohn Davids, bezeichnen. Wenn du kannst, musst du ihm auch alle zwölf Jahre einmal gestatten, nach Hause zurückzukehren. Er wird immer wieder zu dir zurückkommen, wenn du ihm die kleine türkisfarbene Tafel wegnimmst, auf der sein Name und seine Pflichten geschrieben stehen. Mit dieser Tafel wurden alle Dschinnen von Salomo versehen, «und ohne diese sind sie nicht frei ...».

Damit der Magier den gesamten Inhalt eines Buches auswendig lernen kann, wird den Dschinnen befohlen, es in seinen Geist zu projizieren. Er lernt den Inhalt dann im Schlaf. Es gibt einen ganzen Katalog von Zaubersprüchen, Amuletten und anderen Prozeduren, die man ausführen kann, und es scheint so, als ob sie alle mit Hilfe von Dschinnen ausgeführt werden, sofern sie nicht ihrer Natur vollkommen widerstreben. Mit der «Natur» der Dschinnen ist gemeint, dass einigen das Reich des Feuers, anderen das Reich der Luft gehört, usw.

In einer Gesellschaft, in der solche Akitvitäten weit verbreitet sind, ist es natürlich, dass andere Magier versuchen, einem Zauberer zu schaden. Dies wird durch den Geist verhindert, der seinen Herrn warnt, wenn ein Zauber gegen ihn gerichtet wird. Er gibt auch an, wie solcher Magie zu begegnen ist: durch das Herstellen einer kleinen Wachsfigur, die in ein Boot gelegt wird, das auf einem kleinen künstlichen Weiher schwimmt. Dieses Boot wird dann versenkt und über dem Wrack werden bestimmte Verwünschungen ausgesprochen.

«In Herzensangelegenheiten», so bemerkt der Verfasser, «ist grösste Diskretion angebracht, denn es gibt einige Dinge, die zwar möglich, aber doch tadelnswert sind; und das Ausführen solcher Aufträge wäre mit der Ehre des Geistes unvereinbar. Er könnte dann eher versuchen zu entfliehen, als Befehle auszuführen, die auszuführen ihm nicht gestattet sind.» Es heisst weiter, dass der Geist sogar aus den abgelegendsten Gegenden der Erde verborgene Schätze herbeibringen kann: «Aber du wirst sicherlich nicht nach ihnen verlangen und du wirst sehen, dass es viele andere Dinge gibt, die du mit Hilfe der Dschinnen verrichten kannst und die dem Wohl des Menschengeschlechts dienen. Diese Möglichkeiten werden dich auch dann überraschen, wenn du in deinem bisherigen Leben ein Mensch mit vorbildlichem Lebenswandel warst und stets danach strebtest, Gutes zu tun.»

Die Freizeitbeschäftigungen eines persischen Zauberers sind beneidenswert. «Wenn du fliegen willst, dann rufe dreimal den Namen des Geistes und sage: ‹Ich möchte nach Jemen fliegen›, und du wirst innerhalb weniger Augenblicke dort sein. Wenn du die Flasche jedoch beim Flug nicht bei dir trägst, wirst du nicht in der Lage sein, zurückzukehren.»

Es scheint so, als ob die Magier gerne in herrlichen Gärten verweilt haben. Deshalb sind der Technik, wie man in solche Gärten gelangen kann, einige längere Abschnitte gewidmet. Es gibt indische und mongolische Gärten und jene der Gartengeister. Sie alle sind der Welt meist unbekannt und existieren nur zur Freude der wenigen, die ihren Weg dorthin finden.

Stürme können erzeugt, reiche Leute zu Bettlern gemacht werden, Hässliche können Schönheit erlangen – und umgekehrt; alle Träume des Lebens sind zu verwirklichen – wenn du einmal den Geist in der Flasche hast.

Gewöhnliche Magier können jedoch ihre magischen Kräfte nicht auf unendliche Zeiten erhalten, ohne sie zu erneuern. So erklärt sich die folgende Warnung: «Der Adept sollte die Rituale einmal im Jahr wiederholen, sonst wird seine Kraft allmählich schwinden. Wenn er bemerkt, dass der Geist davon nicht erbaut ist, muss er sich an einen abgelegenen Ort begeben und dort die magischen Worte sprechen und dabei die Gewänder auf die gleiche Weise anlegen wie beim ersten Mal. Anschliessend muss er zu seinem Geist zurückkehren und ihn fragen: ‹Was fehlt dir?›»

Ein weiteres Erfordernis ist die Verschwiegenheit. «Unter keinen Umständen darfst du irgend jemandem verraten, dass du Geister beschwören kannst. Und zwar nicht nur, weil solche Fähigkeiten allgemein missbilligt werden, sondern auch, weil du so deine Macht verlierst und dann keine Möglichkeit hast, sie neu zu entwickeln, bevor nicht zwanzig Jahre vergangen sind.»

Jeder, der sich auf ein magisches Training einlässt, um ein schlechtes oder unwürdiges Ziel zu erreichen, wird entweder aus der menschlichen Gesellschaft ausgestossen oder geläutert. «Erwarte nicht, dass magische Praxis dich unverändert belässt; deine Beweggründe und Gedanken werden sich, wenn du sie nicht bezwingst, vertiefen und verändern. Dieses Ritual ist nichts für schwache Charaktere.»

Eine angenehme, fast unbeschwerte Atmosphäre umgibt dieses Buch, das sich von den traditionellen östlichen Texten zu diesem Thema stark abhebt. Das gesamte Ritual, wenn man es überhaupt so bezeichnen kann, ist vereinfacht und ziemlich klar; wenn auch ernste Warnungen vor gewissen Verhaltensweisen und Praktiken ausgesprochen werden, so sind diese nicht zu vergleichen mit jenen späteren Abhandlungen und denjenigen in den magisch-religiösen Schriften der alten Semiten und Akkader.

Moderne Autoren des Okkultismus werden dies ein «zusammengesetztes Ritual» nennen, das semitische, indische und sumerische Charakteristika aufweist. Ob man es als «Schwindel» ansieht oder nicht, hängt natürlich vom jeweiligen Standpunkt des Kritikers ab. In jedem Fall kann man sagen: Es handelt sich hier wahrscheinlich nicht um ein vollkommen eigenständiges Werk, ebensowenig um ein überliefertes Grimoire der Zauberei von hohem Alter. Anmerkungen an den Seitenrändern deuten darauf hin, dass es sich um einen Text handeln könnte, der vor mehr als einem Jahrhundert von einer Gruppe unabhängiger Magier benutzt wurde. Und wenn ich auch nie selbst ein anderes Exemplar gesehen oder von der Existenz eines solchen gehört habe, so stellen die Anmerkungen doch einige Abschnitte in Frage. An einer Stelle hat der unbekannte Kommentator beispielsweise notiert: «Jasmin ist besser als Ziegenhaar.»

Ein Kapitel beschäftigt sich eigenartigerweise mit Argumenten gegen die Alchimie und geht dabei so weit zu behaupten, dass man «sich niemals mit ihr beschäftigen sollte, da es sich dabei um eine Täuschung handelt, und auch wenn es keine Täuschung ist, so ist sie doch etwas, das ursprünglich etwas anderes hätte sein sollen, und sie missfällt sowohl den Geistern als auch Gott». Die These, dass die alchimistischen Schriften allegorisch sind und sich auf die Veredelung der menschlichen Seele beziehen, ist all denen vertraut, die sich in der arabischen Philosophie auskennen. Dennoch ist es ungewöhnlich, ein magisches Buch zu finden, das die Alchimie ausdrücklich verdammt.

Die persische Magie enthält, soweit sie bis heute bekannt ist, ausser den heimischen Lehren und Praktiken Elemente aus den Ritualen der Mongolen, Chinesen, Hindus und Araber. Eine der Eigenarten der alten persischen Zauberer war ihr Glaube an den Huma-Vogel, der sich niemals auf der Erde niederliess, aber in alle Erdenregionen reiste und den Eingeweihten Kunde davon brachte, was in jedem Lande vorging. Es scheint, als ob der Huma keine menschliche Sprache spricht. Deshalb ist es notwendig, die Sprache der Vögel zu erlernen (wie Salomo es tat), bevor man seine Botschaft verstehen kann.

Es wird berichtet, dass sich ein Bildnis eines solchen Vogels im Jahre 1799 über dem Thron des Sultans Tipu befand. Der Huma fliegt auf den Winden und erhält seine Informationen zum Teil von den *Divs* oder «Geistern», die überall anzutreffen sind.

Die grössten Häuser in Persien haben Türme, die den Wind fangen und die darunter liegenden Räume in der sommerlichen Hitze kühlen. An günstigen Tagen lassen die guten *Divs* die Winde blasen, wenn sie nicht gerade vom Huma bei seiner periodischen Reise durch die Himmel benötigt werden.

Der weitgereiste und unschätzbar alte Huma kennt den Ort, an dem sich die Quelle des Lebens befindet. Diese Quelle, die von Magiern und unzähligen Dschinnen und *Divs* bewacht wird, soll nach allgemeiner Überzeugung in den Bergen Persiens liegen. Ohne Zweifel haben sich zu allen Zeiten Menschen auf die Suche nach dieser Quelle gemacht. Es heisst, dass diejenigen, die nicht von der Suche zurückkehrten, die Quelle gefunden haben und entweder getötet worden sind, bevor sie auch nur einen einzigen Tropfen davon trinken konnten, oder dass sie davon getrunken haben und zu reinen Wesen verwandelt wurden, die nicht in ihre Heimat zurückzukehren wünschten.

Berge sind in Persien wie überall auf der Welt mit vielerlei magischen Assoziationen behaftet. Der Kohi-Gabr (der «Berg der Feueranbeter») ragt steil gegen den Himmel. Auf seiner Spitze befindet sich eine Ruine, die das letzte Überbleibsel eines alten Feuertempels sein soll. An diesem Ort ist konzentrierte magische Essenz zurückgeblieben, und ein Heer besonders begabter Dschinnen hält sich dort auf. Es heisst, die «Macht» bewirke, dass Menschen, die sich dem Ort nähern wollen, zurückschaudern. Es scheint sich um ein fast physisches Phänomen zu handeln. Erzählungen berichten, dass diejenigen, die den Kohi erstiegen haben, als Verrückte oder Lahme zurückkamen oder dahinsiechten. Möglich ist, dass diese Legenden aus vorislamischer Zeit stammen, und dass die Anhänger Zoroasters solche Gerüchte möglicherweise erfanden, um dort unbeobachtet ihre Künste ausüben zu können.

Jedoch erwartet nicht jeden, der sich den gefürchteten Ruinen nähert, Gefahr und Vernichtung. Junge Bräute betrachten es als höchsten Liebesbeweis, wenn ihre Männer diesen Berg erklettern und ihnen einen Stein aus den Ruinen mitbringen.

Nicht weit von diesem Ort gibt es noch andere Berge, mit denen auch magische Vorstellungen verknüpft sind. Hier legten einst die feueranbetenden Magier Früchteopfer nieder, um dadurch gewisse Geister zu besänftigen und sie in die Gefangenschaft zu locken, damit sie ihren Geboten gehorchten. Wer einen Wunsch erfüllt sehen wollte, der schrieb ihn auf und legte ihn in eine mit Früchten gefüllte Schale, die von den Magiern auf die Berge mitgenommen wurde. Auf der Spitze eines solchen Berges wuchs der Tobo-Baum, der Baum der ewigen Glückseligkeit. Er soll jenem Baume ähneln, der im Paradies zu Allahs rechter Seite steht. Grosse Leiden und Ängste werden von guten Feen zu diesem Ort getragen, wo sie geläutert werden, um die Leidenden von ihrem Unglück zu befreien.

12 DIE MAGISCHEN RITUALE DER ATHARVA VEDA

«Ein Fluch mit tausend Augen kommt, von Rädern getragen: und er sucht denjenigen, der mich verflucht: wie ein Wolf den Aufenthaltsort des Schäfers sucht ... Oh Fluch, treffe den, der mir flucht! ... Ich sende ihn in den Tod!»

Veda IV, 6:37

Dass die Atharva Veda der Brahmanen (das «geheime Werk») ein Textbuch der Magie ist, geht aus den im folgenden zitierten Auszügen hervor.[79]

Noch wichtiger ist es allerdings, zu verstehen, dass sie nicht als Werk über Hexerei und Zauberei angesehen wird. Unter den darin enthaltenen Zaubersprüchen befinden sich einige, die tatsächlich Zauberer verfluchen, und solche, die den Brahmanen mit sicheren Gegenmitteln gegen das magische Wirken anderer auszustatten versuchen. Daher ist die Veda vom Standpunkt des Brahmanen aus Weisse oder legitime Magie. Während man gewöhnlich diese beiden Arten von Magie nach dem Grad unterscheidet, in dem sie wirklich Böses unterstützen, dringt die Atharva Veda zur Wurzel des magischen Problems vor. Wenn ein Zauberspruch sowohl Gutes als auch Böses verursacht, je nach der Absicht, mit der er benutzt wurde, handelt es sich dann um Schwarze oder um Weisse Magie?[80]

Nach der Meinung der Autoren der Veda ist Magie nicht nur berechtigt, sondern sogar gesetzlich, wenn sie von Menschen ausgeübt wird, die reinen Herzens sind. Dies ist der Hauptgrund dafür, dass die Atharva Veda jahrhundertelang nur gelesen wurde, um Kandidaten für die Einweihung auszuwählen.

Die folgenden Auszüge geben einen Einblick in die Bandbreite und den Sinn der magischen Praktiken vedischer Brahmanen.

ZAUBERSPRUCH ZUR ERLANGUNG IMMERWÄHRENDEN LEBENS

Dieser Mensch möge Unsterblichkeit erlangen! Er ist Teilhaber am immerwährenden Leben der Sonne. Indra und Agni haben ihn gesegnet und in die Unsterblichkeit mitgenommen. Bhaga und Soma sind mit ihm, sie tragen ihn empor, um seine Tage zu verlängern.

Jetzt wird es keine Todesgefahr mehr geben:

Diese Welt wird dich für immer erhalten, erhebe dich!

Die Sonne, der Regen, der Wind, sie alle sind mit dir!

Dein Körper sei stark und für keine Krankheit anfällig. Dir wird das Leben gehören, das verspreche ich; besteige diesen aufsteigenden, niemals zugrundegehenden uralten Wagen ...

Dein Herz wird stark sein, du wirst getrennt sein von den anderen. Vergiss die Verstorbenen, du brauchst dich nicht um sie zu kümmern.

Die vielfarbigen Zwillingshunde des Yama, die Wächter der Strasse, werden dir nicht folgen (um dir das Leben zu nehmen).

Folge dem Pfad, auf dem dich das Feuer leiten wird, die reinigende Flamme, und es wird dir kein Leid zufügen, dieses himmlische Feuer!

Savitar, der Retter, wird dich schützen, indem er sich mit dem grossen Vayu des Lebens, Indra, berät; und Stärke und Atem seien mit dir: der Geist des Lebens wird immer erhalten bleiben.

Keine Krankheit wird dich berühren; alle Mächte sind auf deiner Seite.

Durch alle Arten von Bemühungen habe ich dich errettet: deshalb wird es für dich weder Gefahr noch Tod noch Krankheit geben.

Dieser Zauberspruch wird wie auch alle anderen, die in der Veda stehen, vom Brahmanen dem Menschen, der immerwährendes Leben sucht, vorgesungen. Der nächste Spruch ist für den Fall gedacht, dass der Brahmane selbst seine Tage zu verlängern wünscht.[81]

«Ergreife Besitz von diesem Zauber, der auf Unsterblichkeit zielt, möge dein Leben bis ins hohe Alter nicht gewaltsam beendet werden! Ich bringe dir neuen Atem und neues Leben: gehe nicht in den Nebel und in die Dunkelheit, sieche nicht dahin!

Komme hierher zum Licht der Lebendigen; ich rette dich in ein Leben von hundert Herbsten! Indem ich die Bande des Todes und der Verfluchung löse, verleihe ich dir langes Leben, ausgedehnt bis in die fernste Zukunft.

Vom Winde habe ich deinen Atem erhalten, von der Sonne dein Auge; ich halte deine Seele in dir fest: sei in deinen Gliedern, sprich, indem du mit deiner Zunge artikulierst.

Mit dem Atem der zweifüssigen und der vierfüssigen Geschöpfe blase ich dich an, wie Agni, wenn er geboren wird. Deinen Augen, oh Tod, habe ich Achtung gezollt, Achtung deinem Atem.

Dieser Mensch soll leben und nicht sterben. Wir erwecken ihn zum Leben! Ich bereite für ihn eine Arznei. Oh Tod, triff nicht diesen Menschen!

Die Pflanze ‹Muntermacher›, Fürwahr-kein-Leid, eine siegreiche, mächtige Retterpflanze rufe ich an, damit er von Schaden verschont bleibe.

Behandelt ihn gütig, überwältigt ihn nicht, lasst ihn gehen; und wenn er auch euer ureigenster Besitz wäre, so lasst ihn doch mit unbeeinträchtigter Kraft hier verweilen. Oh Bhava und Sarva, habt Erbarmen, gewährt euren Schutz; treibt das Unglück von hinnen und schenkt Leben!

Behandle ihn gütig, Tod, habe Erbarmen mit ihm, lasse ihn ohne Hilfe sich erheben. Lasse es ihm gut gehen bis ins hohe Alter von über hundert Jahren.»

GESUNDHEITSZAUBER UND BESCHWÖRUNGEN

Wie in anderen magischen Systemen, so wird auch in der Atharva Veda die Ansicht vertreten, dass bestimmte Pflanzen und Bäume Heilkräfte und andere übernatürliche Kräfte besitzen. Diese Eigenschaften werden aber nur unter bestimmten Bedingungen aktiviert. Es genügt nicht, die Arten der Kräuter zu kennen, die für die verschiedenen Zaubersprüche benötigt werden. Die Pflanze muss angerufen werden, man muss den in ihr hausenden Geist beschwören und ausserdem sind die üblichen Gebote ritueller Reinheit und die Gebete einzuhalten.

Bei der Behandlung einer Krankheit hängt viel von der Diagnose ab. Für bestimmte Beschwerden − Husten, Lähmung, Blindheit − gibt es besondere Kuren. Krankheiten, die von Dämonen verursacht wurden, sind jedoch entsprechend den hierfür in der Veda dargelegten Formeln zu bekämpfen.

Wenn die Ursache einer Krankheit nicht bekannt ist, behilft man sich mit universellen Panazeen. Die Gesunden suchen entweder Hilfe bei Lebenselixieren oder bei Zaubersprüchen, die vollkommene Immunität gegen alle Krankheiten herstellen sollen.

In allen Fällen jedoch müssen die magischen Pflanzen und Heilmittel in angemessener Weise angesprochen werden. Dies ist das erste, was alle Hindumagier tun, die gemäss der Disziplin der Atharva Veda arbeiten.

Das Anrufen der Pflanzen

«Wir rufen die magischen Pflanzen an und reden sie an: Pflanzen, die rot sind, solche, die weiss sind, und die braunen und schwarzen Gräser: sie alle rufe ich an! Wahrlich, die Geister beherrschen die Krankheiten. Gräser, die in den Meeren wurzeln, deren Mutter das feste Land und deren Vater der Himmel ist.

Ihr Pflanzen und Kräuter der Himmel! Ihr treibt Krankheiten und Leiden aus, deren Ursprung im sündigen Lebenswandel liegt.

Ich rufe die Kletterpflanzen an, jene Pflanzen mit üppigen Blättern. Dies sind Kräuter, die uns Leben schenken: sie vermehren sich durch Teilung (ihrer Stengel). Sie sind kraftvoll, sie haben starke Schösslinge.

Oh ihr Pflanzen und Kräuter! Ihr besitzt die Kraft, diesen

Leidenden zu erretten! Ich rufe euch an und beschwöre euch, das Heilmittel, das ich bereiten werde, kraftvoll und wirksam zu machen.»

Dann werden bestimmte Pflanzen gesammelt. Dabei ist oft ihre Gattung nicht so wichtig wie ihre äussere Erscheinung. Krankheiten, die Schwellungen verursachen, sollen demzufolge durch Kräuter mit zwiebelförmigen Wurzeln gelindert werden. Patienten mit Gelbsucht können durch an gelbe Blätter gerichtete Bittgebete geheilt werden, und so weiter.

Wenn die erforderlichen Mengen von Blättern und Wurzeln gesammelt sind, kann man mit ihnen reden; so wie beispielsweise in diesem Falle einer Panazee gegen alle Krankheiten.

Panazee gegen alle Krankheiten

«Diese Pflanzen sind es, diese hochbegabten, die den Kranken von seinen Leiden befreien sollen! Wahrlich, ich bestätige, ihr Kräuter, dass euer Herr Soma ist und dass ihr von niemand anderem als Brihaspati geschaffen seid! Der Schatten, der über uns liegt, der uns bedroht, soll überwunden werden.

Wir bitten um Befreiung von Krankheiten. Wir fordern Freiheit von Flüchen und von den Fallen Varunas. Von den Fesseln Yamas und von den Folgen unserer Sünden gegen die Geister!

Wir haben in Gedanken und in Worten Sünden gegen die Götter begangen; lasst sie von uns getilgt werden, lasst uns frei sein von Krankheiten!»

Der Talisman der Macht

Einer der stärksten aller Talismane soll derjenige sein, der aus dem Holz des Sraktya-Baumes (Clerodendrum phlomoides) hergestellt wird. Man schneidet ein Stück Holz des Baumes ab und gibt ihm die Form eines Wunschobjektes; für den Sieg in einer Schlacht schnitzt der Bittsteller ein Schwert oder einen Speer. In vielen Fällen wird jedoch eine einfache runde Scheibe hergestellt, die man mit strahlenförmigen Linien versieht, um das Chakra anzudeuten – ein altes indisches Sonnenzeichen.

Theoretisch werden dem Holz dieses Baumes eine grosse Anzahl verschiedener guter Eigenschaften zugeschrieben, die fast alle menschliche Interessensphären einschliessen. Die geheimen Schriften begrenzen seinen Nutzen jedoch im allgemeinen auf Schutz, Fruchtbarkeit, Zeugungskraft, Wohlergehen und Abwehr von Zauberei. Der fertige Talisman wird an den rechten Arm gebunden, worauf man eine Hymne an ihn richtet. Diese entspricht dem jeweils beabsichtigten Zweck. Jedoch soll schon der Besitz eines solchen Talismans den Besitzer in den Genuss der damit verbundenen guten Eigenschaften bringen. Hier der «Schutzspruch», der in Verbindung mit dem Talisman verwendet wird.

Schutzspruch des Sraktya-Talismans

«Dieser Zauber ist allmächtig, wenn der Besitzer ihn trägt. Er macht ihn stark und tapfer, tötet Feinde und bringt seinem Träger Glück. Er ist auch wirksam gegen Magie. Dies ist der Zauber, den Indra benutzte, um Vritra zu töten. Er zerschmetterte die Asuras und wurde Herrscher über Himmel und Erde, und mit seiner Hilfe überwand er die vier Sphären des Raumes. Fürwahr, dieser Talisman ist kämpferisch und siegreich. Er vernichtet den Feind und schützt uns vor ihm.

Dies ist, was Agni und Soma gesagt haben, Indra, Brihaspati und Savitar, sie alle stimmen darin überein. Meine Angreifer werden zurückgeworfen, und die Kraft, die sie anwenden, wird auf sie selbst zurückfallen: durch die Macht dieses Talismans!

Der Himmel, die Erde, die Sonne, die Weisen, sie alle sollen zwischen mir und dem Feinde stehen. Ihre Kraft wird gegen ihn gelenkt werden: durch die Macht dieses Talismans!

Dieser Talisman ist für mich und andere Benutzer eine allmächtige Waffe. Er steigt in die Sphären, so wie die Sonne am Himmel aufsteigt, und zerstört alle gegen mich gerichtete Magie. Er ist eine starke Macht, und die Rashas werden vor ihm niederfallen.

Indra, Vishnu, Savitar, Rudra, Agni, Prajapati, Prameshthin, Viraj, Vaysvanara, sie alle, diese machtvollen Geister, werden hinter diesem Amulett stehen, das als machtvolle Waffe an seinem Träger haftet.

Oh mächtigster Baum, mächtig wie ein Leittier, sei du mein Wächter und meine Hilfe, einen solchen suchte ich, einen solchen habe ich gefunden. Wenn ich diesen Zauber trage, bin ich wie ein Tiger, wie ein Stier, wie ein Löwe: nichts kann mich als

Träger dieses Zaubers berühren. Wer ihn trägt, kann allen befehlen und ihr Herrscher sein.

Erfunden und gemacht von Kassyapa, getragen von Indra in seinen Schlachten, ist er sicher ein Sieger. Die Macht der Geister verhilft diesem Amulett zu tausendfacher Kraft. Oh Indra, mit einem Schlag von der Stärke von hundert Blitzen mögest du durch die Kraft dieses Zaubers den schlagen, der versucht, mich zu treffen!

Und dieser grosse und machtvolle Talisman führt zum Sieg, wo immer er eingesetzt wird. Er erzeugt Kinder, Fruchtbarkeit, Sicherheit, Erfolge!

Diejenigen, die im Norden, im Süden, im Westen, im Osten gegen uns sind, entwurzle sie, oh Indra!!

Mein Schutz, der wie eine Waffe wirkt, ist die Sonne, der Tag und die Nacht, die Himmel und die Erde. Mein Schutz sind Indra und Agni. Dhatar wird mir jenen Schutz geben! Kein existierender Geist kann die Verteidigung von Indra und Agni durchbrechen: und das ist die Kraft, die zwischen mir und meinen Feinden steht. Oh ihr Geister! Lasst mich alt werden und nicht schon in meiner Jugend dahingerafft!

Nichts Böses kann dem Träger dieses Amuletts geschehen. Dies ist der Talisman der Unverwundbarkeit!»

Wenn der Talisman vom Zauberer an einen Klienten übergeben wird, dann beendet der Meister seine Rezitation mit den Worten:

«Dies ist der mächtige Talisman! Oh Indra, der du das Glück schenkst, der du Vritra getötet hast, den obersten Herrn der Feinde, den Eroberer, du Wächter in allen Gefahren, schütze diesen Mann und gewähre ihm deine Hilfe bei Tag und Nacht!»

Manchmal wird nun ein Butteropfer dargebracht. Wenn das Amulett im Krieg getragen werden soll, entfacht man vor ihm ein Feuer aus zerbrochenen Pfeilen, um die Vernichtung des Feindes zu symbolisieren.[82]

DIE OKKULTE MEDIZIN DER VEDA

Der Atharva Veda zufolge kann man die meisten Krankheiten schnell durch Zauber heilen.

Zauber gegen Verletzungen

«Die Verletzung im Nacken (oder wo auch sonst Verletzungen sein mögen) werden verschwinden. Dies sind die fünfundfünfzig Wunden und die siebenundsiebzig Wunden und die neunundneunzig Wunden: sie alle sollen verschwinden!»

Während dieser Spruch wiederholt wird – er soll siebzigmal wiederholt werden –, werden fünfundfünfzig Blätter der Parasu-Pflanze mit einem brennenden Stück Holz angezündet. Der austretende Saft der Blätter wird dann in einem Gefäss gesammelt – soweit dies möglich ist – und auf die Wunden geträufelt. Anschliessend wird ein Balsam aus Hundespeichel, gemahlenen Seemuscheln und «Insektenstacheln» auf die betroffene Stelle gerieben.

Aber vielleicht ist der folgende Zauber attraktiver für Menschen, die an Zaubersprüche glauben. Er soll alles Übel besiegen und Krankheiten jeglichen Ursprungs vertreiben:

Zauber gegen alles Böse

«Lass mich los, böse Macht; bitte, lass mich frei, das unglückliche Opfer deiner Arglist! Lass mich vor diesem Übel fliehen und wieder glücklich sein!

Wenn du mich nicht freilässt, werde ich dich am nächsten Kreuzweg fallen lassen: dann wirst du jemand anderem folgen und ihn besitzen!

Geh und folge jemand anderem: verbinde dich mit meinem Feinde, triff ihn!»

Die Herstellung dieses Zaubers wird durch ein Ritual erschwert, das die Rezitationen begleitet. Diese werden zur Nachtzeit gesprochen, während man getrocknetes Getreide siebt und anschliessend wegwirft. Am darauffolgenden Tag wirft der Bittsteller drei kleine Opfergaben, bestehend aus Nahrungsmitteln, in fliessendes Wasser, als Opfer an den Geist der tausend Augen.

Dann begibt er sich an eine Wegkreuzung und streut dort drei Portionen gekochten Reis als Köder aus, um das Böse anzulocken, bevor er seine Bleibe im Körper des Feindes aufsucht, dem es angehängt wird.

Zauber gegen Gift

Die Veda besagt, dass man durch das folgende Ritual Gift bekämpfen kann. Zunächst spricht man mit gesenkter Stimme den Zauberspruch. Gleichzeitig verbeugt man sich vor einem Bild des Schlangengottes Takshaka. Währenddessen trinkt der Patient eine kleine Menge Wasser und wird auch mit Wasser besprengt. Dieses Wasser wurde für den Zweck speziell vorbereitet, indem man ein Stück des Krimuka-Baumes darin einweichen liess. Als nächstes wird ein altes Kleidungsstück erhitzt und in einen anderen Wasserbehälter gelegt, aus dem der Patient dann auch trinken muss. Manchmal vermischt man diese beiden Getränke auch mit gereinigter Butter und rührt das Ganze mit den Schäften vergifteter Pfeile um. Eigentlich ist es nicht verwunderlich, dass der Patient nach diesen Zeremonien krank wird. Es folgt nun der Zauberspruch, der während des Rituals gesprochen wird:

«Brahmana, der vom heiligen Soma trinkt, der mit den zehn Köpfen und den zehn Mündern, entferne alles Gift ohne Gewalt.

Ich habe durch alle Weiten der Himmel und der Erde, durch alle Räume die Macht dieses Zaubers verkündet.

Garutamant, der Adler, trank Gift: aber es war unwirksam gegen ihn. Auf ähnliche Weise habe ich die Macht des Giftes abgelenkt, wie ein Pfeil abgelenkt wird.

Oh Pfeil, deine Spitze und dein Gift haben keine Macht: ebenso habe ich alle diejenigen, die mit der Herstellung und Anwendung dieses Gifts befasst waren, machtlos gemacht. Sogar die Felsen, auf denen die Giftpflanzen wachsen, sind durch mich machtlos geworden. Alles an diesem Gift ist negativ. Gift, deine Macht ist dahin!»

Zauber gegen Krankheit und Dämonen

Der atharvische Magier muss gegenüber Krankheiten und Dämonen wachsam sein: gegenüber ersteren im Interesse seiner Kunden − zu denen oft die alten Könige und ihre Familien gehörten − gegenüber den letzteren, weil sie die Macht seiner Magie ungünstig beeinflussen könnten. Vom nachfolgenden Zauber heisst es, er sei gegen beide Arten von Bedrohung wirksam und ebenso gegen Krankheiten, die von bösartigen Geistern verursacht werden. Er stellt eine gewaltige Herausforderung für feindliche Kräfte dar. Zunächst wird aus dem Holz des Gangida-Baumes ein Amulett hergestellt; über diesem wird dann der Zauberspruch angestimmt:

«Die Seher schenkten dem Menschen den Gangida, während sie den Namen Indras aussprachen. Dieser Baum war von Anfang an von den Göttern als Heilmittel geschaffen worden und als Vernichter von Vishkandha.

Schütze uns, Gangida, denn wir kümmern uns um seine Schätze, wahrlich machten ihn die Götter und die Brahmanen zu einem Schutz, der alle bösen Mächte vernichtet!

Ich habe mich dem bösen Blick des Feindseligen genähert; oh Tausendäugiger, zerstöre sie alle! Gangida, du bist unsere Zuflucht.

Der Gangida wird mich vor dem Himmel, vor der Erde, vor den Pflanzen und vor der Luft schützen; auch vor der Vergangenheit und vor der Zukunft. Ich werde in jeder Richtung geschützt sein!

Möge der allmächtige Beschützer Gangida alle Magie der Götter und Menschen schwach und machtlos werden lassen!»

Dieses Zitat stellt − abgesehen von seiner Bedeutung als typisch hinduistischer Schutzzauberspruch − die Macht des Gangida-Baumes als so gross dar, dass sogar von Göttern ausgesandte Zauber gegen seine Macht wirkungslos bleiben. Hier können wir beobachten, wie Magie zu einer nahezu eigenständigen Macht wird, zu einer Macht, die unabhängig von der nur geborgten Götter- und Menschenmacht existiert. Dies scheint mir ein Punkt zu sein, der bisher von den vielen Kommentatoren magischer Praxis nur unzureichend herausgestellt wurde. Man hat oft beschrieben, dass der typische

Zauberer zunächst Götter anruft und sie dann zurückweist oder bedroht, wenn der Zauber keinen Erfolg hat. Dies tritt auch in den Beschwörungen der Juden auf. Sicher kann man es als Erweiterung dieser Idee ansehen, dass der Gott oder das sonstige angesprochene Wesen nicht die höchste angerufene Macht ist. In späteren Codices, in denen an die Stelle älterer Zauberformeln christianisierte getreten sind, wird dies überdeutlich. Ebenso könnte man auch annehmen, dass die heidnischen Götter oder Geister, die angerufen werden, weil sie dem Zauberer dienen sollen, nur als Mittelsmänner oder Agenten jener Macht wirken, auf deren Anweisung hin Magie ausgeübt wird. Was ist diese höhere Macht? Sie könnte sich auf die unterbewusste Sehnsucht des Menschen nach Einheit beziehen. Dies wirft theologische Fragen auf, aber es könnte sich als äusserst fruchtbares Studiengebiet erweisen, wenn sich die Okkultisten und Anthropologen nur einmal von ihren ausgetretenen Pfaden wegbewegen würden; das heisst, wenn sie endlich einmal aufhören würden, sich mit dem blossen Katalogisieren der Beobachtungen anderer zufriedenzugeben.

In abschliessender Analyse sollte hier erwähnt werden, dass Amulette und Zaubersprüche nicht immer schon von sich aus die sichere Wirkung garantieren. Dies erklärt, warum in den magischen Schriften verschiedene Zauber zum Erreichen des gleichen Ziels aufgeführt sind.

Heisst dies nun, dass beim Versagen eines Zaubers ein anderer ausprobiert wird, und dass dies so lange fortgesetzt wird, bis der gewünschte Erfolg eintritt? Ich stellte diese Frage dem Brahmanen, der mich zu den magischen Schriften der Hindus führte. Er antwortete, dies sei eine westliche, empirische Frage, die «das Pferd vom Schwanze aufzäume». Nach allgemeiner Überlieferung sei der Erfolg eines Zaubers nicht nur möglich, sondern sicher. Es könne jedoch sein, dass gewisse planetarische Einflüsse für eine Art der Beschwörung günstig seien, für eine andere aber nicht. Oder es könnte sein, dass eine bestimmte Art von Dämonen bestimmte Krankheiten verursache und eine andere Art andere Krankheiten hervorrufe. Diese Einzelheiten sollten jedem Praktiker okkulter Medizin bekannt sein.

Daher also rührt die Vielzahl von Zaubersprüchen und Amuletten, die unter verschiedenartigsten Umständen angewendet werden. Mein Begleiter erwähnte noch den folgenden alternativ zu benutzenden Exorzismus gegen Krankheiten:

Varana-Baum-Exorzismus

«Diese Krankheit soll durch die heilige Kraft des Varana-Baumes geheilt werden; so werden auch die Götter diese Krankheit beenden!
Ich beende diese Krankheit auf Befehl Indras, auf Befehl Mitras und Varunas und aller Götter.
Genau wie Vritra dieses immerfliessende Wasser anhielt, so beende ich die Krankheit dieses Menschen durch die Macht Agni Vaisvanaras.»

Gewisse Pflanzen sowie Wasser und Gerste sind wichtige Zusätze zur Macht von Beschwörungen und Amuletten. Um die latente Kraft dieser Objekte zu aktivieren, muss man sie weihen und «sensibilisieren».
Schon allein die Tatsache, dass der Magier solche magischen Elemente in seinem Hause hat, zieht die okkulte Macht an und verstärkt sie tagtäglich. Dies hier ist der gebräuchlichste Spruch, den man über Gerste und frischem Wasser spricht:

«Diese Gerste wurde mit Macht gepflügt, und dazu wurden Joche von acht und sechs Ochsen verwendet. Unpässlichkeiten werden mit ihrer Hilfe vertrieben werden. So wie der Wind bläst, abwärts, wie die Sonne scheint, abwärts, abwärts fliesst auch die Milch von der Kuh; so lasse auch die Krankheiten (die durch diese Mittel geheilt werden können) davonziehen! Wasser heilt; Wasser vertreibt Krankheiten; Wasser heilt alle Krankheiten; dieses Wasser wird dich heilen!»

Hymne an die Pflanzen

Beim Sammeln magischer Pflanzen zu Heilzwecken wird diese Hymne angestimmt:

«Wir rufen braune, weisse, gesprenkelte, farbige und schwarze Pflanzen an; sie sollen diesen Menschen vor Krankheiten schützen, die von Göttern ausgesandt werden: ihr Vater ist der Himmel, ihre Mutter die Erde, Wurzel und Ozean. Himmlische Pflanzen vertreiben sündhafte Krankheiten.

Rankende Pflanzen, buschige Pflanzen, einige Staudenpflanzen und Kriechpflanzen; sie alle rufe ich an. Ich rufe die Pflanzen an, die Schösslinge haben, die Pflanzen mit Stielen, die Pflanzen, deren Äste sich teilen, diejenigen, die von den Göttern erschaffen worden sind, die starken, die dem Menschen das Leben schenken.

Mit eurer Macht, ihr Mächtigen, mit der Macht und Kraft, die ihr besitzt, damit möget ihr Pflanzen diesen Menschen von seiner Krankheit erretten. Ich stelle nun das Heilmittel her.

Die Giavala-, Naghrisha-, Givanti- und Arundhati-Pflanzen, die Krankheiten heilen können, blühen, und ich rufe sie an, ihm zu helfen.

Die weisen Pflanzen mögen hier erscheinen. Sie verstehen, wovon ich spreche, und wir können gemeinsam diesem Menschen seine Gesundheit wiedergeben.

Sie sind die Güte des Feuers, die Kinder des Wassers, sie wachsen und wachsen wieder nach, starke heilende Pflanzen mit tausend Namen, die alle hier zusammengetragen sind.

Stachelige Pflanzen beseitigen das Böse. Pflanzen, die gegen Zauberei wirken, sollen hier erscheinen, Pflanzen, die bestochen wurden, die Tiere und Menschen beschützen, sie mögen erscheinen.

Die Spitzen, die Enden, die Mittelteile all dieser Pflanzen werden in Honig eingelegt, und sie alle sollen sogar zu Tausenden gegen Tod und Leiden helfen.

Der Talisman, der aus Pflanzen hergestellt ist, ist wie ein Tiger; er schützt gegen Feinde und vertreibt alle Krankheiten.

Die Krankheiten werden mit den Flüssen wegfliessen ...»

Diese Beschwörungen werden noch über einige Zeilen fortgesetzt. Alle Arten von Göttern und Mächten werden angerufen, und es werden klassische Ereignisse der indischen Mythologie zitiert, bei denen grosse Siege oder Niederlagen errungen wurden. Die donnernde Stimme des Magiers setzt unerbittlich ihren Kampf fort, und versucht so, alle nur erdenklichen Mächte, die er beschwören kann, zusammenzubringen. Während der Brahmane mit seinen Hüften vor- und zurückschwingt, muss er im Rhythmus seines Gesanges mit dem Kopf nicken und dabei spüren, wie die von den Pflanzen ausgehende Macht fühlbar innerhalb seines Körpers anwächst. Dies wurde mir als ein echtes körperliches Gefühl beschrieben.

13 INDIEN: DIE RITUALE DER PRIESTER-MAGIER

«Ich bin dazu bestimmt, in dieser Welt zu Macht und Wissen zu gelangen und zu Begünstigung in der anderen Welt ...»
 Aus dem *Beschwörungsritual des Asuvata-Baumes.*

Obwohl wenig vergleichende Forschungsarbeit bezüglich der Grundlagen östlicher und westlicher okkulter Lehren von unparteiischen Wissenschaftlern geleistet wurde, haben sich doch bestimmte Grunderkenntnisse durchgesetzt, die für solche Forschungen wichtig sind. Die überraschendste darunter ist wohl die Beobachtung der seltsamen Ähnlichkeit zwischen der alten griechischen Schule, den Ritualen der jüdischen Kabbalisten und den geheimen Disziplinen des vedischen Indien.

Ausgehend von einer mystischen Methode des Wunderwirkens durch Magie, umfassen alle diese Schulen Reinigungsrituale, zeremonielle Kleidung, Beschwörungen und Askese. Die Heiligkeit eines göttlichen Namens, dessen Nennung besonderen Gelegenheiten vorbehalten war, und drei Grade der Initiation bilden weitere Grundpfeiler ihrer okkulten Praxis.

Welche indischen Schulen der Magie gibt es, und wie erreichen sie ihre Ziele? Zunächst muss gesagt werden, dass in Indien wie in jedem anderen Land Überfluss an Scharlatanen herrscht, deren hauptsächliches Ziel es ist, ihren Lebensunterhalt durch Fingerfertigkeit und Schwindel zu verdienen; dabei sei zugegeben, dass einige von ihnen in dieser Hinsicht als nahezu genial zu bezeichnen sind. Aber ein sehr grosser Teil der Bevölkerung glaubt auf irgendeine Weise an Magie, übt sie sogar teilweise aus. Diejenigen darunter, deren Beruf das Studium und die Anwendung okkulten Wissens ist – wie beispielsweise die Sadhus und die Fakire –, bereiten sich darauf mit der strengsten und härtesten in der menschlichen Geschichte je bekannt gewordenen Disziplin vor.

Ebenso scheinen ihre «Wunder» – die ich selbst gesehen und die ich so wissenschaftlich wie möglich zu testen versucht habe – die Spannweite jeder anderen Tradition bei weitem zu übertreffen.

Kurz gesagt: Die okkulte Wissenschaft der Hindus geht von der Überzeugung aus, dass man mit Hilfe wohlgesonnener Geister Macht über alles und jedes auf der Erde erlangen kann. So wie bei den Chinesen können solche Wesen die Seelen der Verstorbenen sein oder einfach körperlose Wesenheiten, deren Aufsicht die Naturgesetze unterliegen. Wenn beispielsweise beabsichtigt wird, in das Gravitationsgesetz einzugreifen, so muss der Geist, der dieses Gesetz hütet, beschworen und um Hilfe gebeten werden. Derartige Experimente gelten als die von der einfachsten Art. Die Sadhus erzielen auf diesem Gebiet Erfolge, die mir so erstaunlich erscheinen, dass ich mich fast zu dem Schluss veranlasst sehe, es müsse ein Naturgesetz geben, das denjenigen, die ihren Geist darauf konzentrieren, ermöglicht, scheinbare Wunder zu vollbringen.

Hier nun ein solcher Fall: Ich veranlasste einen hinduistischen Magier von beachtlichem Ruf, mir einige seiner Tricks vorzuführen. Eines Abends kam er in meinen Bungalow. Er war mit einem kleinen Leinentuch bekleidet und trug nichts weiter bei sich als einen dünnen Stock mit sieben Ringen. Ein solcher Stab ist das Kennzeichen der Hindu-Okkultisten. Ich führte verschiedene Tests durch. Als ich mir sicher war, dass er weder einen Gehilfen noch eine besondere Vorrichtung mitgebracht hatte, bat ich ihn, einen Stuhl vom Boden aufsteigen und in der Luft schweben zu lassen. In tiefer Konzentration zog er seine Augenbrauen zusammen, schloss seine Augen und streckte beide Hände in Richtung des grössten Stuhls auf der Veranda aus. Nach zehn Sekunden – wie ich mit einer Stoppuhr feststellte – schien der Stuhl in die Luft aufzusteigen und, nachdem er sich leicht gedreht hatte, auch in einer Höhe von ungefähr 1,75 Meter zu schweben. Ich näherte mich dem Stuhl und zog an den

Stuhlbeinen. Daraufhin schwebte er zu Boden; aber sobald ich ihn losliess, segelte er wieder aufwärts. Ich fragte den Mann, ob ich auch selbst auf diesem Stuhl in die Höhe befördert werden könne. Er nickte mit dem Kopf. Also zog ich den Stuhl wieder nach unten – er schien jetzt ein Eigenleben zu führen – und setzte mich darauf. Dann *stieg ich mit ihm in die Luft auf.* Da ich überzeugt davon war, dass es sich hier um eine Art von Hypnose handeln müsse, brachte ich den Magier dazu, alle Möbel im Raume aufsteigen zu lassen. Anschliessend bat ich ihn, auf gleiche Weise Blumen aus einem nahegelegenen Garten herbeizuschaffen – und sie erschienen.

Ich hatte leider keine Blitzlichtkamera zur Verfügung, sonst wäre dies eine Gelegenheit gewesen, den Dingen ein für alle Male auf den Grund zu gehen. Dennoch kann ich nicht glauben, dass Hypnose, so wie wir sie kennen, hinter diesen Ereignissen steckte. Denn erstens hätte die Induktion des hypnotischen Zustands in diesem Falle unglaublich schnell erfolgen müssen, und zweitens konnte ich auch, während die Phänomene erzeugt wurden, nicht glauben, dass sie echt waren. Ich schien in keiner Weise *en rapport* mit dem Magier zu stehen, denn es war mir leicht möglich, mich an meine vorgefertigte Liste zu halten und die dort aufgeschriebenen Dinge zu verrichten. Was jedoch meinen Verdacht, es handle sich um die uns bekannte Art von Hypnose, endgültig zum Verstummen brachte, war dies: Ich hatte den Hindu gebeten, mir die Inhalte der nächsten beiden Briefe zu beschreiben, die ich erhalten würde, und das konnte er fehlerlos. Daraufhin bat ich ihn, mir sofort eine Flinte zu beschaffen, die, wie ich wusste, meinem Nachbarn gehörte, und die sich fünf Meilen entfernt im nächstgelegenen Hause befand. Und das Gewehr erschien. Als ich am darauffolgenden Morgen beim Frühstück sass, besuchte mich der Eigentümer des Gewehrs, um es zurückzuholen. Ich war in diesem Augenblick viel zu verwirrt, um nachdenken zu können. Er behauptete, er habe in der vorangegangenen Nacht geträumt, dass er mir sein Gewehr geliehen habe. Zwei Jahre später in England – also zu einer Zeit, zu der sich eine Hypnose wirklich hätte verflüchtigt haben müssen – traten wir wieder in Briefwechsel, und mein Freund bestätigte, dass dieses Ereignis wirklich stattgefunden habe. Was sollte ich davon halten? Der Magier hatte nie um irgendeine Form von Bezahlung oder Belohnung gebeten, und ich hatte ihm auch nie eine gegeben. Er kam, wie er sagte, «um die Kräfte zu demonstrieren, die ein Mensch wirklich erlangt, wenn er auf den Pfaden der Tugend wandelt». Wenn dies

Hypnose *ist,* so ist es sicherlich eine von sehr hohem Grade, die auch Fernhypnose, Telepathie, Traumbeeinflussung und das Hypnotisieren eines Fremden innerhalb von zehn Sekunden einschliesst sowie das Vorhersagen von Briefinhalten.[83]

Diese Erfahrung ist typisch für eine grosse Menge von Experimenten, die ich selbst und verschiedene andere Erforscher des indischen Okkultismus über einen Zeitraum von drei Monaten durchführten. Aus diesen Studien schälten sich einige allgemeine Merkmale der magischen Praktiken unter den Sadhus heraus.

Als wichtigster Punkt wäre zu nennen, dass einige Hindu-Magier möglicherweise (wenn nicht gar höchstwahrscheinlich) Phänomene herbeiführen können, die man als übernatürlich bezeichnen kann. Von welcher Art ist ihre Macht und wo liegt ihr Ursprung? In Übereinstimmung mit einigen anderen Forschern fühle ich mich zu dem Schluss veranlasst, dass man sich die Existenz eines Prinzips vorzustellen hat, dessen Nutzbarmachung durch die Disziplin der indischen Priester-Magier ermöglicht wird. Dies mag okkult sein, da alles, was unverständlich ist, okkult genannt werden kann: Es ist aber wahrscheinlicher, dass es Kräfte gibt, die vielleicht dem Magnetismus oder der Elektrizität ähnlich sind oder sogar Formen davon, deren Funktion wir noch nicht verstehen. Letztlich wissen wir bis heute sehr wenig über das *Wesen* von Elektrizität und Magnetismus. Wir wissen, wie man diese Kräfte *nutzen* kann, und wir wissen, was sie bewirken können. Doch waren sie schon Jahrhunderte lang bekannt, bevor sie nutzbar gemacht wurden. Was diese «okkulte Kraft» jedoch in eine etwas andere Kategorie fallen lässt, ist die offensichtliche Tatsache, dass sie durch Geisteskontrolle angewandt werden kann.

Andererseits ist es durchaus möglich, dass eines Tages Maschinen entwickelt werden, um diese seltsame Kraft oder Macht zu kontrollieren. Nach meiner persönlichen Beobachtung des tranceartigen Zustandes der Praktiker meine ich, dass das objektive Studium dieser Kraft durch den Mangel an Wissenschaftlern verhindert wird, die bereit sind, sich dem unerbittlich harten Training zu unterziehen, das von einem Adepten gefordert wird.

Es ist wahr, dass die Sadhus behaupten, ihre Macht stamme ausschliesslich von Geistern, und sie selbst besässen keine anderen besonderen Fähigkeiten ausser jener der Konzentration. Andererseits mag ein Mensch glauben, dass Feuer ein Geist ist, und doch in der Lage sein, es nach seinen Wünschen zu benutzen. Dies scheint auf das tatsächliche Vorhandensein eines Prinzips oder einer Kraft hinzuweisen, deren Wesen nicht vollkommen verstanden ist, und die von den Hindu-Magiern angewandt wird.

Welche Wahrheit diesen Phänomenen auch zugrunde liegen mag, die folgende Abhandlung beschreibt uns Einzelheiten über die Initiation und die Disziplin der brahmanischen Priesterschaft, wie sie in der magischen Abhandlung *Agrusadapariksay* beschrieben werden.

RITUALE UND BESCHWÖRUNGEN DES MAGIERS NACH DER AGRUSADAPARIKSAY

Der erste Teil dieses geheimen Werkes der okkulten Wissenschaft der Hindus handelt von den Ritualen, die von den Eltern eines Kindes von Geburt an eingehalten werden müssen, bis es alt genug ist, um den ersten Initiationsgrad zu empfangen und in das Noviziat einzutreten. Das eigentliche auf magische Kraft bezogene Training setzt jedoch nicht vor dem dritten Abschnitt der Ausbildung ein. Dieser beginnt etwa im Alter von zwanzig Jahren, wenn der junge Brahmane seinen Guru («Meister») verlässt und mit dem beginnt, was man als persönliche Studien bezeichnen könnte.

Der junge Magier, der nun den Titel *Grihasta* trägt, führt ein strenges Leben, das von Ritualen und Tabus geprägt ist, von Beschwörungen und Fasten, von Gebet und Selbstverleugnung. Glücklicherweise wird jede Einzelheit seines zukünftigen Lebens auf das sorgfältigste durch das Buch vorgeplant, denn jede Unterlassung auch nur der kleinsten Vorschrift wird unerbittlich mit der Verzögerung seiner spirituellen Entwicklung bestraft.

Er schläft auf einer einfachen Matte, die auf dem Boden liegt, und muss vor Sonnenaufgang aufstehen. Sobald er aufsteht, spricht er den Namen Vishnus aus und bittet diese Gottheit um Hilfe und Segen. Darauf folgt, mit gesenkter Stimme gesprochen, die Höchste Formel:

«Brahma, Vishnu, Shiva, ihr und der
Geist der Geister der sieben Himmelskörper:
Ich rufe euch alle an und bitte darum,
dass der Tag anbricht.»

Darauf folgt die Anrufung Brahmas:

«Brahma, komme in mich, dringe ich mich ein, oh Brahma, Ruhe und Segen mögen zu mir kommen. Brahma ist in mir, ich brauche mich nicht zu sorgen.»

Beschwörung Vishnus

Dies wird unmittelbar nach dem Gebet an Brahma gesprochen:

«Herr, du grösster von allem, Grundlage von allem und Macht hinter allem, Herr des Universums, Schöpfer allen Lebens: du hast mich angeleitet, du hast mir befohlen, aufzustehen und meinen Weg in das tägliche Leben anzutreten.»

Dann folgt eine Zeit der Kontemplation. Dies ist eine Stunde, die ausschliesslich guten Gedanken und der Planung von guten Werken und frommen Taten gewidmet ist, die man an diesem Tag vollbringen will. Wenn der Geist auf diese Weise ausgeglichen und beruhigt worden ist, «dann sprich tausendmal den Namen Vishnus aus».

Dies leitet den Magier zu seinen rituellen Waschungen, die mit einem Gefäss aus Kupfer oder Messing vollzogen werden, während der Geist auf den Geist Vishnus konzentriert ist.

Wenn die Waschungen vollzogen sind, dreht er sich neunmal langsam um sich selbst und wiederholt unterdessen die Namen: Brahma, Shiva, Vishnu, dann das Gleiche noch neunmal und anschliessend noch dreimal.

Den nächsten Teil des Rituals bildet die Anrufung der Sonne.

Anrufung der Sonne

«Du bist die Sonne! Du bist das Auge Brahmas, das Auge Vishnus, das Auge Shivas: am Morgen, am Mittag und zur Nacht. Kostbarer als alles bist du das Juwel aller Juwelen, du unschätzbarer Wächter über alles, der du am Himmel hängst. Dies ist deine Macht: du Befruchter des Lebens, du Massstab der Zeit selbst – der Tage, Nächte, Wochen, Jahre, Jahreszeiten – aller Zeit.

Unter den Planeten bist du der Anführer, der Höchste. Vernichter der Dunkelheit, du, dessen Macht sich über ungezählte Millionen von Meilen erstreckt, goldener Wagen des Universums, nimm meine Verehrung an.»

Ritual des Baumes

Die Riten fahren fort mit der täglichen Anrufung des Baumes. Es handelt sich dabei normalerweise um die Sorte, die als Asvattha bekannt ist. Der Magier sitzt im Schatten dieses Baumes und wiederholt die folgenden Worte:

> «Oh du, Asvattha, König des Dschungels, Vertreter der Geister! In deinen Wurzeln sehe ich Brahma, dein Stamm ist Vishnu und deine Äste sind Shiva geweiht. Das bedeutet, dass du in dir die Dreieinigkeit der Götter birgst!
> Ich habe mich dem Erlangen von Macht und Wissen in dieser Welt gewidmet und erhoffe Förderung in der anderen Welt. Alle diejenigen, die dich durch Umschreitungen ehren, werden diese Ziele erreichen!»

Beginnend mit der heiligen Zahl Sieben kreist der Magier dann um den heiligen Feigenbaum. Die Anzahl seiner Umschreitungen ist ein Vielfaches von sieben, mindestens jedoch vierundachtzig.

So findet die Baumzeremonie ihren Abschluss. Ihr folgt das Anlegen sauberer Kleider, wieder eine Zeit der Meditation und der Einstimmung auf das Opfer, das der Magier nun vollziehen wird.

Die Opferriten des Magiers

Der Raum, der ausschliesslich diesem Ritus vorbehalten ist oder zumindest zur Vorbereitung auf ihn gesäubert wurde, wird nun verdunkelt. Auf einen Tisch, der als Altar dient, werden ein Krug voll Wasser und eine kleine Schüssel mit gekochtem Reis gestellt. Darüber wird eine Leuchte aufgehängt, in der Weihrauch und eine kleine Menge von gelbem Pigment schmort, im allgemeinen ist es Safran oder Sandelholz.

Der Magier klatscht dann vor den Türen und Fenstern in die Hände oder schnippt mit den Fingern, um sie gegen böse Geister zu «versiegeln». Vor der Türe wird ein imaginärer Kreis gezeichnet.

Nun werden aus Lehm und Wasser zwei kleine Figuren hergestellt, wovon eine den Magier darstellt, die andere hingegen die Opfergeister beherbergen soll, wenn sie erscheinen. Diese Figuren werden unmittelbar nach ihrer Herstellung über eine Flamme gehalten. So enthalten sie die Elemente Feuer, Erde, Wasser und Luft.

Die Beschwörung des Geistes

Der Magier setzt sich vor dem Altar, auf den er zuvor die Figuren gelegt hat, auf den Boden. Er kreuzt seine Beine und verbringt einige Minuten in Betrachtung. Mit seinem rechten Daumen verschliesst er sein rechtes Nasenloch. Das magische Wort *Yoom* wird nun sechzehnmal laut ausgesprochen. Bei jeder Wiederholung des Wortes muss sich der Beschwörer auf den Geist der Pitris konzentrieren. Er soll durch das linke Nasenloch stark einatmen und sich gleichzeitig vorstellen, dass sich der Körper auflöst und dass er als reiner körperloser Geist zurückbleibt.

Wenn er das Wort sechzehnmal oder öfter wiederholt hat, verschliesst er beide Nasenlöcher mit Daumen und Zeigefinger seiner rechten Hand. Er spricht nun die magische Silbe *Room* sechsmal aus und hält währenddessen so lange wie möglich den Atem an. Eigentlich sollte er in der Lage sein, dies zu tun, ohne zwischendurch zu atmen. Ein angeblicher Magier sagte mir jedoch, dass «die Geister auch erscheinen, wenn man gezwungen ist, zwischendurch zu atmen».

Der nächste Schritt ist das zweiunddreissigfache Wiederholen des allmächtigen Wortes *Loom*. «Deine Seele wird danach den Körper verlassen. Sie verschmilzt mit dem Pitri-Geist und kehrt nach kurzer Zeit in den Körper zurück. Wenn du wieder bei vollem Bewusstsein bist, wirst du feststellen, dass der beschworene Geist erschienen ist und vorübergehend die dafür vorgesehene Lehmfigur zu seiner Behausung gewählt hat.»

Immer bedacht, keinen Fehler bei der Ausführung des Rituals zu begehen, beendet der Magier dann die Trance, indem er dreimal *Oom* und neunmal *Yoom* wiederholt. Der «Student» schaut in die Dämpfe des Weihrauchs und beschwört den Geist:

«Oh mächtiger Geist der Pitris. Oh du Grosser und Edler! Ich habe dich angerufen und du bist erschienen. Ich habe einen Körper für dich bereitgehalten – einen Körper, der aus meinem eigenen Körper geformt ist. Bist du hier? Komm und manifestiere dich in diesem Rauch; koste von dem, was ich dir als Opfer darbiete!»

Das Buch fährt fort mit der Beschreibung der Form, die der Geist im Rauch annimmt und in der er etwas vom Reisopfer kostet. Danach wird er jeden gewünschten Geist herbeibringen, einschliesslich der Geister der Vorfahren. Diese können Rat geben und jede an sie gerichtete Frage beantworten.

Wenn er «brauchbare Antworten auf Fragen natürlichen und übernatürlichen Inhalts» erhalten hat, löscht der Magier die Lampe. Die Geister, so fährt das Buch fort, werden noch eine Weile bleiben und miteinander reden, und aus ihrer Unterhaltung kann man viel Weisheit sammeln. Wenn sie verschwunden sind, kann der Magier die Lampe wieder anzünden und aufstehen.

Anschliessend kann er die Verdunkelung von den Türen und Fenstern entfernen und den bösen Geistern (die gezwungen waren, in den magischen Kreisen zu bleiben) mitteilen, dass sie wieder frei sind. Erst dann darf er essen.

Nach Beendigung des Mahls wäscht sich der Magier die Hände, gurgelt zwölfmal und isst neun Blätter vom Gartenbasilikum. Hiernach ist es erforderlich, ein frommes Werk zu vollbringen. Dies geschieht gewöhnlich durch Almosengeben an die Armen.

Der Guru oder Meister soll bei den Hindu-Sadhus durch Einhalten derartiger Gebote erstaunliche und überwältigende Kräfte besitzen.

«Für ihn gibt es keinen Gott, denn alle Götter und Geister stehen unter ihm. Er empfängt seine Macht von dem Einen Höchsten Wesen. Er kann allein mit Hilfe seiner Stimme den Weg der Flüsse verändern, Gebirgszüge zu Schluchten machen, Hagel, Feuer, Regen und Stürme erzeugen. Seine Macht liegt in seinem Stab: dem Stab mit den sieben Ringen (oder Knoten). Mit Hilfe dieses Stabes befiehlt er allen bösen Geistern dieser Welt, in einem magischen Kreis zu bleiben. Sogar die Sterne gehorchen ihm.»

Der magische Kreis des Guru, der in den Sand gezeichnet oder auch nur mit dem Stock in der Luft beschrieben werden kann, ist ein Doppelkreis. Zwischen diesen beiden Kreisen befindet sich eine Kette untereinander verbundener Dreiecke.

Die seltsame und fremdartige Hindulehre von *Akasha* («Lebensgeist» oder «Geistermacht») bildet die Grundlage aller okkulten Phänomene, die von den Hinduschulen beschrieben und angestrebt werden.

Kurz gesagt – sofern es überhaupt möglich ist, sich über ein solches Thema in Kürze auszulassen – ist mit *Akasha* jene Kraft gemeint, von der alle Geister Teile sind. Sie stellt auch die Quelle aller Macht dar. Die Yogis sind der Überzeugung, dass es nur eine Machtsubstanz gibt, von der alle übrigen Erscheinungsformen der Macht abstammen. Die Naturgesetze, wie die Schwerkraft oder der Lebensprozess des Menschen und der Pflanzen, gehorchen gewissen Gesetzen. Diese Gesetze sind keine wirklich abgetrennten und unterschiedlichen Phänomene: sie sind nur verschiedene Phasen der *Akasha*. Ein Hindu-Magier würde sagen, Materie und Energie sind das gleiche: Es handelt sich nur um verschiedene Aspekte von *Akasha,* die das Prinzip darstellt, aus dem sich beide zusammensetzen. Neuere wissenschaftliche Forschungen haben diese Ansicht bestätigt.

Akasha verursacht in einem Stadium tierisches Leben, in einem anderen bestimmt sie die Bewegung der Planeten. Eine Form oder ein Stadium von ihr kann in ein anderes verwandelt werden. So ist es möglich, die Schwerkraft aufzuheben, indem man ein Objekt mit einer leichteren Form von *Akasha* auflädt. Wenn man ein Gewicht von zehn Tonnen heben will, muss man die Art von *Akasha* verändern, aus der die Ladung besteht. Wenn es zehn Tonnen Stahl sind, muss man die «Stahl-*Akasha*» anderswohin ablenken.

Die moderne Wissenschaft mit ihrer Atomtheorie besagt, dass alle Materie aus der gleichen Urmaterie zusammengesetzt ist – Elektrizität. Allerdings unterscheidet sich die orientalische Theorie von der westlichen Wissenschaft hinsichtlich der Überzeugung der Hindus, dass diese Urmaterie, *Akasha*, durch Geisteskraft zu verändern ist, nicht durch mechanische Mittel. Zufällig ist der arabische philosophische Ansatz über die Verwandlung der Metalle sehr ähnlich. Gold, so glauben die arabischen Alchimisten, wird nur durch Konzentration eines genügend gereiften mystischen Geistes erzeugt. Es könnte aus jeder Art von Material hergestellt werden, aber die Erzeugung eines Metalls aus einem anderen sei einfacher als beispielsweise die Erzeugung von Gold aus Holz.

14 INDISCHE ALCHIMIE HEUTE

«Gold! Dem die Sonne seine wundersame Färbung verlieh, nach dem diejenigen unter deinen Vorfahren mit grosser Nachkommenschaft ständig suchten: möge dieses Gold dich mit seinem Glanze umgeben! Wer sich mit Gold kleidet, wird ewig leben!»[84]

Einer der blühendsten Geschäftszweige des modernen Indien ist der Unterricht in der Alchimie. Die traditionellen alchimistischen Manuskripte erfordern ein konzentriertes Studium in Verbindung mit einer grossen Anzahl ritueller Handlungen, wenn man ihre Lehren verstehen will. Die zeitgenössischen Goldmacher hingegen – zumindest diejenigen unter ihnen, die an schnellem Erfolg interessiert sind – haben ihre Lehren pseudomoderner Wissenschaftlichkeit entsprechend entwickelt.

Vor einigen Jahren schrieb ich ein Dokument ab, das von einem Hindu-Alchimisten verfasst war, und das einer meiner Bekannten zum phantastischen Preis von hundertfünfzig englischen Pfund erworben hatte. Es mag den Anschein erwecken, als wollte ich den Alchimisten den Boden unter den Füssen wegziehen oder ihnen das Geschäft verderben. Dies ist jedoch nicht meine Absicht. Denn ich machte den Autor der erwähnten Abhandlung ausfindig und versprach ihm, dass ich ihm eine halbe Tonne Gold ohne jede weitere Verpflichtung schicken würde, sobald ich nach seiner Methode

Gold hergestellt hätte, wenn er mir die Genehmigung gäbe, seine Rezepte im vorliegenden Buche zu veröffentlichen. Er wollte einer solchen Veröffentlichung zunächst nicht zustimmen. Ich machte ihm jedoch vor Zeugen klar, dass er wirklich nichts verlieren könne, da er doch in der Lage sei, mit Hilfe seiner Formel zu sehr niedrigen Kosten soviel Gold herzustellen, wie er nur wolle. Er selbst sagte, er sei aus eben diesem Grunde gar nicht in Geldnot. So war es denn nur recht und billig, seine Entdeckung der Öffentlichkeit zugänglich zu machen. Ich bin mir immer noch nicht ganz sicher, ob er wirklich glaubte, dass er Gold hergestellt hatte.

«FORMEL ZUR HERSTELLUNG VON GOLD»

Einleitung

«Zunächst ist festzustellen, dass Gold nur von Menschen hergestellt werden kann, die rein an Geist und Körper sind. Sorge deshalb dafür, dass du dich jedesmal, wenn du eines dieser Experimente durchzuführen versuchst, in einem Zustand vollkommener Reinheit befindest. Ausserdem muss es zur Vollmondzeit geschehen, und die Somapflanze, die du sammelst, muss frisch sein und gepflückt, wenn der Mond hoch am Himmel steht. Das Mondlicht muss direkt auf die Pflanze scheinen. In keinem Falle darfst du die Anrufung des Soma unterlassen. Du musst dafür sorgen, dass der Somasaft vollkommen sauber in sterilisierten Reagenzgläsern aufbewahrt wird.

Auf der Hut sein muss man bei der Herstellung von Gold vor der Oxydation. Die verschiedenen Verfahren, die ich anschliessend beschreiben werde, sind so angelegt, dass sie den Verlust von Metall und die Beschädigung des Goldes durch solche Einflüsse verhindern. Das gebräuchlichste Verfahren ist, die Metalle mit Kohlenstoff zu bedecken. Hierdurch wird nicht nur die in den Schmelzofen eingedrungene Luft entfernt, sondern auch der von den Metallen beim Verbindungsprozess freigesetzte Sauerstoff absorbiert. Die Vereinigung zwischen den Komponenten des Goldes wird durch Umrühren mit einem Kohlestab gewährleistet, wodurch die chemische Mischung ohne das Einführen einer die chemische Verbindung verunreinigenden und ihre Eigenschaften verändernden Substanz entsteht.

Bei der Ausführung der Experimente wären ein kleiner Schmelzofen von der Art, wie sie in metallurgischen Laboratorien benutzt werden, ein starkes Paar Handwalzen und ein Amboss sehr nützliche Werkzeuge für jeden, der beabsichtigt, sich diese Kunst zu eigen zu machen.»

Interessant ist hier die abrupte Wendung von den übernatürlichen Aspekten des Rituals und der Somapflanze zur metallurgischen Phraseologie des Alchimisten. Soma findet in der indischen vedischen Magie eine breit gefächerte Verwendung, und es spielt auch eine Rolle in den rituellen Texten der Perser. Es scheint sich dabei um *Asclepias acida* oder um *Cynanchum viminale* zu handeln, das mit dem Mondgott identifiziert wird. Aber um auf unseren Alchimisten zurückzukommen:

«Die erfolgreiche Herstellung von Gold hängt noch von einer weiteren Voraussetzung ab: Die Metalle sollten von reinster Qualität und frei von Eisen sein. Wenn dies nicht der Fall ist, dann weist die Verbindung zwar die erforderliche Färbung auf, ist aber zu hart und so spröde, dass man sie nicht zu Blättern oder feinen Drähten formen kann. Die zur Herstellung von Gold verwendeten Metalle müssen daher zunächst auf einen etwaigen Gehalt an Eisen geprüft werden und dürfen, wenn sie auch nur die geringste Spur davon enthalten, nicht verwendet werden.»

Nun folgt *Formel Nr. 1* (Tabelle nachfolgend):

«Nimm einen grossen Schmelztiegel und stelle ihn auf einen gut rotglühenden Schmelzofen. Dahinein lege zu unterst A, ungefähr in der Grösse eines kleinen Fingers; streue darauf B; bedekke dies mit ein wenig C; fache dann das Feuer an, so dass B sich verbindet; füge nun D hinzu und eine gleichgrosse Menge von E sowie F in gleicher Menge wie zuvor B. Lasse dieses Gemisch kochen, aber achte sorgfältig darauf, dass du nichts von dem Gas einatmest, das von E aufsteigt. Schütte dann das Ganze in einen anderen Schmelztiegel, der vollkommen sauber sein muss. Mit Hilfe von G und H wird sich das Gold auf dem Grund in Form schwarzer Teilchen absetzen, die du sammeln musst. Wenn das Metall erneut abgekühlt ist, ist es gebrauchsfertig.»

Die erforderlichen Bestandteile für dieses Rezept sind in einer präzisen Aufstellung angegeben. Die Wörter in Kursivschrift sind die in der Originalformel verwendeten indischen Worte.

A. Kolophonium (schwarzes Harz) *(Kala ral)* — 8 Teile
B. Reine Eisenfeilspäne *(Lohe ka burida ya ret)* — 2 Teile
C. Roter Schwefel *(Lal gandak)* — 2 Teile
D. Borax *(Suhaga)* — 2 Teile
E. Rotes Arsen (Realgar) *(Lal Sankhiya, Mainsil, Mendal)* — 2 Teile
F. Silber *(Chandi)* — 2 Teile
G. Somasaft, der auf die rechte Weise gesammelt wurde — 1 Teelöffel

Es könnte jedoch sein, dass manch einer mit Hilfe dieses Rezeptes kein Gold zustande bringt. «Es ist möglich», sagte mir der Alchimist, «dass übernatürliche Einflüsse mit der Persönlichkeit des Experimentators kollidieren. In diesem Falle sollte er das Experiment Nr. 2 ausprobieren.»

Verfahren nach Formel Nr. 2:

«Schmelze A in einem bleiernen Schmelztiegel über einer Gas- oder Ölflamme (da dies die besten Brennstoffe sind, die man verwenden kann). Bedecke darauf A mit Holzkohle, um Oxydation zu verhindern. Nachdem A geschmolzen ist, muss B unter die Holzkohle im Topf versenkt werden. Sobald B sich im Topf befindet, ist der nächste Vorgang eine Abkühlung, die durch die Temperatur des hinzugefügten B verursacht wird. Sobald B auf Schmelztemperatur erhitzt ist, verbindet es sich mit A. Füge nun C hinzu; wenn sich C mit der Masse verbunden hat, dann konzentriere dich auf die Tatsache, dass dies zu Gold werden wird, und füge den Somasaft von fünf Pflanzen hinzu. Nimm nun den Schmelztiegel vom Feuer und schöpfe die Holzkohle von der Oberfläche ab. Giesse den Inhalt des Topfes, der nun zu Gold geworden ist, in Gussformen von geeigneter Grösse. Die Flüssigkeit muss so lange umgerührt werden, bis sie in die Formen gegossen wird. Dann ist das Metall gebrauchsfertig. Bevor du C zur Masse hinzufügst, musst du es mit grösster Sorgfalt separat in einem anderen Schmelztiegel schmelzen.»

Vielleicht willst du zweiundzwanzigkarätiges Gold von rötlicher Färbung herstellen? In diesem Fall ist es besser, die Formel Nr. 3 auszuprobieren. Jedoch zunächst noch die Liste der Ingredienzen für *Formel Nr. 2:*

A. Kupfer (100% rein) *(Tanba)*	70 Teile
B. Aluminium (100% rein) *(Ek safed si halki dhat)*	5 Teile
C. Reines Gold *(Sona)*	25 Teile
D. Kohle *(Ek kism ka koila)*	30 Teile
E. Holzkohle *(Koela)*	30 Teile

Formel Nr. 3 scheint bei flüchtiger Betrachtung geeignet, eine Kupfer-Platin-Legierung zu erzeugen.
Ingredienzen für Formel Nr. 3:

A. Kupfer, 100% rein *(Tanba)*	800 Teile
B. Platin, 100% rein *(Ek safed sab se bhari dhat)*	28 Teile
C. Wolframsäure *(Ek kism ka dawa)*	20 Teile
D. Reines Gold *(Sona)*	170 Teile
E. Schmelzmittel *(Dhat piglane vali chiz)*	
F. Alkalisches Wasser *(Sajjikhar ki pani)*	
G. Saft der Somapflanze	

Methode zur Erzeugung von Gold aus den obigen Ingredienzen:

«Schmelze in einem Tiegel mit Hilfe eines Schmelzmittels A, B und C. Wenn alles geschmolzen ist, dann lasse es granulieren, indem du es in alkalisches Wasser schüttest. Schmelze es anschliessend wieder und füge gleichzeitig einen Becher Somasaft hinzu und abschliessend D. Nach dem Abkühlen ist das Metall gebrauchsfertig.»

Sehr wahrscheinlich haben diese Verfahren ihren Ursprung in goldartigen Legierungen, die im Westen dazu verwendet werden, nichtoxydierenden Schmuck herzustellen. Was die Funktion des Soma anbetrifft, so möge der Leser selbst darüber urteilen; aber es gibt zumindest ein modernes japanisches metallurgisches Patent, das die Herstellung von säurebeständigen Legierungen unter Verwendung von Molybdän und Wolfram beschreibt.
Indische alchimistische Formel Nr. 4:

Die folgenden Metalle und Ingredienzen werden verwendet:

A. Kupfer, 100% rein	100 Teile

B. Antimon	8 Teile
C. Reines Gold	5 Teile
D. Holzkohlenasche	15 Teile
E. Magnesium-Metall	15 Teile
F. Kalkspat	15 Teile

Verfahren für Formel Nr. 4:

«Schmelze während der letzten drei Tage des Vollmonds A in einem Tiegel. Füge B hinzu, sobald A einen gewissen Hitzegrad erreicht hat. Wenn auch B geschmolzen ist und es sich mit A verbunden hat, dann füge drei oder vier Tropfen frischen Somasaft hinzu und daran anschliessend einen Teil von D, E und F. Rühre ständig mit einem Kohlestab um, bedecke dann die Masse mit Kohle und lasse ihr 35 Minuten Zeit, sich zu verbinden. Wenn diese Verbindung mit allen ihren Ingredienzen abgeschlossen ist, füge C hinzu. Wenn C nahezu in eine enge Verbindung mit der Masse getreten ist, wird diese abschliessend mit Kohle bedeckt, der Tiegel wird mit einem Deckel verschlossen und alles wird weitere fünf Minuten lang so belassen. Dann ist das Metall zu Gold geworden und gebrauchsfertig. Achte besonders darauf, dass C separat geschmolzen werden muss, bevor es zu der Masse hinzugefügt wird.»

Noch zwei weitere Verfahren werden angegeben. Das erste, Formel Nr. 5, wird im Winter in den Stunden der Dunkelheit verwendet. Das zweite, Formel Nr. 6, wirkt bei denjenigen, die schon einmal erfolglos versucht haben, Gold herzustellen: vorausgesetzt, sie sind unverheiratet, weihen ihre Tätigkeit dem Gott Hanuman und stellen eine Statue dieses Gottes (der zur Hälfte ein Affe, zur anderen Hälfte ein Mensch ist) an einem bevorzugten Platz im Raume auf, so dass er die Vorgänge überblicken kann.

Ingredienzen für Formel Nr. 5:

A. Kupfer	100 Teile
B. Zink	17 Teile
Zinn	17 Teile
C. Reines Gold	25 Teile
D. Magnesium	8 Teile

E. Salmiak 60 Teile
F. Kalkstein 20 Teile
G. Gereinigter Weinstein 10 Teile
H. Jasminblüten 5 Teile

Verfahren für Formel Nr. 5:

«Zunächst wird A zusammen mit einer flüssigen Unze Somasaftes geschmolzen, dann werden D, E, F und G nacheinander hinzugefügt, und zwar in Pulverform. Sie müssen allmählich und unter Umrühren hineingegeben werden. Währenddessen werden Schlachtengesänge *(sic!)* der Purohitas gesungen.»

Hier sollte vielleicht erklärt werden, dass die Purohitas – königliche Priester und Ratgeber der alten Hindukönige – Schlachtengesänge benutzten, die man heute in der magischen *Atharva Veda* wiederfindet.[85]

Aber um zu Formel Nr. 5 zurückzukommen:

«Die Masse wird eine Viertelstunde lang umgerührt. B (Zink und Zinn) werden Stück für Stück hineingegeben; unterdessen wird weiter gerührt, bis sie schmelzen. Dann wird die Masse 35 Minuten lang mit Kohle bedeckt. Zum Schluss wird der Bestandteil C zugefügt; sobald er sich nahezu mit der Gesamtmasse verbunden hat, wird das Ganze bedeckt und ist nach fünf Minuten gebrauchsfertig. Achte darauf, C separat zu schmelzen, bevor du es der Masse beifügst.»

Das einfachste Verfahren ist Formel Nr. 6 im gleichen Manuskript. Hier wird nichts über Soma, Jasmin oder Reinigungsriten gesagt. Das Verfahren ist offensichtlich simpel, und man benötigt dazu auch weniger Zutaten. Bei näherer Betrachtung jedoch scheint das Ergebnis wenig mehr als eine ziemlich einfache Legierung zu sein, mit der man wohl nur solche Goldschmiede täuschen kann, die deren Existenz in einem Land wie Indien nicht vermuten würden.

Formel Nr. 6:

«Nimm folgende Zutaten: zwanzig Teile Platin, die gleiche Menge Silber, 240 Teile Messing und 120 Teile Nickel.

Schmelze diese Bestandteile getrennt in verschiedenen Schmelztiegeln. Füge sie in geschmolzenem Zustand zusammen. Giesse diese Legierung zum Abkühlen in Formen. Danach kannst du das Metall gebrauchen.»

DER ALCHIMIST

Es ist interessant zu beobachten, wie die traditionelle Alchimie im Osten mit der modernen Wissenschaft vermischt worden ist, und wie hieraus die soeben beschriebene Art von alchemischer Lehre des zwanzigsten Jahrhunderts entstanden ist. Ebenso fesselnd ist die Geschichte eines Alchimisten, der weniger darauf bedacht war, seine Ware zu verkaufen, und der im alten Stil arbeitete. Die folgenden Notizen wurden nach den Erlebnissen von Frau Morag Murray Abdullah (mit ihrer Genehmigung) aufgezeichnet. Sie ist Schottin, mit einem Afghanen verheiratet und hat dreissig Jahre lang im Osten gelebt.

«Aquil Khan war ein Alchimist. Auf den ersten Blick erscheint es seltsam, dass ein Mensch, von dem man annimmt, dass er alles Geld, das er besitzen will, selbst herstellen kann, in einer Höhle lebt. Die Erklärung folgt am Schluss, sozusagen wie ein Zuckergebäck, das sich ein Kind bei einem Fest bis zum Ende aufspart.

Wenn man Aquil nach westlicher Gewohnheit zunächst auf Grund von Äusserlichkeiten beurteilt, wird man ihm nicht allzuviel Vertrauen schenken. Hochgewachsen und von jener im Khyber so verbreiteten pathanischen Rasse abstammend, war er dünn und bärtig. Er trug einen Turban und seine Haut war mahagonifarben. Bekleidet war er mit einer nicht mehr ganz weissen, engsitzenden Hose und einem alten Armeemantel. Er war ein Mensch, der nur wenig sprach.

Unser gemeinsamer Freund Achmed erklärte ihm, dass er eine sehr wichtige Freundin aus England mitgebracht habe, die Aquil Khan besuchen wolle, um seine Weisheit kennenzulernen, mit deren Hilfe er Gold herstelle. Keine dieser Informationen vermochte die Unbeweglichkeit Aquils aufzutauen, oder – so schien es zumindest – ihn auch nur zu interessieren.

Er zuckte mit den Schultern, schürzte seine Lippen und sagte: ‹Handeln Sie ganz nach ihrem Belieben.› Die erste Bedingung war nun, ein Bad zu nehmen und saubere Kleidung anzulegen. Ausserdem war, wenn man Aquils Verhalten als Hinweis ansehen konnte, Stille notwendig.

Achmed und ich standen vor der Höhle, bis Aquil erschien. Schweigend gab er jedem von uns eine Halbliterflasche und schritt davon. Wir folgten ihm mit einigem Abstand. Es war ein heisser Tag, deshalb waren wir dankbar, als er sich in den Schatten des Dschungels begab. Nachdem wir schon einige Meilen marschiert waren, überquerten wir einen Zaun und Eisenbahnschienen und tauchten dann zum zweiten Mal in den Schatten des Dschungels ein. Aquil hielt nach weiteren zwei Meilen an.

An dieser Stelle standen einige Pflanzen, die wie riesiger Löwenzahn aussahen. Wir beobachteten den Alchimisten dabei, wie er Stengel abbrach und aus jedem von ihnen ein paar Tropfen eines milchigen Saftes in seine Flasche sammelte. Dies war eine ziemlich langwierige Angelegenheit, und bald verstanden wir, dass wir das gleiche tun sollten. Während der nächsten beiden Stunden wanderten wir umher und sammelten mit klebrigen Händen und trockenen Mündern den allmählich dickflüssiger werdenden Saft.

Nach Verstreichen dieser Zeitspanne hatten wir beide zusammen etwa eine Viertelflasche von diesem Saft gesammelt. Aquil trat zu uns, nahm unsere Flaschen und fügte ihren Inhalt dem seiner eigenen hinzu. Daraufhin traten wir den Rückweg an.

Über den Durst wurde kein Wort verloren. Als wir uns in der Quelle nahe bei seiner Höhle wuschen, versuchte ich, einen Schluck Wasser zu trinken. Aquil schüttelte heftig seinen Kopf. Er war eindeutig ein Mensch von spartanischen Gewohnheiten. Dies schien jedoch ein Teil des Rituals zu sein. Da uns kein Wort gesagt wurde, mussten wir, die wir ja in Kürze London aufkaufen wollten, ihn beobachten und diese Lektion lernen.

Nachdem Aquil einige Minuten lang anscheinend in Versenkung dagesessen hatte, gab er uns ein Zeichen, dass wir nach Hause gehen sollten. Achmed erzählte mir, er habe gehört, dass Alchimisten während ihrer Arbeit nicht sprächen, damit die Geister, die das Gold hüten, nicht erfahren, dass Gold hergestellt werden soll. Am nächsten Tage begaben wir uns im Morgengrauen zu der Höhle. Er wartete schon auf uns und führte uns in die Richtung, die der am Vortag eingeschlagenen entgegengesetzt war. Ein dreistündiger Marsch durch den Dschungel brachte uns zu einer Rodung. Durch sie hindurch rann ein kleiner Bach mit eiskaltem Wasser. Der Boden zu seinen beiden Seiten war feucht und senffarben. Aquil machte sich daran, den Schlamm zu sammeln, und zwar denjenigen, der direkt unter der Oberfläche lagerte, wo er eine cremegelbe Färbung aufwies. Wir sammelten jeder etwa zwei Pfund davon. Dann wurde das Ganze zu einem grossen runden Ball geformt und in einem verknoteten Tuch mit zurückgenommen. Während dieser gesamten Zeit hatte Aquil kein Wort gesprochen und auch kein hörbares Zeichen einer magischen Äusserung von sich gegeben.

Wieder in der Höhle angelangt, beobachteten wir Aquil dabei, wie er aus dem gelben Lehm tiefe Schalen formte, die einen Durchmesser von ungefähr 15 cm hatten. Diese wurden zum Trocknen auf ein Sims gestellt, woraufhin wir wieder entlassen waren.

Am nächsten Tag unternahmen wir eine lange Wanderung, um Holz zu sammeln, obwohl es davon grössere Mengen ganz in der Nähe der Höhle gab. Ich bemerkte, dass es sich ausschließlich um hartes, dunkelbraunes Holz handelte, das jedoch von verschiedenen Arten von Bäumen stammte.

Am darauffolgenden Tag suchten wir einen Steinbruch auf, um dort eine Anzahl von Steinen zu finden. Diese mussten grau, fast quadratisch und von der Grösse eines Kricketballes sein.

Und wieder brach ein neuer Tag an. Aquil gab uns zu verstehen, dass wir vor seiner Höhle ein Feuer aufbauen sollten. Wir bauten eine halbkreisförmige Mauer, hoben eine Grube aus und entzündeten darin ein Feuer: zuerst Papier, auf das Quadrate gezeichnet waren, dann das Spezialholz, dann Holzkohle und zum Schluss das getrocknete Blut einer weissen Ziege.

Das Blut musste pulverisiert und mit Muskatnusspulver, Zimt und Hinduweihrauch vermischt werden. Nun sprach Aquil ein einziges Mal. Das Feuer, so sagte er, müsse vier Tage lang ohne jede Pause weiterbrennen. Wenn es zwischendurch verlösche, müsse der gesamte Vorgang wiederholt werden. Das Feuer durfte auch erst in der ersten Neumondnacht entzündet werden. Und bestimmte Dinge durften unterdessen nicht passieren. Eines davon war der Schrei eines Schakals, ein anderes war ein Eulenschrei. Wir wechselten uns dabei ab, die ganze Nacht über das Feuer zu bewachen und zu schüren.

Unsere Horoskope waren zu deuten, um sicherzustellen, dass keine ungünstige Konjunktion vorlag, die stören könnte. Aquil arbeitete daran sehr lange. Es schien jedoch so, als ob alles zum Besten stünde. Dann stellte er die beiden Schalen auf ein Stück Leinen von etwa zwei Quadratmetern. Dieses legte er auf den Boden. Nun schnitt er etwa 45 Zentimeter Baumwollstoff zu Streifen von 2,5 Zentimeter Breite und legte sie auf das Leinentuch.

Er vermischte den übriggebliebenen Lehm mit Quellwasser, das zuvor in einem neuen Krug fünf Meilen weit getragen worden war, und gab ihm so die Konsistenz einer dicken Creme. Hierauf legte er einen Stein von der Grösse einer grossen Aprikose zusammen mit einem Stück Silber von der Grösse eines Zuckerstückes in eine der Schalen. Darüber verteilte er zwei Esslöffel des milchigen Saftes, den wir gesammelt hatten. Während der ganzen Zeit beobachtete der Goldmacher ständig die Sterne – so ruhelos wie ein Mensch, der immerzu seine Uhr zu Rate zieht. Er bedeckte nun mit der zweiten Schale die erste, die den Stein, das Silber und den Saft enthielt, und bildete so aus den beiden Schalen eine Art Kugel.

Dieses Gebilde umwand er dann sorgfältig mit den langen Baumwollstreifen, nachdem er sie zuvor in den Lehm getaucht hatte, der nun wie Leim klebte.

Das setzte er so lange fort, bis alle Baumwolle verbraucht war und die Kugel erheblich an Umfang gewonnen hatte. Schliesslich legte er noch eine Schicht Lehm (diesmal war es gewöhnlicher Lehm) um die Packung herum und stellte diese dann mitten in die Glut des Feuers hinein. Darüber streute er eine Schicht heisser Holzkohle. Nun begann die Wache.

Die ‹Schale› musste sieben Tage und Nächte lang weissglühend gehalten werden. Glücklicherweise war es nicht erforderlich, dass wir während dieser ganzen Zeit beim Feuer sassen: Aber wir wechselten uns ständig beim Bewachen der Glut ab. Der Grund hierfür war, dass ‹Satan kein Gold herstellen kann, und wenn dieses Gold während der Herstellung unbewacht bliebe, so würde er kommen und es in seiner gegenwärtigen Form stehlen und so das Geheimnis erlernen›. Sogar Achmed und ich selbst – die wir doch Uneingeweihte waren – hatten es uns zur Gewohnheit gemacht, besorgt zu den Sternen aufzuschauen. Die Erregung stieg in meinem Geiste hoch. Aquil presste heraus, dass es bei einem Experiment dieser Art eine Selbstverständlichkeit sei, nicht zu reden, nicht zu lachen, weder optimistisch zu sein noch Zweifel zu haben und während des gesamten Prozesses weder zu essen noch zu trinken.

Die ermüdenden Tage und Nächte vergingen. Aquil nahm den roten Ball aus dem Feuer und legte ihn zum Abkühlen in einen Sandhaufen. Es dauerte zwölf Stunden, bis er genügend abgekühlt war. Als Aquil die Verpackung öffnete, sahen wir, dass durch die

Einwirkung des Lehms nicht die ganze Baumwolle verbrannt war. Zum Schluss wurden die Schalen wieder voneinander getrennt, und in ihnen befand sich ein Stück gelblichen Metalls. Aquil übergab es mir: ‹Nimm es mit zu einem Juwelier und schau, ob es Gold ist.›

Als ich zögerte, weil ich dachte, dass es sich um einen Betrug handle, ging er in die Höhle zurück und brachte einen grossen Baumwollsack herbei. Daraus holte er etwa fünfzig Goldstücke hervor, die demjenigen, das in meiner Hand lag, vollkommen gleich waren.

‹Dies sind nur einige. Ich habe noch viel mehr davon. Es gab eine Zeit, da zweifelte ich genauso, wie ihr zweifelt. Ich brauchte dreissig Jahre, um dies zu erlernen. Dreissig Jahre lebte ich von Wasser, Nüssen und Beeren, litt Hunger und verbrachte die Zeit in Versenkung und mit Experimenten. Ich musste lernen, den Himmel zu lesen, Tiere zu zähmen und Zeichen zu erkennen. Anfangs hatte ich nichts weiter als eine Formel, die durcheinandergebracht war. Die musste ich zuerst berichtigen. Dann musste ich die Plätze finden, an denen es die richtigen Ingredienzen gab ... das kostete Jahre.›

Ich fragte ihn, was er jetzt tun wolle. ‹Jetzt? Es ist fünf Jahre her, seit ich das System perfektioniert habe. Seitdem stelle ich Gold her. Ich kann nichts anderes tun. Und ich will es nicht tun. Aber was soll dies alles für einen Sinn haben? Ich missachte all das, wovor mich mein alter Meister gewarnt hat. Es wird zur Besessenheit. Die Tatsache, dass ich tun kann, was niemand anders (ausser einigen wenigen) tun kann, ist meine Freude, und ich will nichts anderes.

Wozu ist Gold gut? Kann es Leben wiederschenken? Ich bin sein Sklave. Ich kann nicht davon loskommen. Dies ist meine Geschichte. Die Faszination hält mich in ihren Klauen. Ich kann und will das Gold nicht weggeben und will es auch weder verkaufen noch jemand anderem geben. Ich weiss auch nicht, warum dies so ist.›

Ich nahm das Gold mit zum Juwelier. Er bot an, es mir abzukaufen. Da es jedoch nicht mein Eigentum war, nahm ich es wieder mit zurück zu Aquil. Er warf es wie ein Stück Kohle in den hinteren Teil seiner Höhle. ‹Reisen sie zurück nach London›, sagte er zu mir. Ich weiss bis heute nicht, was dies alles zu bedeuten hat.»

Dies ist die seltsame Geschichte, die mir Frau Morag Murray erzählte. Sie hatte weder einen Nutzen von dem Gold noch von der Geschichte, die sie mir freiwillig und zu meiner freien Verfügung überliess. Deshalb habe ich sie hier wiedergegeben.

15 LIEBESMAGIE

Einer der volkstümlichsten Zweige der Zauberei ist in Indien die Geschlechtsmagie. Dieser Begriff (bekannt als *Strikarmani*) umfasst jede bekannte Form von Beziehungen zum anderen Geschlecht. Männer gehen zu den Praktikern dieser Kunst, um die Liebe von Frauen zu erobern, die sie heiraten wollen; Frauen, die Kinder gebären wollen, kaufen aus diesem Grunde Amulette; Verheiratete rufen Geister an, um Zwietracht beizulegen oder um zu versöhnen.

Ritual zur Entfachung leidenschaftlicher Liebe bei einer Frau

Dieser Zauberspruch wird bei zunehmendem Mond so oft wie möglich wiederholt und soll universell erfolgreich wirken:

«Mit dem allmächtigen Pfeil der Liebe durchbohre ich dein Herz, oh Frau! Liebe, Liebe, die Unruhe bringt, die wird dich überwältigen, liebe mich!

Dieser Pfeil, der genau und gerade fliegt, wird in dir brennendes Verlangen hervorrufen. Er trägt das Wesen meiner Liebe, sein Schaft ist meine Bestimmung, dich zu besitzen.

Ja, dein Herz ist durchbohrt. Der Pfeil hat sein Heim erreicht. Ich habe durch diese Künste dein Widerstreben überwunden, du bist verändert! Komme zu mir, fügsam, ohne Stolz, so wie auch ich keinen Stolz habe, sondern nur Verlangen. Deine Mutter wird keine Macht haben, dein Kommen zu verhindern, und ebensowenig wird dein Vater dich hindern können! Du bist vollständig in meiner Macht.

Oh Mitra, oh Varuna, beraubt sie ihrer Willenskraft! Ich allein übe Macht über Herz und Geist meiner Geliebten aus!»

Während der Rezitation dieses Zauberspruchs wird ein Pfeil hergestellt und dann geschwungen, der das physische Gegenstück zum imaginären Pfeil der Liebe darstellt, auf den der Text Bezug nimmt. Ebenso wie andere Zauberrituale dieser Art, kann auch dieses entweder vom Liebenden selbst oder von einem von ihm beauftragten Zauberer ausgeführt werden.

Ritual zum Entfachen der Leidenschaft eines Mannes

Es gibt eine sehr grosse Anzahl solcher Zaubersprüche. Im allgemeinen folgen sie einem ähnlichen Muster wie die des anderen Geschlechts. Der Hauptunterschied scheint in der Eigenart zu bestehen, dass sie zumindest siebenmal gesprochen werden müssen. Frauen wird auch aus einem unbekannten Grunde stets eingeschärft, ihre magischen Aktivitäten keiner anderen Frau anzuvertrauen.

«Ich bin von brennender Liebe zu diesem Mann besessen: und diese Liebe kommt zu mir von Apsaras, dem immer Siegreichen.

Lasse den Mann nach mir sich sehnen, nach mir verlangen, lass sein Verlangen nach mir entbrennen! Lass diese Liebe aus dem Geiste hervortreten und ihn besetzen.

Lass ihn so nach mir verlangen, wie nichts je zuvor ersehnt wurde! Ich liebe ihn, will ihn besitzen: ihn soll das gleiche Verlangen nach mir ergreifen!

Oh Maruts, lass ihn erfüllt werden von Liebe; oh Geist der Lüfte, erfülle ihn mit Liebe; oh Agni, lass ihn in Liebe zu mir entbrennen!»

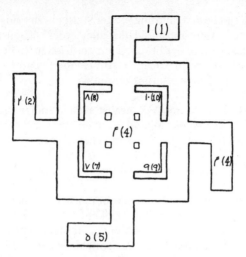

Sonnen-Swastika-Amulett, das «120.000mal geschrieben und in fliessendes Wasser geworfen werden muss». Es soll jeden Wunsch erfüllen.
Von *Inder Jall*

Auch der folgende Zauberspruch wird häufig benutzt:

«Durch die Macht und die Gesetze von Varuna rufe ich die brennende Kraft der Liebe an, in dir, für dich. Das Verlangen, den mächtigen Geist der Liebe, den alle Götter in den Gewässern geschaffen haben, ihn rufe ich an, ihn beauftrage ich, seine Liebe zu mir zu sichern!
Indrani hat die Gewässer mit dieser Liebesmacht magnetisiert. Und sie ist es, die ich durch Varunas Gesetz entflamme!
(Dies wird zweimal wiederholt.)
Du wirst mich mit brennendem Verlangen lieben!»

Auch Entfremdung bietet viele Gelegenheiten zur Ausübung von Magie. Wenn eine Frau ihren Mann im Stich gelassen hat oder einen anderen Mann bevorzugt, wird der folgende Zauberspruch abends mindestens neunundvierzigmal wiederholt, «bis sie zurückkehrt».

Methode, um eine Frau zur Rückkehr zu veranlassen

«Ich habe dem Himmel, der Erde und der ganzen Schöpfung befohlen, stillzustehen. Durch diese Macht rufe ich den Geist an, der die Kraft besitzt, alle Dinge zum Stillstand zu bringen. Veranlasse durch Agni und mit Hilfe aller erdenklichen Mittel und Wege, dass (Name der Frau) zu mir zurückkehrt! Dieser mächtige Zauber kann nicht versagen. Auf Hunderte und Tausende von Arten sollst du zu mir zurückkehren!»

So wie bei vielen anderen Völkern ist auch in Indien die Hauptbeschäftigung vieler Alleinstehender, einen Partner zu finden. Nach der Atharva Veda gibt es nichts Einfacheres als das.

Zauber, um eine Gattin zu bekommen

Der Zauberer nimmt ein Bambusrohr mit sieben Knoten und befestigt an seinem Ende einen Metallhaken, der den Haken des Indra symbolisiert. Der «Klient» sitzt vor dem Meister auf dem Boden und spricht kein Wort. Der Zauberer spricht den folgenden Zauberspruch:

«Ich nehme Stärke auf mich, die Stärke von hundert Männern. Ich nehme diese Kraft auf mich im Namen des Geistes, der hierher kommt, der kommen wird, der gekommen ist. Oh Indra, gib mir diese Stärke!
So wie die Asvinis Surya, das Kind Savitars zur Braut machten, so hat das Schicksal bestimmt, dass dieser Mann eine Frau finden soll. Indra, bringe mit diesem Haken aus Gold, dem Haken der Macht, eine Frau für denjenigen, der eine Frau begehrt!»

Obgleich Uneingeweihte diese Riten nicht ausführen sollen, ist heute eine grosse Anzahl von mehr oder weniger korrekten Druckversionen der Vedas in Umlauf. Viele davon sind unvollständig, aber alle enthalten sie die Zaubersprüche der Liebesmagie, die von Tausenden von Laien benutzt werden.
Ein beliebter Zauber für Frauen, die einen Ehemann finden wollen, ist der folgende.

Zauber zur Beschaffung eines Ehemannes

«Ich suche einen Gatten. Ich sitze hier, mein Haar fliesst weich, ich gleiche jemandem, der vor einer gewaltigen Prozession sitzt und einen Ehemann für diese Frau ohne Gatten sucht.

Oh Aryaman! Diese Frau kann es nicht mehr ertragen, die Hochzeiten anderer Frauen zu besuchen. Nun, nach dem Vollzug dieses Rituals, werden die anderen Frauen zu ihren Hochzeitsfeierlichkeiten kommen!

Der Schöpfer erhält die Erde, die Planeten und den Himmel. Dhatar (Schöpfer), erschaffe einen Freier, einen Ehemann für mich!»

Zauber gegen Rivalen

Es gibt eine grosse Anzahl solcher Zaubersprüche. Sie folgen im allgemeinen dem festen Schema, nach dem sich der (die) Beschwörende mit einer angeblich übernatürlichen Macht identifiziert. Nachdem er (sie) die Feststellung rezitiert hat, dass er (oder sie) auf diese Weise riesige magische Kraft besitzt, wird der Geist angerufen, damit er dem (der) Hilfesuchenden seine guten Dienste zur Verfügung stellt. Einige Zauberrituale schliessen das Ausgraben einer Pflanze mitsamt den zugehörigen Beschwörungen ein. Der nun folgende Zauberspruch wird von einer Frau gegen eine Rivalin verwendet, um sicherzustellen, dass diese nicht heiratet:

«Die Macht dieser Frau, ihr Glück, ihre Vorzüge, sie alle sind zu mir gekommen. Sie wird im Hause ihrer Eltern sitzen, unverrückbar wie die Berge (d. h., sie wird nicht heiraten).

Oh Yama, grosser König, diese Frau ist dir bestimmt und niemand anderem. Sie wird im Haushalt ihrer Mutter, ihres Vaters oder ihres Bruders bleiben müssen!
Sie wird das Haus in Ordnung halten für niemand anderen als dich, König Yama: dir habe ich sie geschenkt! Sie wird bei ihrer Familie bleiben, bis sie kein Haar mehr auf dem Kopfe hat!

Oh Frau, dein Schicksal ist besiegelt, von mir verborgen wie in einer tiefen Truhe. Dies geschieht im Namen von Asita, Kasyapa und Gaya. Es soll verborgen bleiben!»

Wenn eine Frau befürchtet, dass sie die Gefühle ihres Gatten oder Freiers an eine andere Frau verlieren könnte, dann wird der folgende Zauberspruch benutzt. Die Frau gräbt Pflanzen mit abstehenden Blättern aus und rezitiert unterdessen die nachfolgende Formel:

«Wahrlich, ich grabe diese machtvolle Pflanze aus einem bestimmten Grunde aus. Dieses Kraut ist begabt mit einer Macht: mit der Macht, Frauen, die meine Rivalinnen sind, zu besiegen; die Macht, einen Ehemann zu gewinnen oder zu behalten.

Oh Pflanze mit den abstehenden Blättern, so voller Schönheit, lasse diesen Mann mir allein gehören. Schlage meine Rivalin in die Flucht; gebrauche die Macht, die du besitzt und dazu die Macht der Götter (Geister)!

Ich bin grösser als die anderen Frauen, wichtiger, mächtiger. Gemeinsam verbannen wir sie mit ihren Hoffnungen in weite Ferne, weiter als jede andere Entfernung.

Ich bin voll Macht, Du, oh Pflanze, bist in dieser Hinsicht auch allmächtig. Zusammen werden wir diese Frau leicht überwinden.

Oh Mann! Ich habe dich durch die Kraft dieser Pflanze verzaubert. Nichts ist stärker als die Macht, die ich angerufen und auf dich gerichtet habe. Deine Gedanken werden in Zukunft nicht mehr von mir abschweifen, sondern mir folgen, wie das Wasser seinem vorgezeichneten Weg wie das Kalb seiner Mutter folgt!»

Wenn man einen Ehemann oder eine Gattin gefunden hat, ist nach den Veden der wahrscheinlich nächste logische Schritt der Zauberspruch, der zur Geburt eines Sohnes verhelfen soll:

«Lo, der Samen hat sich vermischt, und dies ist der Weg zur Geburt eines Sohnes; so ist es von Pragapati angeordnet worden. Pragapati, Anumati, Sinivali, sie haben ihn geschaffen. Pragapati wird andere weibliche Kinder gebären lassen, uns wird er einen Sohn schenken.»

Zauberspruch zur Vermeidung einer Fehlgeburt

«So wie die Erde ihre Geschöpfe erzeugt, so soll ein Kind erfolgreich erzeugt werden! Dein Embryo soll wie dasjenige der Berge beschützt und das Kind soll sicher geboren werden!»

Unter der gleichen Überschrift finden sich einige Vorschriften für Hassmagie.

Zauberspruch, um Frauen unfruchtbar zu machen

In einer Gesellschaft, in der mehrfache Heirat nicht ungewöhnlich war, bringt eine Kindsgeburt eine Frau unvermeidlich in eine stärkere Position als die einer kinderlosen Frau des gleichen Haushalts. Folglich bringt der Verlust an Jugend oder Zuneigung oft eine Frau zu der Hoffnung, dass sie unter den Frauen die einzige ist, die Kinder gebiert.

Wenn der Hausherr eine neue Frau nach Hause bringt, sprechen ihre Rivalinnen im Harem diesen Zauberspruch:

«Oh Gatavedas, lasst die, die auf dem Wege sind, nie geboren werden! Deinen Schoss (oh Frau) habe ich durch diese magischen Künste verzaubert. Er ist nun umgekehrt und kann keine Nachkommenschaft produzieren! Du bist steril. Ich nehme diesen Stein, der deine Sterilität darstellt!»

Ebenso wird eine Frau, die von der Eifersucht einer anderen weiss, ihren Streitfall auf folgende Weise zu ihren Gunsten zu beeinflussen suchen:

Zauber gegen Eifersucht

«Diese Eifersucht, die du für mich fühlst, dieses starke Gefühl zerstöre ich hiermit. Ihr Feuer lasse ich wegfliegen, wie der Wind es mit dem Feuer tut. So sicher wie der Tod und so sicher wie der Tod tot ist, so ist jener Hass tot! Ich habe die Eifersucht aus deinem Herzen gepresst so wie Luft aus einer Blase gedrückt wird!»

Der Magier, der oft entsprechend der Anzahl von Zaubersprüchen, die er spricht, bezahlt wird, wird seinen Kunden dazu drängen, durch die Verwendung von mehreren Zaubersprüchen für den gleichen Anlass doppelt sicher zu sehen. Eine Frau, deren Ehemann das Interesse an ihr verliert, wird einen Zauber benutzen, damit seine Liebe zurückkehrt, und vielleicht noch einen weiteren, um ihre eigene Schönheit zu erhöhen.

Zauber zur Steigerung der Schönheit

«Den Arati, den Dämon, der der Grund meiner Hässlichkeit ist, ihn treibe ich aus. Jeder Mangel an Anmut, den ich habe, wird durch den mächtigen Varuna und Mitra beseitigt werden. Aryaman, mache meine Hände schön, lass mich glücklich sein. Glücklichsein ist der Zweck, zu dem die Frau geschaffen wurde! Beim Geiste Savitar, lass alles Unschöne gebannt sein! Alles Unschöne an Geist, Körper und Aussehen wird verschwinden. Alle Fehler, jeder Mangel an Schönheit, sie werden davongetrieben!»

Hymnen für die Zeugungskraft

Die Zeugungskraft scheint als so wichtig angesehen zu werden, dass besondere Praktiker ihr Leben und ihre Studien ihrer Wiederherstellung widmen. Lange Hymnen werden während der Zubereitung der zu diesem Zweck hergestellten Zaubermittel gesungen. Es ist sehr wahrscheinlich, dass das psychologische Element hierbei eine grosse Rolle spielt.

Zwei Pflanzen kommen dabei zur Anwendung: *Mucuna pruritus* und die Wurzel von *Feronia elephantum*. Sie werden mit den folgenden Worten ausgegraben: «Oh Kraut, du bist von Stieren entwurzelt worden» − ein charakteristischer Symbolismus, den man in vielen indischen magischen Ritualen finden kann − «du bist der Stier, der von lüsterner Stärke überschäumt: Und für einen Stier von dieser Art wirst du heute von mir ausgegraben!»

Eine eiserne Pflugschar wird benutzt, um die Pflanze zu entwurzeln − es kann die eine oder andere der beiden erwähnten sein. Oft werden sie auch beide zur etwa gleichen Zeit gesammelt. Nachdem sie zerkleinert und in Wasser eingeweicht worden sind, werden Aufgüsse von ihnen mit etwas Milch vermischt. Der Patient, der auf einer Keule oder auf einem Pfeil sitzt, trinkt die Mixtur und rezitiert unterdessen den Zauberspruch für Zeugungskraft.

«Du bist die Pflanze, die Varuna für ihn durch Gandharva ausgegraben hat, du mächtiges und lüsternes Kraut, das wir entwurzelt haben.
   Ushas, Surya, Pragapati sind alle mit mir; sie alle werden mir die mächtige Kraft verleihen, die ich suche! Oh Indra, gib diesem Mittel Kraft; seine Hitze gleicht derjenigen des Feuers. Wie die männliche Antilope besitzt du, oh Kraut, alle Kraft, die es gibt, du Bruder des grossen Soma.»

Diese Hymne endet mit einer schriftlichen und flehentlichen Anrufung aller Kräfte Indras, die mit der lüsternen Macht von den «Tieren» verglichen werden.

16 DIE OKKULTE KUNST IN CHINA

«Es ist erhaben, der Meister der Welt zu sein ...»
                                    Kaiser K'ien Lung (A. D. 1764)

China, das Land mit der ältesten Zivilisation der Welt, besitzt ein magisches System und Ritual, das aus frühester Vorzeit stammt.[87] Drei Dinge kennzeichnen den chinesischen Okkultismus: Erstens der weitverbreitete Glaube aller Gesellschaftsschichten an die Wirksamkeit okkulter Praktiken, zweitens die Ansicht, dass die meisten Phänomene von spezifischen Geistern beherrscht werden, und drittens die Mystik des Laotse.

Das heute magische System Chinas und der chinesischen Gemeinschaften, die sich über ganz Südost-Asien erstrecken, kann man in seiner Entwicklung von den mongolischen Ursprüngen der chinesischen Urreligion (Shintoismus) über die esoterischen Formen des Taoismus bis zu seiner heutigen Erscheinungsform verfolgen. Die letztere hat ihrerseits den Okkultismus des Westens tiefgreifend beeinflusst.

Der Schamanismus und die Aktivitäten der Zauberdoktoren bei den Stämmen der Mongolei und in verwandten Gemeinschaften wie denjenigen der Eskimos, weisen Spuren auf, die belegen, dass sie die Ursprünge des chinesischen Shintoismus bilden. Der Shintoismus seinerseits verlagerte sich nach Japan. Ihm sind Phänomene eigen, die mit einigen auch in Europa bekannten vergleichbar sind. Dazu gehört der Mediumismus, die «Geisterschrift» und die Form gewisser Amulette.

Shinto scheint sich in China vor ungefähr dreitausend Jahren ausgebreitet zu haben und stellt eine Übernahme der magischen Praktiken der mongolischen Bevölkerung des Nordens dar, die während der Dschou-Dynastie stattfand.

Aus dieser Quelle haben sowohl das chinesische als auch das japanische System ihre Vorstellung von den Geistern übernommen. Diese sind sorgfältig organisiert: zunächst gibt es die Eine Höchste Intelligenz; unter ihr befinden sich die engelhaften (himmlischen) Intelligenzen; darunter folgen die Geister der Toten, die verehrt werden dürfen. Sie werden in magischen Ritualen angerufen und sollen angeblich mit den höheren Intelligenzen oder Göttern zusammenarbeiten.

Als die Menschen in China das Gefühl bekamen, diese Form der Religion (Animismus) bedürfe einer Erneuerung, trat Konfuzius auf. Seine Lehren waren fast gänzlich spekulativ und philosophisch. Er war ein Zeitgenosse Laotses, jedoch älter als dieser.

Laotse hingegen arbeitete an der Erneuerung der chinesischen Philosophie mehr mit Hilfe der Mystik als der Logik. Als kaiserlicher Bibliothekar hatte er Zugang zu Büchern der «alten Philosophie», die auf ihn einen grossen Einfluss ausgeübt zu haben scheinen, da er oft aus ihnen zitiert. Seine Anhänger scheinen diese Verbindung zur Vergangenheit bis zu dem Punkt zurückverfolgt zu haben, an dem magische Rituale und Wunder ein wichtiger Bestandteil des «alten» (Shinto-)Systems waren.

In der chinesischen Philosophie gibt es vier Haupteinflüsse: Shinto mit seinem Pantheon und seinen offenkundig magischen Ritualen kämpfte mit der Negativität des Buddhismus, der aus Indien importiert wurde. Keine der beiden Lehren konnte einen eindeutigen Sieg erringen. Konfuzius war wie Plato und Aristoteles ein überlegener politischer und ethischer Denker. Aber seine Maximen vermochten keinen genügend grossen Einfluss auszuüben, um die älteren Kulte zu verdrängen. Laotses System, das in einem gewissen Masse im Shinto verwurzelt war und alle Möglichkeiten enthielt, sich zu einem magischen Kult zu entwickeln, war bald keine Reform mehr, sondern diente als Vermittler, mit dessen Hilfe die traditionelle Magie des nun erloschenen Shintoismus weitergeführt wurde. Und so ist es noch heute.

In seinem Buch über das Tao bezieht sich Laotse oft auf die «Macht des Tao» und auf die «Geheimnisse darin». Derartig unverständliche Ausdrücke schafften den erforderlichen Spielraum für die Entwicklung okkulter Praktiken.

Während Konfuzius und Latose einander getroffen und geschätzt haben sollen, entwickelte sich später Rivalität zwischen ihren Schulen, was schliesslich zu offener Feindschaft führte, wie heute offensichtlich ist.

Die Konfuzianer wollen mit den Lehren und Praktiken des Taoismus nichts zu tun haben. Sie weisen sowohl die mystischen Lehren als auch die okkulten Rituale zurück. Die Buddhisten hingegen haben ihr eigenes mystisches und magisches System, das sich nicht radikal von dem des Tao unterscheidet, sondern lediglich in Äusserlichkeiten.

Die folgenden Seiten befassen sich in der Hauptsache mit den okkulten Phänomenen, die von den Chinesen taoistischer Überzeugung ausgeübt und gehütet werden.

Bemerkenswert ist zunächst, dass beim Studium magischer Praktiken nicht verborgen bleiben kann, dass viele der Rituale, die man in den europäischen «schwarzen Büchern» findet und von denen man weiss, dass sie von westlichen Zauberern praktiziert werden, ihre Parallelen in der chinesischen Magie haben.

Im Falle der Hindu-Magie beispielsweise sind nur sehr wenige Verbindungen zur europäischen Zauberei zu finden. Ein chinesischer Zauberer des Mittelalters jedoch und sein westlicher Kollege hätten sehr wohl die jeweiligen Motive des anderen und sogar gewisse Rituale verstehen können.

Weidenstäbe und Wasserfinden, Wachsfigurenzauber, auf Baumeister bezogener Aberglaube und noch'eine ganze Reihe von anderen Punkten springen sofort ins Auge. Vielleicht gibt es hier eine Verbindung zu den Semiten; denn die meisten Rituale der europäischen Magie stammen aus Büchern wie dem *Schlüssel Salomos,* dem *Schwert des Moses* oder den Werken der beiden Alberts, von denen bekannt ist, dass sie in den jüdisch-chaldäischen Systemen verwurzelt sind.

Es ist möglich, dass einige der Riten durch die arabischen Eroberungen in Spanien und Italien nach Europa eingedrungen sind. Gewisse englische und aus anderen europäischen Ländern stam-

Schriftzeichen für «Glück» als Amulett in hundert Variationen geschrieben.

mende Zauberer besuchten die angesehenen «okkulten Universitäten» Spaniens, um das arabische System zu studieren. Und der frühe Kontakt Arabiens mit China ist wohlbekannt. Noch heute teilen Chinesen und Araber gewisse abergläubische Vorstellungen über das Erhalten von Papier (ein Artikel, der von den Arabern nach Europa gebracht wurde), die bei keinem anderen Volke auftauchen.

MAGISCHE SPIEGEL

Magische Spiegel gehören zu den wichtigsten Werkzeugen der magischen Kunst in China. Ko Hung, eine der grössten Autoritäten auf diesem Gebiet, betrachtet sie als unentbehrlich im ständigen Kampf gegen die Dämonen: und man muss dabei bedenken, dass diese Gespenster sich an der Wurzel von fast allen Dingen befinden. Einen Schutz gegen das Böse, den Tod und gegen Krankheiten kann man nur durch die Bekämpfung der Dämonen erzielen, die diese Phänomene kontrollieren. Erfolg, Reichtum und Sieg, diese sogenannten positiven Errungenschaften, können ebenfalls durch die Mitwirkung der Gespenster erreicht werden, in deren Herrschaftsbereich diese Ziele fallen.

Für die magischen Spiegel gab es zwei Verwendungsmöglichkeiten. Erstens wurde die wahre Gestalt des Dämonen[88] darin unter Zwang widergespiegelt. Wenn der Dämon auf diese Weise einmal gesehen worden war, wurden dadurch seine Kräfte ernsthaft verringert und die Angriffe auf den Besitzer des Spiegels nahmen ab. Himmlisches Glück erlangte auch der Besitzer eines dieser unbezahlbaren Objekte: ein Mann wurde tatsächlich mit Hilfe eines solchen Spiegels Kaiser, so steht es im *Si-King Tsah-ki* geschrieben.

Wang Tu, der zur Zeit der Sui-Dynastie lebte, veröffentlichte ein einzigartiges Büchlein, in dem er die Kräfte und die Bedeutung des magischen Spiegels aufzeigt, den er anhand seines eigenen Spiegels, den er vom grossen Heu Sheng selbst empfing, illustriert. «Wann immer du ihn zur Hand nimmst», erklärte der Gelehrte, «werden Hunderte von Dämonen entfliehen». Er war mit einem Einhorn verziert sowie mit Tieren aus den vier Teilen des Universums und enthielt eine Darstellung der Weltordnung gemäss der Anschauung der Taoisten mit einer Inschrift: «Immer wenn die Sonne auf diesen Spiegel scheint, durchdringt die Tinte dieser Inschrift die Bilder, die er reflektiert, so dass sie keine falschen Formen mehr annehmen können.»

Im zweiten Jahr der Ta-Yeh-Periode (AD 606) machte sich Wang Tu nach dem Chang-ngan-Land auf, um die Kräfte dieses erstaunlichen Objekts zu untersuchen.

Der Verfasser der Schrift behauptet, dass er dazu schon bald eine Gelegenheit erhielt. Als er sich in einem Rasthaus aufhielt, erfuhr er, dass in diesem Hause ein geheimnisvolles Mädchen lebe und dass der Wirt etwas über sie in Erfahrung bringen wolle. Nachdem er seinen Spiegel geholt hatte, sah er, dass darin ein Gespenst reflektiert wurde – wobei es sich um niemand anders als das Mädchen handelte. Dieses kam nun zu ihm und bat ihn, es nicht mittels des magischen Spiegels zu töten. Das «Mädchen» bekannte, dass es schon tausend Jahre alt sei, dass es von einem Dämonen vertrieben worden sei, der es beherrsche, und dass es nach den verschiedensten Abenteuern hier angelangt sei.[89] Es beschloss zu sterben, trank etwas Wein, verwandelte sich in seine wahre Form – die einer Füchsin – und starb auf der Stelle.

Wie wird ein magischer Spiegel hergestellt? Kein chinesisches Buch noch so hohen Alters verrät das Verfahren. Aber Shi Chen gibt einen Hinweis. Er sagt, dass jeder Spiegel, der alt genug und gross genug ist, wenn er in einem Hause hängt, in der Lage ist, Geister aufzuspüren. Man sollte ihn jedoch verdeckt lassen, bis er gebraucht wird, und ihn auch nicht für irgendeinen anderen Zweck benutzen.

Über die Kräfte solcher Spiegel erzählt man in China eine Menge Geschichten.

ZAUBERSPRÜCHE UND AMULETTE

Zaubersprüche werden in China wahrscheinlich häufiger benutzt als irgendwo sonst auf der Welt. Eines der «gehüteten Bücher» der Zauberspruch-Schreiber ist das klassische Werk von Koh Hung, der sein *Pao Poh-Tze* im vierten Jahrhundert schrieb. Geschriebene Amulette, so sagt er im siebzehnten Kapitel, seien besonders wirksam für Reisende, insbesondere in den Bergen, wo die Geister sich in grosser Zahl aufhielten. Pfirsichholz ist wegen seiner magischen Eigenschaften das Material, aus dem der magische Stift zum Aufzeichnen der Schriftzeichen hergestellt wird[90], roter Zinnober und Lack sind die Schreibfarben. Solche Amulette sind so mächtig, dass sie nicht nur alle Geister und Gespenster überwinden, sondern sogar feindliche Tiere und Menschen. Einige dieser Schutzzauber hatten die Form von fünf Pfeilen, die auf eine ähnliche Art während der arabischen Herrschaft in Spanien von den Mauren benutzt wurde.

Die Zaubersprüche werden in einer seltsamen Schriftart aufgeschrieben, die «Donnerschreiben» oder «himmlische Kalligraphie» genannt wird.[91] Wenn auch viele dieser Schriftzeichen an die gewöhnliche chinesische Schrift erinnern, so kann man doch einige von ihnen nach den üblichen Methoden nicht interpretieren. Es mag sein, dass sie keinen Sinn haben. Interessant zu bemerken ist hier auch, dass die chinesische Methode, die Sterne und Planeten zu bezeichnen, die unter den Amulettschreibern sehr verbreitet ist, in einer Anzahl von Zauberbüchern zu finden ist, die in Europa während der Zeit des Mittelalters veröffentlicht wurden.[92] Wenn dies von chinesischen Originalen kopiert worden sein soll, dann fehlen die dazwischenliegenden Verbindungsstücke.

Die Frauen in China haben eine grosse Vorliebe für Triangeln aus Gold und Silber, von deren beiden äusseren Winkeln zwei Schwerter herabhängen. Diese Objekte sollen alles Glück beinhalten, das eine Frau benötigt oder wünscht.

Zaubersprüche werden stets auf rotes oder gelbes Papier geschrieben. «Manchmal wird das Bild eines Gottes auf dieses Papier gedruckt oder gezeichnet, und zwar in roter oder schwarzer Tinte. Anschliessend wird es über einer Türe aufgehängt oder auf einem Bettvorhang aufgeklebt, oder es wird im Haar getragen, in eine rote Tasche gesteckt oder man lässt es aus einem Knopfloch herabhängen.»[93] Oder es wird verbrannt, und die Asche wird mit Tee oder Wasser vermischt und getrunken, damit sein Einfluss den gesamten Körper durchdringt. In vielen Häusern gibt es acht oder zehn dieser Amulette, die von den Dachrinnen und anderen Stellen herabhängen, von denen man glaubt, dass die bösen Einflüsse sich dort aufhalten.

Auch die Gewohnheit, das Wasser zu trinken, in das ein solches Amulett eingeweicht wurde, ist in China wie im Mittleren Osten verbreitet.

Glocken werden als machtvolle Zaubermittel angesehen, die auch in den magischen Ritualen der chinesischen Zauberer Verwendung finden. Dieser Glaube an die Macht von Glocken soll aus Indien stammen. Er war sicherlich in Arabien weit verbreitet, als Mohammed den abergläubischen Gebrauch von Glocken verbot, der von Byzanz aus nach Hejaz gelangt war und heute noch unter den yezidischen Teufelsanbetern Kurdistans bekannt ist.

Durch Zaubersprüche Donner zu erzeugen, wird als wichtiger Bestandteil des taoistischen Systems der Magie angesehen. Solche Zaubersprüche müssen in ihrer geschriebenen Form die Darstellung der Schriftzeichen für «Donner» und «Blitz» enthalten. Die Absicht mag sein, Geister zu vernichten, die Unheil verursachen. Oder aber der Grund für das Herbeiführen von Donner und Sturm ist einfach der, jemanden, der es verdient, dadurch zu bestrafen. Ein Beispiel für die Vielseitigkeit des Donnerzaubers ist in einer Geschichte von Shunyu Chi enthalten, die aus dem vierten Jahrhundert n. Chr. stammt und in der *Standardgeschichte der Tsin-Dynastie* niedergeschrieben ist:

«Kao Ping ist ein Ort in Shensi. Dort wurde Liu Jeu eines Nachts im Schlaf von einer Ratte in den Mittelfinger seiner linken Hand gebissen. Er fragte Shun-yu Chi um Rat. Dieser sagte: ‹Dieses Biest wollte dich töten, hatte aber keinen Erfolg. Deshalb will ich es jetzt zur Vergeltung töten.›
Er zeichnete um den Puls des Klienten eine rote Linie und drei Zoll (ca. 7,5 cm) davon entfernt das Schriftzeichen ⴲ, ein Zoll

und zwei Zehntel (ca. 3 cm) im Quadrat gross. Ausserdem ordnete er an, dass Liu Jeu während des Schlafes seine Hand unbedeckt lassen solle. Am nächsten Morgen lag eine grosse tote Ratte in der Nähe von Liu Jeus Lagerstatt.»

Das obige Schriftzeichen ist eine Abwandlung des Zeichens für das Grollen und Blitzen von Donner und Blitz. Dieses Zeichen taucht in sehr vielen chinesischen Amuletten auf.

Das ganze System des Aufschreibens von Zauberzeichen und ihre Kombination ist äusserst einfach, und nur die Unkenntnis der Bedeutung dieser chinesischen Schriftzeichen selbst lässt diese unerklärlich erscheinen. Wenn man die grundlegenden chinesischen Schriftzeichen versteht und eine Liste der Formen jener «Himmlischen Kalligraphie» hat, so kennt man schon die meisten der Zeichen, die man gewöhnlich auf Amuletten antrifft. Ausnahmen sind diejenigen, die in fragmentarischer Schrift geschrieben sind, und jene, die von archaischen Versionen kopiert wurden.

Die gebogene Linie, die sich von solchen Amuletten abwärts windet, ist die Version des Magiers vom normalen Schriftzeichen für den Bogen, der symbolisch dazu benutzt wurde, den Geist oder das sonstige Objekt des Zorns zu vernichten.

Die Zeichen für Glück und Zufriedenheit werden verwendet, um angeblichen Übeln, die besiegelt werden sollen, entgegenzuwirken. Die Amulette für langes Leben, Frieden und Reichtum wirken ebenso gegen Geister und Mächte, die bei ihren Opfern Krankheit, Feindschaft und Armut herbeiführen. Deshalb ist es auch nur natürlich, wenn man erwartet, dass die Zeichen für «Mord» und «Erschlagen mit einem Schwert» bei Amuletten auftaucht, deren geheime Macht auf diese Art gegen böse Mächte wirken soll.

Deshalb ist die Kombination einiger solcher Ideogramme manchmal so zu lesen: «Mord, Tod mit einem Schwert, (wie ein) Blitz, gegen dieses Gespenst; (lasse) Glück, Reichtum und Ordnung (kommen).»

Der Einschluss von Planeten wie Sonne und Mond stellt sicher, dass die Wirkung vertieft wird. Denn sowohl die Sonne als auch der Mond stehen in dem Ruf, in Amuletten eine mächtige Wirkung zu haben.

Licht und Feuer sind zwei weitere bedeutende Mächte, die den vollständigen Sieg des Amuletts über jedes Objekt sichern. Aus diesem Grunde werden ihre Schriftzeichen oft verwendet. Wenn das

Zeichen für «Osten» mehrere Male wiederholt wird, beschwört es alle Macht der reinigenden Sonne, die aus dem Osten aufsteigt. Durch die Wiederholungen wird die Kraft ihrer Strahlen verstärkt. Diese Mächte werden nicht nur als abstrakte Kräfte verstanden. Im taoistischen System steht jedes Zeichen für eine bestimmte Gottheit. Unter ihnen soll Chang Tao Ling, der Begründer des Kultes, eine vorrangige Stellung einnehmen. Deshalb findet man seinen Vornamen, Chang, oft auf den angeblich wirksamsten Amuletten. Die Leitung der magischen Sekte der Taoisten wird jeweils auf den direkten Nachkommen Changs übertragen, der heute im Kwangsin-Distrikt der Provinz Kiangsi wohnt, wo er hoch geachtet wird und die Anweisungen von Chang selbst ausführt.

Sein Amulett ist vielleicht das wichtigste von allen, und es dient zu vielen Zwecken: seine Wirkung hängt von den Wünschen seines Besitzers ab. Aus diesem Grunde können zwei Menschen, die das gleiche Amulett besitzen, glauben, es werde ihnen Reichtum beziehungsweise Befreiung von Krankheiten bringen. Ein dritter mag es dazu benutzen, eine reiche Ernte zu erzielen; eine Frau könnte es tragen, um einen Knaben zu gebären.

Eine andere Art von Amuletten besteht aus Sätzen, die auf Papierstreifen geschrieben werden. Diese Sätze erinnern an ein Ereignis, das mit dem vom Magier gewünschten Ergebnis endet. So finden wir beispielsweise: «Lasst General Li Kwang hier seine Pfeile schiessen.» Der General war ein furchtbarer Krieger des zweiten Jahrhunderts v. Chr., dessen siegreiche Schlachten gegen die Hunnen in die Legende eingegangen sind. Durch Gedankenassoziation und die im Zusammenhang damit angenommene Verbindung von Kräften wird dieses Amulett als ungeheuer machtvoll angesehen.

Amulette, die nicht den Namen eines Gottes enthalten, sind seltener, aber sie existieren. In solchen Fällen muss ein Talisman die Zeichnung *shen* oder *ling* enthalten. Die dahinterstehende Theorie ist die des «Menschenauflaufs». Es wird dabei angenommen, dass eine Ansammlung von vielen Menschen eine gewisse eigenständige Macht erzeugt. Diese konzentrierte Kraft ist stärker als diejenige einzelner Menschen oder Geister. Da es dem Zauberer nicht immer möglich ist, eine Menschenmenge zu versammeln, die sich auf den gewünschten Effekt konzentrieren könnte, kann er ein ähnliches Ergebnis erzielen, wenn er diesen Wunsch schriftlich niederlegt. Daher rührt die Verwendung des Schriftzeichens «Geschrei aus vielen Kehlen».

Das allmächtige Siegel des Laotse, das in der taoistischen Magie verwendet wird – «Überbringer von Glück». Es wird von psychischen Medien getragen.

Zusätzlich zur Niederschrift mit Stiften aus Pfirsichholz müssen bei der Herstellung von Amuletten noch bestimmte andere Erfordernisse erfüllt sein. Das wichtigste davon ist das Sprechen machtvoller Zaubersprüche. Gleichzeitig konzentriert sich der Magier auf einen bestimmten mächtigen Gott, im allgemeinen einen Donnergott. Ein solcher Zauberspruch, der als besonders wirksam angesehen wird, wenn man ihn siebenmal wiederholt, ist der folgende:

«Herz des Himmels, Auge des Himmels, Herz des himmlischen Lichts, besiege das spirituell mächtige Licht der Erde, der Sonne und des Mondes, erzeuge dein Licht; schnell, schnell, verschaffe dem Gesetz und dem Befehl der fünf Kaiser Gehorsam.»

Danach muss kräftig auf den Talisman geblasen werden, genau auf die gleiche Weise, wie die vorislamischen Araber auf die Knoten bliesen, in die sie bei ihrem Todeszauber Kräfte «banden».

Noch eine Anzahl weiterer Erfordernisse muss erfüllt sein, um ein Amulett wirksam zu machen. Der Stift oder Pinsel muss neu sein, die Tinte «vollkommen rein» – und auch nie zuvor benutzt. Die mächtigsten Zauberer können zaubern, indem sie die Schriftzeichen nur mit dem Zeigefinger in die Luft zeichnen.

Es gibt viele historische und legendäre Beispiele für das Wirken der chinesischen Wundertäter. Einer der berühmtesten war der grosse Ming Ch'ung-yen, der Zauberer der T'ang-Dynastie. Es heisst, dass er vom Kaiser Kao Tsung auf folgende Weise getestet wurde:

«Der Kaiser liess, um seine Macht zu prüfen, eine Höhle graben und einige Diener dahineinsetzen und dort musizieren. Er rief nun Ch'ung-yen herbei und fragte ihn, welche guten oder bösen Ereignisse diese Musik anzeige, und ob er ihr Einhalt gebieten könne.

Ch'ung-yen schrieb daraufhin zwei Zaubersprüche auf Pfirsichholz, vergrub sie im Boden über der Höhle, und sofort endete die Musik.

Die Musiker berichteten, sie hätten einen seltsamen Drachen gesehen, der sie so sehr geängstigt habe, dass sie nicht fortfahren konnten zu spielen.»

Einer der berühmtesten Zauberer Chinas war Kiai Siang, der einmal darum bat, in Gegenwart des Königs von Wu eine Demonstration seiner Macht geben zu dürfen. Von einigen seiner Wundertaten wird in den Werken von Koh Hung berichtet.

Als der Monarch den Wunsch äusserte, Fisch zu essen, grub der Magier ein kleines Erdloch, füllte es mit Wasser, und schon konnte man einen ausgezeichneten Seefisch darin fangen. Während der Fisch gekocht wurde, beklagte sich der König darüber, dass der berühmte Ingwer aus Sezchuan, den er zum Fisch essen wollte, zur Zeit nicht vorrätig sei.

Sogleich, so fährt der Chronist fort, schrieb Kiai Sing ein Amulett, das er in eine grüne Bambusstange steckte und einem der königlichen Kuriere aushändigte. Dann befahl er diesem, mit verschlossenen Augen fortzureiten. Sobald er dies tat, «stellte der Bote fest, dass er sich in einem fernen Land befand; er kaufte den Ingwer und schloss seine Augen erneut». Im nächsten Augenblick befand er sich wieder bei Hof, gerade rechtzeitig, als der Fisch gar war.[94]

Es sollte wirklich nicht überraschen, dass durch den Einfluss einer grossen Anzahl derartiger Erzählungen, denen man vielerorts blind glaubt, unter den Chinesen Zehntausende von Amuletten auch heute noch im Gebrauch sind.

SPIRITISMUS

Die eigenartigen Ähnlichkeiten zwischen den chinesischen und westlichen mediumistischen Phänomenen wurden erstmals im neunzehnten Jahrhundert beschrieben.[95] Diese Praktiken beschränken sich auf die Schicht der Intellektuellen, und sie wurden hauptsächlich dazu benutzt, Angaben über die Zukunft zu erhalten, insbesondere darüber, wie man sich in einem bestimmten Falle verhalten solle.

Für die Kommunikationsmethode des automatischen Schreibens wurde ein Stift aus Pfirsichholz benutzt.[96] Er musste aus einem Zweig hergestellt sein, der auf der Ostseite eines Baumes gewachsen war. Bevor der Ast abgeschnitten wurde, musste eine magische Formel gesprochen werden, die aus vier Zeilen mit je vier Silben bestand: «Magischer Stift, du mächtiger, der du an jedem Tag kluge Macht ausübst, ich schneide dich, damit du alles sagst.»

Das Wort, das »Geist der Wolken« bedeutet, wird auf der dem Zweig entgegengesetzten Seite in die Rinde des Baumes geschnitten. Danach wird das Schriftzeichen für «Wunderbare Offenbarung der himmlischen Mysterien» unter die erstgenannten Zeichen geschrieben. Der gewählte Zweig muss so gebogen sein, dass er am Ende einen Haken bildet. Nachdem man ihn zu einem kleinen Holzstift geschnitzt hat, wird er in die Hände des Mannes oder der Frau gelegt, die als Medium ausgewählt wurde.

Alle Teilnehmer der Zeremonie müssen sich in einem Zustand ritueller Reinheit befinden, saubere Kleidung tragen und eine Fastenvorschrift eingehalten haben. Zwei lange Tische, die den Ort des Geschehens bilden, werden nebeneinander in die Halle gestellt. Einer von ihnen stellt den »Altar« dar, auf dem Wein, Früchte und Süssigkeiten liegen. Der andere wird mit pulverfeinem rotem Sand bestreut und leicht gewalzt, um die Lesbarkeit der Schriftzeichen zu gewährleisten, die der «Geist des Stifts» darauf zeichnen wird.

Der amtierende Magier hat dafür zu sorgen, dass all diese Vorbereitungen vor Einbruch der Dunkelheit abgeschlossen sind. Dann schreibt er auf eine Karte sein Gebet an den Grossen Königlichen Bodhisattva, worin er feststellt, dass die Opfer bereitstehen, und darum bittet, dass der Geist gesandt wird. Auch wird die Lage des Hauses zusammen mit dem Namen des Fragestellers genau angegeben, damit der Geist seinen Weg dorthin ohne unnötige Schwierigkeiten finden kann.

Diese Karte und eine kleine Menge Goldpapier werden dann zum Schrein gebracht, der der Gottheit gewidmet ist, und vor ihrem Altar verbrannt. Nachdem der Eigentümer der Karte nach Hause zurückgekehrt ist, muss er deutlich seinen Namen und seine Adresse auf eine andere Karte schreiben, die an einem der Türpfosten befestigt wird.

Bei Anbruch des Abends begeben sich die verschiedenen Bittsteller zu der Tür, verbrennen Goldpapier und verrichten eine Anzahl von Verbeugungen, um den Geist mit den ihm gebührenden Zeremoniell im Hause willkommen zu heissen.

Nun wird eine kurze Pantomime aufgeführt. Der unsichtbare Geist wird in die Halle geleitet, zu seiner Ehre werden Kerzen und Weihrauch entzündet, und auf einen der Tische wird ein Stuhl gestellt.

Während dieses Zeremoniell ausgeführt wird, tritt das Medium an den mit Sand bestreuten Tisch. Der aus dem Zweig geschnitzte Stift ruht auf seinen beiden Händen, sein Ende berührt die Oberfläche des Sandes. Es folgt das Bittgesuch an den Geist, etwa in folgender Form: «Grosser Geist, wenn du angekommen bist, dann schreibe bitte ‹angekommen› in den Sand auf diesem Tisch.»

Sobald das Medium zu sprechen aufgehört hat, zeichnet der Stift das gewünschte Schriftzeichen in den Sand. Die ganze Gesellschaft

Medizinisches Amulett einer chinesischen Séance

bittet daraufhin den Geist, sich niederzusetzen. Auch der Gottheit, von der man annimmt, dass sie ihn herbeigebracht hat, bietet man einen Stuhl an. Jeder der Anwesenden verbeugt sich nun vor den leeren Stühlen und opfert ein wenig Wein und Goldpapier.

Das eigentliche Ritual beginnt immer auf die gleiche Weise. Das Medium ruft den Geist mit den folgenden Worten an: «Grosser Geist, wie lautet dein erhabener Vorname, wie dein ehrenwerter Name, welche Ämter hattest du inne, und zur Zeit welcher Dynastie lebtest du auf der Erde?»

Der «magische Stift» schreibt die Antworten sogleich in den Sand: nun hat die Séance begonnen. Die Sitzung ist jetzt für individuelle Fragen eröffnet. Diese werden gestellt, indem man sie auf ein Stück Papier schreibt und dieses dann zusammen mit einem Stück Goldpapier verbrennt. Wenn jeweils eine Frage verbrannt wird, erscheint die Antwort als Spur im Sand. Das Ende der Antwort wird durch das Schriftzeichen «Ich habe aufgehört» angezeigt. Oft erfolgen die Antworten in poetischer Form. Wenn eine Botschaft unverständlich ist, nimmt der Stift seine Tätigkeit wieder auf, bis die Antwort entziffert werden kann. Wenn jemand die richtige Botschaft laut vorgelesen hat, schreibt der Stift «So ist es». Nach jeder Antwort wird der Sand für die nächste Antwort wieder geglättet.

Während dieses gesamten Vorgangs werden die strengsten Regeln des Anstandes beachtet. Wenn irgend jemand auch nur das geringste Zeichen von Respektlosigkeit oder Unruhe zeigt, wie geringfügig es auch sein mag, schreibt der Stift sofort einen Tadel in den Sand.

Es ist schwierig, für dieses Phänomen eine einfache Erklärung zu finden, da das Medium den Stift zwischen seinen beiden nach oben gewendeten Handflächen hält und keinerlei Kontrolle über ihn auszuüben scheint. Alle westlichen Beobachter, die je bei solchen Séancen anwesend waren, sind nicht in der Lage, zu erklären, wie der Stift schreibt, insbesondere, da die Methode, wie er gehalten wird, es für das Medium äusserst schwierig machen würde, ihn zu manipulieren.

Für besonders wichtig wird erachtet, dass die ganze Gesellschaft dem Geist jeweils demütig für seine Freundlichkeit und Hilfe dankt, während der Tisch für die nächste Frage vorbereitet und der Sand geglättet wird. Auch die poetische Fähigkeit des Geistes wird gepriesen. In wahrer Bescheidenheit antwortet der Stift auf diese Komplimente durch das Schriftzeichen «absurd» und durch ähnliche Ausdrücke der Selbstverleugnung.

Nach Mitternacht beginnt der Geist damit, Sätze zu schreiben, in denen er um Erlaubnis bittet, den Ort verlassen zu dürfen. Daraufhin wird er stets gebeten «noch ein wenig zu bleiben». Seine Antwort lautet, dass er «sofort gehen müsse». Er dankt der Gesellschaft auch für ihre Höflichkeit und Gastfreundschaft.

Wenn es offensichtlich ist, dass er nicht bleiben wird, spricht die versammelte Gesellschaft: «Wenn wir irgendwelchen Mangel an Respekt oder Aufmerksamkeit gezeigt haben, grosser Geist, flehen wir dich an, uns diese Sünde zu vergeben.» Er wird dann unter weiterem Verbrennen von Goldpapier zur Türe «geleitet» und unter Verbeugung und Fussfällen aus dem Hause geführt.

Die hervorragendste Art von *Ki* (dem magischen Stift) soll diejenige sein, die aus dem östlichen oder südöstlichen Teil des Baumes geschnitten wird. Man sollte dem Ast befehlen, klare und genaue

Informationen zu geben. Manchmal ist er gegabelt wie die Wünschelrute eines Wassersuchers, stets ist er rot bemalt und eineinhalb Fuss lang. Abwandlungen des Rituals gestatten, dass der rote Sand durch Weihrauchasche oder Kleie ersetzt wird. Eine andere Methode, die Rute zu halten, ist die folgende: Das Medium hält einen Arm der Gabel fest, den zweiten hält ein beliebiges anderes Mitglied der Gesellschaft. Wenn das Schreibgerät nicht benutzt wird, bewahrt man es mit grosser Ehrerbietung in Seide oder einem anderen kostbaren Material auf, das in jedem Fall rot gefärbt ist. Viele wundervoll beschnitzte Exemplare solcher Stifte sind erhalten. Man ist der Meinung, dass ein Instrument, das zur Übermittlung von Informationen von den achtbaren Geistern der anderen Welt fähig ist, mit aller ihm offensichtlich zukommenden Hochachtung behandelt werden sollte.

Das bemerkenswerte «Leben», das den Stift erfüllt, sobald der Geist erschienen ist und die Kontrolle über ihn übernommen hat, kann man nur mit dem Zucken der Weiden- oder Haselrute in der Hand eines erfahrenen Wünschelrutengängers vergleichen.

Der wahre Name und die Ämter des Geistes werden ermittelt, weil ein unerwünschtes Gespenst oder ein Dämon sich der Astgabel bemächtigen und irreführende Botschaften schreiben könnte. Er wäre aber nicht in der Lage, einen guten Geist zu «verkörpern»; deshalb kann man ihn an seiner Unterschrift erkennen. Wenn ein solcher Täuschungsversuch stattfindet, dauert er selten länger als ein paar Augenblicke, danach treibt der erwünschte Geist den Dämon selbst aus.

Von derartigen Séancen werden viele seltsame Ereignisse berichtet. In einigen Fällen kann eine mächtige Gottheit erscheinen, ihre Anwesenheit bekunden und erklären, dass sie gewisse Opfer vor ihrem Altar empfangen will. Angesehene Persönlichkeiten der Vergangenheit haben sich anscheinend auch schon mit Hilfe dieser Methode gemeldet, und ihre Unterschriften und Botschaften wurden von einem in roter Tinte getränkten Pinsel festgehalten, der sich über ein Blatt Papier bewegte. Sogar gewöhnliche Pinsel hat man zu diesem Zwecke benutzt, wenn die «Macht» des zu Besuch erschienenen Geistes besonders stark zu sein schien.

Wenn gewünscht wird, einen bestimmten Gott zu befragen, wird sein Bild in das Haus gebracht, in dem die Sitzung abgehalten werden soll, und vor der Befragung ein paar Tage lang mit Opfergaben geehrt. Es wird als weitaus schwieriger angesehen, mit Hilfe des Stiftes Götter zu beschwören als Geister von Verstorbenen, weil es sich dabei um stärker mit der Erde verbundene Wesen handelt.

Medien des *Ki* bilden in China keine besondere Klasse. Oft wird auch nach dem Zufallsprinzip eine Person ausgewählt, die den Stift hält. Jedoch sind die Deuter der Schriftzeichen im Sand oder auf dem Papier hochgeschätzte Persönlichkeiten. Wegen der Kompliziertheit der chinesischen Kalligraphie können nur relativ wenige Menschen einige der schnellen Kritzeleien des Stiftes mit Sicherheit

«Von Geistern offenbartes» Amulett gegen die Pest

deuten. Diese Kunst soll angeblich aus sehr früher Zeit stammen, und sehr viele Vorhersagen nach dieser Methode sind aufgezeichnet worden.

Eine davon ist in einem Büchlein aus der T'ang-Epoche enthalten, das von Li Siun stammt.[97] Sein Titel, *Über seltsame Dinge, die gesammelt und niedergeschrieben wurden*, ist schon durch den folgenden Auszug vollkommen gerechtfertigt:

«Als der hohe Staatsminister und Feudalprinz von Wei noch ein zweitrangiger Beamter in Ping-cheu war, bat ihn eines Tages, nach noch nicht ganz zehnmonatiger Amtszeit, am Tor seines Hauses ein Mann vom Lande höflich um Gehör.

Der Prinz bot ihm einen Platz an, und der Mann sagte, er sei ein Mensch, der Dinge der unsichtbaren Welt herausfinden könne. Da der Prinz nicht viel Interesse zeigte, bat der Besucher ihn, einen Tisch in den inneren Hauptraum zu stellen und dazu etwas Papier, einen Schreibstift, Weihrauch und Wasser. Dann bat er ihn, die Matte, die über der Tür hing, etwas niedriger zu hängen und schweigend abzuwarten, was geschehe.

Nach einer Weile sagte Wang: ‹Nun wollen wir nachsehen.› Sie fanden acht grosse Schriftzeichen auf dem Papier sowie eine Erklärung in gewöhnlicher klarer Schrift, die wie folgt lautete: ‹Du wirst die höchste Ministerwürde tragen; du wirst bis zu deinem vierundsechzigsten Jahr leben.›

Wang bat nun hastig um Erlaubnis, nach Hause zu gehen. Man fand nie heraus, wohin er ging. In der Hwuichang-Periode (841–847 n. Chr.) wurde der Prinz dreimal als Grande des höchsten Beamtenranges registriert. Er starb in Hai-nan, genau in dem Alter, das Wang ihm prophezeit hatte.»

Der Kaiser Shi Tsung aus der Ming-Dynastie, der von 1522 bis 1567 regierte, regelte die meisten Hofangelegenheiten mit Hilfe der Geisterschrift, obwohl die Herrscher jenes Hauses im allgemeinen starke Gegner dieser Form der Wahrsagung waren.

TEUFELSTÄNZE

In China kennt man verschiedene Formen des »Besessenseins von bösen Geistern«. Die meisten davon ähneln mehr oder weniger der Besessenheit, wie sie im semitischen und mittelalterlichen Okkultismus bekannt war. Phänomene der Art, die man heute als «Poltergeister» bezeichnen würde, waren verbreitet. Sie tauchen sowohl in neueren Berichten als auch in historischen Bezugnahmen auf. Die Teufelstänze jedoch sind besonders interessant, da sie verschiedene Eigenarten hatten, die der dämonischen Besessenheit, wie sie anderenorts verstanden wird, fremd sind.

Es gibt freiwillige und unfreiwillige Teufelstänze. Das heisst, es gibt Menschen, die von einem feindlichen Geist zu ekstatischer Raserei getrieben werden, und es gibt auch Berufstänzer oder Amateure, die sich freiwillig und zu wahrsagerischen Zwecken in einen Zustand der Raserei versetzen.

Das Tanzen selbst erinnert an den Zustand, der von den Obeah-Praktikern auf den westindischen Inseln und von den Nyam-Nyams der Nilregion des Südsudans herbeigeführt wird. Wenn eine chinesische Familie meint, dass ein Problem übernatürlicher Hilfe oder Information zu seiner Lösung bedarf, werden professionelle Teufelstänzer herbeigerufen.

Wie bei allen anderen Zeremonien in China, muss auch bei dieser ein genaues Ritual befolgt werden. Ein grosses Festmahl wird zubereitet, das die Tänzer zunächst verzehren. Unterdessen brennt Weihrauch, und alle Anwesenden versetzen sich in einen Geisteszustand, der die Konzentration auf die Frage, die gestellt werden soll, begünstigt.

Während des Mahls erklärt der Gastgeber dem Leiter der Tänzer alle Einzelheiten, die für den Fall von Bedeutung sind. Es kann beispielsweise sein, dass er unsicher ist, ob er einen bestimmten Mann zum Gemahl seiner Tochter machen soll. Oder er möchte wissen, wo ein Schatz verborgen liegt. In anderen Fällen geht vielleicht ein Spuk um, den Amulette nicht vertreiben konnten.

Im Gefolge der Tänzer befindet sich eine Gruppe von Musikern, die mit Trommeln, Glocken, Zimbeln und anderen Instrumenten ausgestattet sind. Auf diesen Instrumenten beginnen die Musiker zunächst in einem sehr langsamen Tempo zu spielen. Innerhalb von Minuten wird das Tempo beschleunigt. Mit der Steigerung des Tempos steigert sich auch die Ekstase der Tänzer. Komplizierte Schrittfolgen und Kreisbewegungen werden ausgeführt, und erneut wird Weihrauch entzündet. Die Drehungen der Tänzer kommen zu einem plötzlichen und dramatischen Ende, wobei der Anführer der Gruppe zu Boden fällt.

Während des gesamten Vorganges, der zwanzig bis fünfzig Minuten dauern kann, wird von den Zuschauern kein Wort gesprochen. Genau wie bei den «Tanzenden Derwischen» des Mevlevi-Ordens erhebt sich der Tänzer nach einigen Minuten stiller Versenkung. Er ist nun zur Beantwortung von Fragen bereit. Diese werden ihm nacheinander gestellt. Da seine Antworten manchmal äusserst schnell erfolgen, steht gewöhnlich ein Schreiber bereit, der sie aufzeichnet, insbesondere, wenn sie sich auf Heilmittel für eine Krankheit beziehen, bei denen die Liste der einzelnen Bestandteile oft lang und ausführlich ist.

Die verschiedenen Tanzgruppen haben ihre eigenen Methoden, um den Trancezustand herbeizuführen. Einige benötigen dazu bestimmte Nahrung wie beispielsweise ein ganzes Schwein, das heiss aus dem Kessel gegessen wird; währenddessen wird der Tänzer an jeder Hand von zwei kleinen Kindern gehalten. Andere wieder haben einen solchen Zulauf, dass sie keine Hausbesuche machen, sondern in ihren eigenen Häusern aufgesucht und mit Geschenken günstig gestimmt werden müssen. Ihre Methoden und Riten sind in jeder Provinz verschieden.

Besonders gefürchtet, aber auch geachtet sind die Teufelstänzer der Mandschurei, zu denen Männer und Frauen gehören. Ein Experte auf diesem Gebiet schreibt:

«Der Bittsteller, der ihre Hilfe sucht, nimmt als Geschenke Papiergeld und Weihrauch zur Verehrung der Dämonen mit sich, ausserdem aber auch wertvolle Geschenke wie Brot, rotes Leinen und rote Seide. Diese Tänzer tanzen nicht, auch schlagen sie die Trommeln nicht, und sie lassen keine Glocken ertönen, sondern sie sitzen und beginnen allmählich sich zu schütteln, als litten sie an Schüttelfrost. Dann fallen sie in eine Ohnmacht. Anschliessend raten sie dem Bittsteller, heimzukehren und eine Tasse vor das Fenster zu stellen, dann werde der Geist die passende Medizin in die Tasse geben. Gleichzeitig muss der Bittsteller versprechen, dass er für die Verehrung des Dämonen etwas spendet, dessen Macht und Beistand nun angerufen wird, und dass er auch einem Tempel in der Nachbarschaft etwas spendet.»

Die Initiation und die Praktiken der magischen taoistischen Priesterschaft sind auf bestimmten Spezialisierungsgraden aufgebaut. Das heisst, die *Wu* («Magier») sind unterteilt in solche, die sich auf Wahrsagen, Exorzismus, Geisterbeschwörung oder Opfer konzentrieren. Sowohl Männer als auch Frauen sind zu dieser Priesterschaft zugelassen, jedoch ist dieses Amt gewöhnlich erblich. Nur die wenigsten unter ihnen werben für ihre Fähigkeit. Die Kundschaft kommt sozusagen auf Empfehlung und redet den Magier als «ehrenwerter Herr» oder «Wuistischer Meister» oder mit einem ähnlich verehrungsvollen Titel an.

Die überwältigende Mehrheit der Anwärter auf die Zulassung zum Priestermagier-Orden hatten mit ihren Eltern zusammen schon Jahre in okkulten Praktiken verbracht, so dass sie zur Zeit der abschliessenden Weihe schon beträchtliche Kenntnisse besitzen. Es bleibt nur noch die Initiation zu vollziehen. Diese wird von einem angesehenen Magier durchgeführt, der nicht mit dem Kandidaten verwandt ist.

Vor diesem Ritual muss sich der Kandidat für sieben Tage in einer Zelle einschliessen. Er muss sich während dieser Zeit von Fisch, Fleisch, Zwiebeln, Lauch, Knoblauch und Alkohol enthalten. Eine Woche lang bleibt er im Zustand ritueller Reinheit und Sauberkeit und vollzieht Beschwörungen und Anrufungen. Der gesamte Prozess ist in einem der Bücher von Li Ki minuziös beschrieben.

«Der höhere Mensch hält eine Vigil ein, wenn er zu den Jahreszeiten des Jahres opfern will. Vigil bedeutet Sammlung und Konzentration (der wesentlichen Qualitäten seines Geistes und seiner Intelligenz). Es handelt sich um eine Konzentration dessen, was noch nicht konzentriert ist und behandelt werden muss. Der höhere Mensch vollzieht keine Vigil, wenn er nicht eine wichtige Handlung oder einen Gottesdienst ausführen muss. Ausserhalb der Vigil braucht er keine Vorsicht gegenüber materiellen Dingen walten zu lassen und weder Wünsche noch Gelüste zu unterdrücken. Aber wer sich dieser Übung unterzieht, muss sich vor anstössigen Dingen schützen und seine Wünsche und Gelüste im Zaume halten. Seine Ohren dürfen keine Musik hören. Die Wendung in der Schrift, die besagt, dass der Mensch während der Vigil ‹keine Musik hören› soll, bedeutet, dass er nicht wagen darf, seine Aufmerksamkeit in mehr als eine Richtung zu lenken.

Er hat keine nutzlosen Gedanken im Kopf, sondern folgt streng den Prinzipien des Tao. Seine Hände und Füsse vollführen keine unruhigen Bewegungen. Sie bewegen sich streng nach den rituellen Vorschriften. So vollzieht sich die Vigil des höheren Menschen, die die Entwicklung der höchsten Fähigkeiten des lebenswichtigen Geistes und seines Intellekts zum Ziel hat. Die Vigil muss drei Tage lang streng eingehalten werden und für den Rest der sieben Tage weniger streng. Die Festigung dieser Eigenschaften in der gewünschten Konzentration bewirkt die Vollendung des lebenswichtigen Geistes, nach welcher dieser mit den Göttern in Beziehung treten kann.»

Am letzten Tage der Vigil findet die feierliche Initiationszeremonie statt. Drei Tage lang sind auf dem taoistischen Altar zu Ehren der darauf befindlichen Götterbilder Opfer dargebracht worden. Zu einer festgelegten Zeit betritt der Novize den Bereich des Heilig-

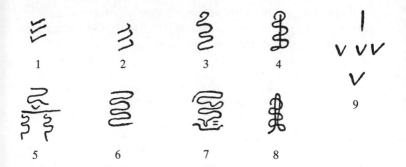

Schriftzeichen, die bei den chinesischen magischen Anrufungen benutzt werden (Himmlische Kalligraphie).

1 «Gehe fort»
2 «Komme»
3 «Drachen»
4 «Steige in die Luft»
5 «Geist»
6 «Wolken»
7 «Donner»
8 «Steige herab»
9 «Die fünf Elemente»

tums. Er ist dazu in seine priesterliche Tracht gekleidet, barfüssig und trägt ein Sonnensymbol auf seinem Kopf. Während seiner Reise vom Orte seiner inneren Einkehr zum Tempel dürfen seine Füsse den Boden nicht berühren, wenn es sich nicht um den gleichen Ort handelt. Dies wird gewöhnlich so gehandhabt, dass ihn jemand auf dem Rücken trägt. Berührte er den Boden, würde die Kraft, die sich durch die Vigil angesammelt hat, in den Boden abgeleitet, und alle Mühe wäre umsonst gewesen.

Sobald er den Tempel auf die rechte Weise betreten hat, befragt ihn der Oberpriester, während er Reis und geschriebene Amulette auf den Boden verstreut und Wasser sprenkelt. Die Befragung dient dazu, herauszufinden, ob der Kandidat den gebührenden Grad der Loslösung von der materiellen Welt erreicht hat. Er muss jede der Fragen bejahend beantworten. Nachdem er diese Prüfung bestanden hat, beginnt er, die Geisterleiter aus Schwertern zu ersteigen, wobei er von Zymbel- und Trommelmusik sowie von den klagenden Tönen eines Büffelhorns begleitet wird. Nach seinem Abstieg von diesem Instrument der göttlichen Prüfung (obgleich die Schwerter nicht scharf sind) betrachtet man ihn als initiiert. Er ist nun ein vollordinierter Priester des Ordens.

Die Zeremonie wird vom Neophyten beendet, indem er zum Altar schreitet, eine Handglocke anschlägt und so die Götter davon in Kenntnis setzt, dass er nun ein Wu-Magier ist.

RITUALE UND INSTRUMENTE DER CHINESISCHEN MAGIE

Bevor wir uns den Roben und den Methoden der Zauberer zuwenden, ist es wichtig, die grosse Bedeutung des Glaubens an die magische Wirkung von Schwertern zu betrachten, die allen Formen der Magie gemeinsam ist. In China spielt das Schwert seine Hauptrolle beim Austreiben von bösen Geistern. So wie in anderen Systemen muss aber auch in diesem das magische Schwert einer besonderen Behandlung unterzogen werden und kann auch eine Reihe von Aufgaben im Ritual übernehmen.

Dolche aus Pfirsichholz und das zweischneidige *Kien* gehören zu den wirkungsvollsten dämonenzerstörenden Waffen. Ebenso soll ein Schwert, das sich einmal im Besitz eines berühmten Kriegers oder Generals befand, besonders wirkungsvoll sein. Wenn ein solches nicht vorhanden ist, wird das Eisen- oder Pfirsichholzschwert dem Namen des berühmten Schwertes geweiht, das es repräsentieren soll. Oft wird der Griff des Schwertes mit rotem Tuch umwickelt. Wenn es nicht gebraucht wird, wird es unter angemessenem Zeremoniell in seidenen Tüchern aufbewahrt. Eine kleine Nachbildung eines Schwertes, die aus Weidenholz geschnitzt wird, trägt man oft als Amulett-Abzeichen. Dies erinnert an die arabische Verwendung von Nachbildungen des wunderbaren Schwertes von Ali, wie sie von den Sayeds (Nachkommen des Propheten) im Jemen getragen werden. Das verwendete Weidenholz muss am fünften Tag des fünften Monats geschnitten sein, wenn die Sonne an ihrem erdfernsten Punkt steht. Besonders bevorzugt werden für alle magischen Zwecke Bäume, in die der Blitz eingeschlagen hat.

Man kann Schutz vor Bösem erlangen, indem man solche Schwerter an die Tür hängt, sie auf der Brust oder am Gürtel bei sich trägt und sie mit roten Quasten oder Netzen schmückt. Auch Maulbeerholz wird zur Herstellung von Schwertern verwendet. In Tschekiang wird die Macht von Schwertern aus Maulbeerholz als so gross angesehen, dass ein böser Magier im allgemeinen getötet wird, wenn man ein solches Schwert gegen ihn richtet.

Schwerter, die aus Münzen hergestellt sind, sind für alle magischen Zwecke die wirksamsten. Es gibt eine ganze Reihe von Spekulationen über die Begründung hierfür – soweit man überhaupt Gründe für magische Praktiken benennen kann. Es heisst, dass die kreisförmige chinesische Münze, die in der Mitte ein quadratisches Loch aufweist, an das Stichblatt eines Schwertes erinnert. Daher mag die Überzeugung rühren, dass eine Sammlung solcher «Stichblätter», die zur Schwertform gestaltet werden, eine grosse schützende Kraft erzeugen.

Diese Münzen, die möglichst aus der gleichen Regierungszeit stammen sollen, werden auf einem Eisenstab befestigt, der am Ende mit einem gewöhnlichen Griff und einem Stichblatt versehen wird. Diese zwanzig bis fünfundzwanzig Münzen werden auf der Stange aufgereiht, wobei jede die nachfolgende überlappt. Zwei Reihen werden so gebildet, um die zwei «Schneiden» der Klinge anzudeuten. Das Heft kann aus einem Stapel von Münzen bestehen, ebenso manchmal das Stichblatt und der Griffknopf. Die Münzen werden durch eine rote Seidenschnur an ihrem Platz gehalten. Quaste, Fäden und Netze können das Schwert verzieren – die letzteren dienen auch zum Einfangen von Dämonen. Die Macht dieser Schwerter wird so hoch eingeschätzt, dass ihr blosses Schwingen ausreicht, um jede gewünschte Wirkung zu erzielen.

So wie zu erwarten ist, gibt es in der Lehre von den Schwertern viele Varianten. Auf den Klingen mancher Schwerter stehen mächtige Zaubersprüche geschrieben, die deren Kraft noch steigern. So beispielsweise der folgende:

«Ich gebrauche das grosse Schwert des Himmels, um die Gespenster in ihren fünf Gestalten zu erschlagen. Ein Streich dieser göttlichen Klinge verscheucht eine Myriade solcher Wesen.»

Diese Formel soll angeblich von Fuh Hi benutzt worden sein, dem ersten legendären Herrscher von den fünfen, die die menschliche Ordnung geschaffen haben sollen. Ein anderer Zauberspruch, der auf die Klingen von Schwertern oder Dolchen aus Weidenholz geschrieben wird, lautet:

«Macht über alle Geister; Macht, die alle Dinge Wirklichkeit werden lässt; die grösste aller Mächte.»

Einige Schwerter können auch selbständig in Aktion treten. Von einem taoistischen Weisen war bekannt, dass er ein solches Schwert besass, mit dessen Hilfe Dämonen vernichtet werden konnten.

«Immer wenn er dies erreichen wollte, legte er sein Schwert in einen leeren Raum, bespie es mit Speichel und befahl ihm in drohendem Tone, die Gespenster zu erschlagen. Darauf hielt er den Raum für jedermann verschlossen und öffnete ihn erst am darauffolgenden Tage wieder. Der Boden war nun überall mit frischem Blut besudelt.»

Der Verfasser dieses Buches[98] behauptet, er habe sich von diesem Trick nicht täuschen lassen. Er vertritt die Ansicht, dass Dämonen kein Blut besitzen. Deshalb sagt er, das Wasser habe sich in Blut verwandelt. Er glaubt, dass diese Metamorphose relativ einfach sei und nicht zu der Art von Taten gerechnet werden könne, die das Vernichten von Teufeln einschliesse.

Neben den offiziell initiierten Wu-Magiern gibt es eine grosse Anzahl von selbsternannten Magiern. Diese haben ihre Fähigkeiten durch private Studien erlangt und werden oft von der Masse des Volkes nicht weniger geachtet, obwohl sie von der etablierten Schicht der Taoisten bitter bekämpft werden. Die Taoisten wiederum werden von den Konfuzianern als Häretiker, Animisten und Teufelsanbeter der niedrigsten Art angesehen. Auch wenn sie selbst nicht immer die Macht, sich unsichtbar machen zu können und unverwundbar zu sein, für sich beanspruchen, behaupten die Konfuzianer, deren Teufelsaustreibungen seien nur Betrug. Sie bezichtigen die Taoisten der Weissen und Schwarzen Magie und des Gebrauchs von okkulten Kräften zu ungesetzlichen Zwecken.

DIE ZEREMONIELLE KLEIDUNG DES WU-MAGIERS

Das «rote Gewand» *(Kang-i)* ist das wichtigste Kleidungsstück, das beim Vollzug jeder bedeutenden magischen Handlung getragen wird. Es besteht aus einem quadratischen Stück seidenen Tuchs mit einem Einschnitt an einer Seite, der als Vorderöffnung dient, und einem kreisförmigen Loch in der Mitte als Durchlass für den Kopf des Trägers. Dieses Gewand ist ärmellos und mit symbolischen Darstellungen von Bäumen, Bergen, Drachen und den Spiralen des rollenden Donners bestickt. Eine weitere Einfassung aus blauer Seide ist um den *Kang* genäht. Um das Nackenteil herum ist gewöhnlich ein breites Seidenband befestigt, dessen Enden vorne herunterhängen.

Dieses Gewand ist identisch mit dem «Kleid des Universums», jedoch wird dieser Name auch noch für ein weiteres magisches Kleidungsstück verwendet. Dabei handelt es sich um das Gewand des assistierenden Priesters oder des Magiers, der die niederen Rituale ausführt. Es ist aus Seide oder auch manchmal aus anderem Material hergestellt, hat weite Ärmel und wird vorne mit hängenden Bändern geschlossen. Es ist mit mystischen Drachen, Oktagons und Schildkröten bestickt, die traditionell mit der taoistischen Magie in Verbindung gebracht werden.

Alle Magier der taoistischen Weltanschauung tragen die gleiche Art von Kopfbedeckung. Wenn sie ihr Amt ausüben, wird ihr Haar auf dem Kopf zusammengesteckt (zur Erinnerung an die übliche Haartracht, bevor der Zopf zur Pflicht wurde) und mit einer runden Kappe bedeckt. Auf der schwarzen Kappe befestigen sie eine metallene Darstellung der Sonnenstrahlen – die «Goldene Spitze». Es gibt zwar viele Abwandlungen der priesterlichen Kleidung, die orthodoxen Taoisten behaupten jedoch, dass nur die als traditionell akzeptierte Kleidung machtvoll genug ist, um dem wahren Wu zu helfen, wirkliche magische Kraft zu konzentrieren.

RITEN UND PRAKTIKEN WEIBLICHER MAGIER

So wie ihre männlichen Kollegen können Wu-Frauen (auch Wu-Damen oder weibliche Wu genannt) entweder Amateure oder hauptberufliche Magierinnen sein. In beiden Fällen konzentrieren sie sich in besonders hohem Mass auf ihre Riten und setzen unbedingten Glauben in ihre Kräfte.

Frauen sind auch oft als Medien gefragt. In Trance spricht die Hexe entweder mit Geisterstimmen oder sie murmelt nur unverständliche Worte, die von Experten interpretiert werden müssen – ähnlich wie die vom magischen Stift geschriebenen Botschaften einer besonderen Übersetzung bedürfen, um sie normalen Sterblichen verständlich zu machen.

So wie es bei den mediumistischen Phänomenen des Westens der Fall ist, glaubt man auch in China, dass bestimmte Geister mit dem Medium im Trancezustand in Kommunikation treten. Gleichzeitig ist zu sagen, dass es sich dabei meist um eine wohlbekannte Dame handelt (Lady Tzse), die in China seit Jahrhunderten konsultiert wird. Weibliche Medien arbeiten im allgemeinen unter Angehörigen ihres eigenen Geschlechts; und sogar von Kindern wird berichtet, dass sie schnell die Fähigkeit entwickeln, Lady Tzse anzurufen. Dass dieser Geist sich sogar manchmal materialisiert, wird durch einen Bericht von Ch'en Kwah bezeugt:[99]

«Es entspricht einer alten Sitte, in der ersten Vollmondnacht eines Jahres den Geist von Tzse-ku zu empfangen. Diese Praxis ist jedoch, genauer gesagt, nicht auf den ersten Monat beschränkt. Man kann die Dame jederzeit beschwören. Als ich selbst noch jung war, sah ich, wie Kinder sie in ihrer freien Zeit zu ihrem reinen Vergnügen beschworen.

Glückstalisman

In meiner eigenen Verwandtschaft ist es vorgekommen, dass sie, einmal herbeigerufen, nicht mehr gehen wollte; als dies mehrmals passiert war, wurde sie nicht mehr gerufen.

In der King-yiu-Periode lud die Familie von Wang Lun, einem Doktor bei Hof, der für Opfergottesdienste verantwortlich war, Tzse-ku ein. Da fuhr ein Geist in eines der Mädchen in den Frauengemächern, und das Mädchen sagte, es sei die zweite Gemahlin des Höchsten Kaisers (des Himmels). Dieses Mädchen war in der Folgezeit in der Lage, literarische Werke von ausserordentlicher Schönheit zu schreiben, die auch heute noch im Lande unter dem Titel ‹Sammlung der weiblichen Unsterblichen› in Umlauf sind.

Sie schrieb in verschiedenen Stilen und bewies die grössten künstlerischen Fähigkeiten im Umgang mit dem Stift. Aber niemals benutzte sie die Siegelzeichen und die quadratischen Schriftzeichen, die in dieser Welt verwendet werden. Ich war mit den Söhnen Wang Luns bekannt, der ein alter Freund meines Vaters war, und so sah ich ihre Handschrift mit eigenen Augen.

In diesem Hause zeigte sich der Geist gelegentlich in körperlicher Gestalt. Oberhalb seiner Lenden sah er wie eine attraktive Frau aus, unterhalb der Lenden war er jedoch stets wie von einer Wolke verhüllt. Diese Geisterdame konnte wundervoll auf der Laute spielen, und wenn sie dazu noch sang, so klang ihre Stimme so süss und angenehm, dass alle Zuhörer ihre Sorgen vergassen. Einmal wurde sie von einer Frau gefragt, ob sie mit ihr auf einer Wolke reisen könne. Sie antwortete, dies sei möglich. Da wirbelte plötzlich im Hof eine weisse Wolke wie Dampf empor. Die Bittstellerin stieg auf die Wolke, jedoch trug diese sie nicht. Da sprach der Geist: ‹Es klebt etwas Schmutz an deinen Schuhen – ziehe sie deshalb aus und steige auf.› So bestieg sie die Wolke nun in Strümpfen, woraufhin die Schuhe aus dem Raum zu gehen schienen. Nach ihrer Landung sagte sie: ‹Du kannst nun gehen, wir werden bis zum nächsten Mal warten.› Später heiratete das Mädchen. Der Geist kam jedoch nicht in ihr neues Heim. Die Besuche des Geistes bewirkten weder besonders Gutes noch besonders Schlechtes. Alle diesbezüglichen schriftlichen Überlieferungen geben viele Einzelheiten an; was ich selbst gesehen habe, ist hier nur oberflächlich angedeutet.»

Die Anrufung des Geistes von Lady Tzse soll an Popularität zunehmen. Die verbreitetste Eigenschaft, die sie verleiht, ist die Fähigkeit, grossartige Literatur zu schreiben. Aber der Geist «versteht sich auch auf die Heilkunst und die Vorhersage, und er spielt das Damespiel so gut wie die besten Spieler im ganzen Reich».

Wie wird dieser Geist angerufen? Er erscheint entweder der traditionellen Sitte gemäss durch ein Medium, oder er wird in einer kleinen Puppe beschworen, um Fragen zu beantworten.

Dieses letztere Verfahren wird wie folgt vollzogen:

Am fünfzehnten Tag des ersten Monats – manchmal ist es auch ein beliebiger anderer Tag, an dem das Orakel befragt werden soll

– nehmen die Frauen eine Siebkelle, die für Speisen benutzt wird, und ein Türamulett. Dieses wird auf der Kelle befestigt; daraufhin zeichnet man auf die Kelle ein menschliches Gesicht. Zur Darstellung von Armen und Beinen der Puppe verwendet man Weidenzweige. Anschliessend wird die Figur bekleidet.

Alle Frauen – oder, wenn nur eine Bittstellerin da ist, nur diese – rufen nun Lady Tzse an, sie möge erscheinen. Zu diesem Zwecke wird auch eine kleine Opfergabe aus Speisen und Weihrauch vor die Figur gelegt. Es wird berichtet, dass die Puppe in den meisten Fällen innerhalb weniger Minuten schwer wird: dann ist der Geist in sie eingefahren. Nun stellt man der Dame Fragen, die diese angeblich beantwortet. Es gibt in vielen Teilen Chinas unter verschiedenen Namen Parallelen zu diesem Brauch. So fragt man Besen, Untersetzer und die verschiedenartigsten Dinge um Rat, nachdem ein Geist in sie hineinbeschworen worden ist.

Diejenigen, die ihren Geist in das Land der Toten projizieren wollen, versuchen dies durch Wiederholung der folgenden Beschwörung:

«Schwester San-ku, Lady Sze-ku, bitte leite mich in das Land der Yin-Region. Was will ich in der Yin-Region? Ich will dort nach einem nahen Verwandten suchen. Wenn ich ihn gefunden habe, möchte ich ein paar Worte mit ihm reden. Bitte leite mich danach schnell wieder zurück in die Region des Yang.»

Die unablässige Wiederholung dieser Formel soll bewirken, dass die Bittstellerin in das Land der Verstorbenen gelangt, ihren Verwandten findet und von dort wieder sicher zurückgeleitet wird.[100]

DIE GEISTERFIGUREN DER AMOYHEXEN

In Amoy wird von weiblichen Magiern eine besondere Art von Figuren hergestellt, die dazu dienen, einen in sie hineinbeschworenen Geist zu beherbergen, der für jeden von seiner Beschwörerin erwünschten Zweck verwendet werden kann.

Aus Pfirsichholz wird eine kleine Puppe hergestellt. Dieses Holz enthält die lebendige Shen-Magie. Bevor die Puppe hergestellt wird, wird das Holz im Schutze der Dunkelheit oder auf eine andere Weise gesammelt, die verhindert, dass der Verdacht der Hexerei auf die Frau fällt. Nach einer speziellen Behandlung wird aus diesem Holz die Puppe geschnitzt. Die Behandlung besteht darin, das Holz irgendwo im Hause einer schwangeren Frau oder in dessen Nähe zu verstecken. Dort bleibt es, bis das Kind geboren ist. Die Mutter darf jedoch von der Existenz des Holzes nichts erfahren.

Sobald das Kind geboren ist, wird das Holz entfernt und von der Hexe zurechtgeschnitzt. Dabei spricht sie gleichzeitig Zaubersprüche, um einen Geist zu beschwören, der die Puppe bewohnen soll. Die Puppe erhält annähernd die Gestalt eines neugeborenen Kindes und muss vom gleichen Geschlecht sein. Sie wird dann hinter einem taoistischen Altar versteckt, so dass die über diesem gesprochenen Zaubersprüche auf sie wirken. Anstatt dessen kann die Hexe auch selbst auf irgendeinem Altar einen Geist anrufen. Auch in diesem Falle muss sie die Figur hinter dem Altar verstecken.

Dies wird als ein Ritual der Schwarzen Kunst angesehen, da der Geist beim Einzug in die Puppe möglicherweise den Körper des Kindes verlässt, nach dessen Bild die Puppe gefertigt worden ist. Oder das Kind wird dadurch verkrüppelt beziehungsweise geistig behindert. Aus solchen Gründen sind derartige Verfahren den Konfuzianern, aber auch vielen anderen Chinesen verhasst.

Man nennt dies das «Verfahren zum Entziehen von Leben» oder das «Mittel zum Bezwingen eines Geistes». Die Gefahr, bei einem solchen Ritual entdeckt zu werden, scheint seinen Wert geradezu noch zu steigern. Man glaubt zweifellos, dass nach Vollendung des Rituals der Vertraute in der Puppe bleiben und alle Fragen beantworten wird. Es gibt noch eine weitere Methode, diese Figur zu gebrauchen.

«Die Figur wird zunächst neunundvierzig Nächte lang dem Tau ausgesetzt. Daraufhin soll sie nach Vollzug gewisser Zeremonien die Fähigkeit zu sprechen entwickelt haben. Sie wird nun auf den Magen der Frau gelegt, der sie gehört. Diese beansprucht dann, durch die Puppe zum Medium für die Kommunikation mit den Toten geworden zu sein. Manchmal schickt sie die Figur in das Reich der Geister, um die Person zu finden, über die Auskunft verlangt wird. Die Puppe verwandelt sich dann in eine Elfe oder eine Fee und macht sich angeblich auf ihren Botengang. Dann fährt der Geist des gesuchten Verstorbenen in die Puppe und liefert die von seinen lebenden Verwandten gewünschte Information.

Das weibliche Medium soll währenddessen kein Wort sprechen; die Botschaft scheint aus der Puppe zu stammen. Die Fragen werden an das Medium gerichtet; die Antworten scheinen aus seinem Bauche zu ertönen. Dabei ist wahrscheinlich eine Art von Bauchreden im Spiel, und die Tatsache, dass die Stimme aus dem Bauche zu erschallen scheint, begünstigt zweifellos die Täuschung. Jedenfalls gibt es grosse Mengen solcher Medien, die unbedingtes Vertrauen geniessen, und viele Witwen, die mit ihren verstorbenen Ehegatten kommunizieren möchten. Menschen, die irgendwelche Informationen über die Zukunft zu erhalten wünschen, suchen oft ihre Hilfe.»

TODESZAUBER

Eine in China verbreitete Form des Todeszaubers mag hier als typisch aufgeführt werden. Die meisten Häuser und alle Dörfer in China besitzen eine Tafel, die dem Namen der örtlichen Gottheit geweiht ist. Darauf wird ein Stück Papier gelegt, auf welchem der Name der Person geschrieben steht, die getötet werden soll sowie die Erklärung, dass sie schon tot ist. Der Geist denkt dann, dass dieser Mensch schon gestorben ist, und er wird die Ankunft seiner Seele im Himmel vorbereiten. Die Kraft dieser Annahme wird unter den Geistern, die sich mit dem Empfang der abgeschiedenen Seelen befassen, so stark sein, dass ihre Konzentration die Seele aus dem Körper der auf dem Papier genannten Person herauszieht und diese dadurch sterben wird.

Natürlich wird der auf diese Weise zum Tode Verurteilte, wenn ihm bekannt werden sollte, dass sein Name dem Geist gemeldet wurde, in vielen Fällen aus purer Angst sterben. Dies bildet eine interessante Parallele zur sympathetischen Magie und zu den Fluchritualen auf der ganzen Welt.

REGENMACHEN

In China gibt es den Glauben, dass man durch Verbrennen des Bildes eines Missgebildeten oder sonstwie kranken Menschen Regenfälle verursachen kann. Die Idee, die dahintersteht, ist, dass der Himmel Mitleid mit diesem Menschen empfindet und Wasser niedergiesst, um sein Los zu lindern.

EWIGES LEBEN

Wie alle anderen Völker, so waren auch die Chinesen sehr an der Möglichkeit interessiert, sich ewiges Leben zu sichern. Viele von ihnen glauben, dass die folgende Methode es sichert, obwohl sie nicht immer zu voller Zufriedenheit zu funktionieren scheint:

«Ein silberfarbenes Insekt, der ‹Silberfisch› *(Lepisma saccharina)*, wird gefangen und dazu gebracht, ein Stück Papier zu fressen, auf das die Schriftzeichen *Shen-Hsien* geschrieben wurden. Man geht davon aus, dass diese Formel, die ‹unsterblich Lebendiger› bedeutet, bewirkt, dass der Körper des Insekts vielfarbig wird. Jeder, der den derart präparierten Silberfisch isst, wird für immer vor dem Tode geschützt sein. Die Magier, die dieses Verfahren empfehlen, warnen, dass es monatelange Experimente erfordern kann, bevor man einen geeigneten Silberfisch findet, dessen Körper in der benötigten Weise reagiert und verschiedene Farben zeigt.»

17 DIE TIBETISCHEN WUNDERTÄTER

Tibet hat mehr als jeder andere Teil der Welt unter einer Menge von falschen Darstellungen, Verzerrungen und frei erfundenen Berichten gelitten, und dies in einem Ausmass, wie es zu keiner Zeit in vergleichbarer Weise je mit irgendeinem anderen Land geschehen ist. Wenn man die angeblichen Reiseberichte der Lehnsesselautoren liest, jene seltsamen Märchen über Magie, Geheimnisse und spirituelle Wunder, die angeblich das Leben Tibets prägen sollen, so fühlt man sich an die phantasievollen Landkarten alter Geographen erinnert. Wenn sie über einen Ort nichts zu berichten wussten, füllten sie den Leerraum mit Legenden wie: «Hier leben Drachen».

Es ist wahr, dass Tibet eines der letzten Länder ist, in denen der Buddhismus ohne grössere Störungen von aussen blüht. Die buddhistische Geschichte des Landes zeigt jedoch, dass es in seiner kulturellen Entwicklung weit hinter Orte wie Bamiyan in Afghanistan zurückfällt, wo sich vor der Übernahme durch den Islam ein grosser Anteil der ausserindischen Entwicklung buddhistischer Kunst und Theologie vollzog. Tibet ist mit Sicherheit nicht unergründlich. Es ist viel einfacher, nach Tibet zu gelangen und das Vertrauen der dortigen Lamas zu erwerben, als nach Mekka zu reisen – wie ich aus eigener Erfahrung weiss – oder auch beispielsweise das Grab des Mahdi im Sudan zu fotografieren. Dutzende von Nichtbuddhisten aus dem Westen haben Tibet bereist; dagegen wurde es nicht einem einzigen Ungläubigen gestattet, Mekka zu betreten.

Das zweite, was man sich im Falle Tibets vor Augen halten muss, ist seine Grösse. Die Abendländler, die in Tibet gewesen sind, haben zumeist den grössten Teil ihrer Zeit in Lhasa verbracht oder in einem Gebiet, das von dort aus nach tibetischen Massstäben «leicht zu erreichen» ist. Sie sind meist von Indien, Nepal oder China aus ins Land eingereist. Einige wählten auch den Weg über Kaschmir. Sehr wenige reisen durch die östlichen und nordöstlichen Gebiete ein, vom östlichen Turkestan und von der Mongolei her; möglicherweise ist dies noch keinem Menschen aus dem Westen je gelungen. Jedoch sind es gerade diese Gebiete, in denen die wichtigsten Strömungen der lamaistischen und bonistischen Magie die Vorherrschaft haben.

Der Buddhismus ist erst in relativ neuer Zeit nach Tibet «importiert» worden. Es ist wahr, dass es in diesem Land riesige und reich ausgestattete buddhistische Klöster gibt und Millionen von Anhängern des Buddhismus. In den westlichen Teilen des Landes soll einer von acht Bewohnern Mönch, Nonne oder «Diener des Juwels im Lotos» sein. Dieser Teil der Bevölkerung ist durch die religiösen Vorstellungen der buddhistischen Propaganda fünfzehnhundert Jahre lang tiefgehend beeinflusst worden, seit diese Religion von Indien her in das Land eindrang. Ausserdem ist die Zahl der Buddhisten hier noch angewachsen durch die Einwanderung afghanischer Mönche während und nach der Eroberung Afghanistans durch die Mohammedaner.

Obwohl Tibet oft das «religiöseste Land der Welt» genannt wird, ist auch dies eigentlich eine falsche Bezeichnung. Das Land ist von einem rein anthropologischen Standpunkt aus bei weitem nicht als Einheit anzusehen. Zunächst einmal herrscht ein ständiger Kampf zwischen drei Elementen innerhalb des buddhistischen Lagers: den «reinen Buddhisten», die die etablierte buddhistische Priesterschaft bilden, den buddhistischen Laien und den Tantrikern, die in den letzten Jahrzehnten an Macht gewonnen haben.

Die etablierte buddhistische Religion lehrt hier wie in allen Ländern, dass die wahre Lehre wenig Zeit für Magie und übernatürliche

Wunder verschwendet. Das Leben dient der Versenkung und der Vervollkommung der Seele als Voraussetzung für die Reinkarnation. Es gibt keine Abkürzung zum *Nirvana,* und die Leidenschaften dieser Welt sind für den orthodoxen Buddhisten kein Thema. Warum sollte er sich daher mit Magie auseinandersetzen? Im Gegenteil: Magie in allen ihren Formen wird vom etablierten tibetischen Klerus nicht nur missbilligt, sondern ausdrücklich verboten. Und ein gläubiger Buddhist nimmt seine Religion sehr ernst. Deshalb muss man von allen angeblich wahren Wundergeschichten über buddhistische Lamas in Tibet starke Abstriche machen.

Die Laienschaft hingegen ist noch stark von Vorstellungen durchdrungen, die teilweise dem primitiven vorbuddhistischen Animismus dieses Landes, dem Bonismus, und anderenteils der tantrischen Form des Lamaismus, einer Abzweigung vom orthodoxen Ritus, entspringen. Lamas, gleich welcher Überzeugung, neigen dazu, auf die Nicht-Eingeweihten herabzuschauen und ihnen die Ausübung magischer Praktiken zu überlassen, die in den wenigen ihnen zur Verfügung stehenden Büchern zu finden sind. Der Zugang zu Büchern von höherer Gelehrsamkeit und esoterischer Bedeutung ist den Laien nicht nur wegen ihrer Seltenheit verwehrt, sondern auch wegen ihrer Unverständlichkeit.

Der wahrscheinlich bei weitem grösste Teil des Landes befindet sich im «spirituellen» Dienst des unorthodoxen Lamaismus und insbesondere des Bonismus. Man könnte sagen, dass der Bonismus stark an die taoistische und schamanistische Religion erinnert, die in diesem Buch im Kapitel über China behandelt wurde. Der Bonismus lehrt die Möglichkeit der Dämonenbeschwörung, die Macht der Dunkelheit und des Guten, die Bedeutung von Worten der Macht sowie die übernatürlichen Kräfte seiner Priester, und ist wahrscheinlich der bestorganisierte magische Kult. Wie die Buddhisten, gegen die sie physisch und psychologisch Krieg führen, haben die Bonisten ihre Obersten Lamas, ihre Armeen und ihre Tempel.

Viele ihrer Tempel, Klöster und Paläste sind mit einem solchen Luxus ausgestattet, dass sogar der Palast des Dalai Lama dagegen verblasst. Im Gegensatz zu den Buddhisten wiederholen sie ihr Glaubensbekenntnis *(Om Mani padme hum!)* rückwärts: *Muh-empad-mi-Mo!* Im Gegensatz zu ihren Nachbarn glauben sie, dass man töten darf, und sie haben seit Urzeiten bei ihren Versöhnungsriten Menschenopfer dargebracht. Ihre Priesterschaft stellte Talismane gegen Krankheiten und Dämonen her, sogar solche, die die Ernte zum Wachsen oder zum Verdorren bringen, Liebe entfachen oder abtöten oder ihre Träger unbesiegbar und reich machen konnten. Sie bestehen wie bei den wilden Völkern Innerasiens oft aus Stücken von gewöhnlichen Knochen, Haaren, Zähnen und Metall. Zukunftsdeutung und Wahrsagung sind sowohl bei der Priesterschaft als auch unter den Laien weit verbreitet. Ihre Versöhnungsriten zu Ehren des Hadesgeistes, Yama, und die Drachenverehrung erinnern auf eigenartige Weise an die Riten der schwarzen Messen in der europäischen Hexenkunst.

Bei einem typischen Ritual der Priester-Magier des Bonismus sitzt der Leiter des Rituals auf einem besonderen Stuhl und wird von seinen unter ihm stehenden Mitarbeitern umgeben. In der Mitte des Platzes, der von kleinen mit brennendem Weihrauch gefüllten Schalen umgeben ist, wird ein Altar errichtet, auf dem zu Ehren des zu beschwörenden Geistes Fleisch, Wolle und Yakfell geopfert werden. Dreimal stösst man in die Knochentrompete. Die Versamm-

Amulett für Reichtum

lung singt unter der Leitung des Opferpriesters gemeinsam die Anrufung des Dämonen und seiner Gefährten: *Yamantaka!* – Dies wird dreimal wiederholt und anschliessend noch dreimal. Jeder der Anwesenden soll sich dabei auf das Bild der Gottheit konzentrieren, deren riesige und furchterregende Darstellung man gewöhnlich in den Bön-Tempeln findet: ein stierköpfiges Monstrum mit Fangzähnen und Hörnern, das menschliche Körper unter seinen Füssen zertrampelt, mit Menschenköpfen verziert ist und von züngelnden Flammen umgeben wird.

Die Bonisten glauben, dass die Gottheit erscheinen und von den Nahrungsmitteln kosten wird, was als Zeichen dafür gilt, dass die Huldigung von ihr angenommen wird. Der Oberpriester richtet dann ein Gebet an den Geist und berichtet ihm darin die Wünsche der Bittenden, woraufhin diese erfüllt werden. Diejenigen, die nicht ihr Äusserstes geben, um ihren Anteil an Geisteskraft zur Versammlung beizutragen, werden grosse Pein erleiden und können sogar ihr Sehvermögen oder eine andere Fähigkeit der Sinneswahrnehmung einbüssen.

Der Bonismus versucht ebensowenig wie der Lamaismus und der Buddhismus zu missionieren. Wenn man nicht zu den Eingeweihten gehört, ist man für diese Weltanschauung sowieso nicht von Interesse. Eine interessante Schilderung einer Bön-Versammlung ist aus dem sechsten Jahrhundert der christlichen Zeitrechnung überliefert. Man kann sie als typisch für diese dunklen Riten ansehen:

«Die (tibetischen) Beamten versammeln sich einmal im Jahr, um den niederen Eid der Lehnstreue abzulegen. Sie opfern aus diesem Anlass Schafe, Hunde und Affen, indem sie zunächst deren Beine brechen und sie dann töten ... Auch Zauberer werden hinzugezogen. Diese rufen die Götter des Himmels und der Erde an, der Berge und der Flüsse, der Sonne, des Mondes, der Sterne und der Planeten ...»[101]

Ein ungeheurer Druck, der von dieser Art der Teufelsverehrung herrührt, lastet fast auf dem ganzen Land. Der fromme Buddhismus, wie er im Gebiet um Lhasa gepflegt wird, ist von tantrischen und magischen Riten umgeben. Es gab verschiedene Versuche, diese Bedrohung zu besiegen. Dies soll mit Asanga im sechsten Jahrhundert seinen Anfang genommen haben, und es fand im vielgelesenen Werk *Yogachara Bhumi Sastra* seinen literarischen Ausdruck. Der Teufel und die niederen Götter der unteren Himmelsregionen wurden vom orthodoxen Buddhismus übernommen und angerufen. Sie dienten den Tantrikern als eine Art von Dschinnen. Die Wiedergeburt ist so, wie sie von den frommen, aber unbelesenen Laien des buddhistischen Tibet verstanden wird, sehr oft weit von jenem Ideal entfernt, das ihre Anhänger im Westen aufgebaut haben. Man kann dort häufig einen Menschen beim Ausüben von verbotenen Feindseligkeiten antreffen, der mit der ausdrücklichen Versicherung seines Glaubens handelt, dass er einen solchen lieblosen Gedanken nicht einmal hätte entwickeln können, wenn nicht sein Opfer ihm in einem früheren Leben Unrecht zugefügt hätte.

Der Beitrag der orthodoxen Buddhisten zur orientalischen Magie ist, soweit er unser Studiengebiet betrifft, weitaus philosophischer, als es die bekannten Rituale magischer Herkunft anderenorts im Osten sind — mit Ausnahme des Sufismus. Zunächst einmal wird die Tugend der Hingabe vom tibetischen Buddhismus wie auch von den Okkultisten als grundlegend für das Erlangen der Gedankenkonzentration angesehen, die von allen Richtungen gleichermassen erstrebt wird. Ebenso wie andere Denker im übernatürlichen Bereich, legen auch die Tibeter Wert auf geistige Hygiene (wenn auch nicht so sehr auf körperliche).[102]

Der Geist muss so lange gereinigt werden, bis er Eindrücke empfangen kann, die ihn bereit machen für das letzte Aufgehen im Nirwana oder für die Ent-Werdung in den Geist des Ganzen. Woher stammt diese Macht? Zum Teil aus dem eigenen Inneren, jenem kleinen gefangenen Stück psychischer Kraft von der geheimnisvollen «drahtlosen Station» in fernen Bergen, zu der alle Geister zurückkehren müssen, und von der aus sie bestimmt sind, wieder auszuströmen in der Form verkörperter Wesen, bis der Reinigungsprozess abgeschlossen ist. Das ewige Nirwana ist der Lohn hierfür.

Diese Schwingungen, die den Einsiedler leiten, sind überall auf der Welt zu spüren. Sie führen den Eingeweihten, während sie den Unwissenden in seiner Unwissenheit belassen. Es gehört nicht zu den Aufgaben des Eingeweihten, diese Lehre zu verbreiten oder sie gar durchzusetzen, bis der Punkt in seinem Leben gekommen ist, der dies erforderlich macht.

Diejenigen, die fast die Vollendung erreicht haben, werden als Lamas von hohem Rang mit einem Ring beschenkt. Sie sind die «Doktoren des Buddhismus». Sie sollten jedoch nicht glauben, dass sie die letzte Vollendung im Laufe eines Lebens erlangen werden: dies geschah nur im Falle von Gautama selbst. In diesem Stadium ist es möglich, Befreiung vom Klosterleben zu erbitten, um in die Welt zu ziehen und dort Verdienste zu erlangen, die Sünden aufzuwiegen vermögen.

Ein solcher Lama wird jedoch stets gewarnt, bevor er die Lamaserei verlässt, dass er vieles, was er im Umgang mit den gewöhnlichen Sterblichen verlernt hat, erst wieder neu wird erlernen müssen. In diesem Punkt unterscheidet sich die esoterische Philosophie des Lamaismus radikal vom Sufismus, obwohl sich oberflächliche Orientalisten an der grossen Ähnlichkeit zwischen den beiden Systemen ergötzen.

Zur Zeit der «Rückkehr vom Leben der Vollendung zum Leben der Unvollkommenheit» entfernt der Mentor des Lamas von dessen

Ring zwei Steine. Der erste symbolisiert, wie schon erwähnt, den Verlust, den er erleiden wird. Der zweite Stein wird entfernt, weil er «den gegebenen Rat, in der Lamaserei zu bleiben, bezweifelt hat». Wenn der Mönch seine Lektion gelernt hat und reumütig zurückgekehrt ist, werden die Steine wieder eingesetzt und verlassen niemals mehr seinen Finger – «nicht einmal mehr im Feuer der Bestattung».

Wenn der Lama jedoch eine solche Vollkommenheit erreicht, dass er einbalsamiert und vergoldet wird, dann wird der Ring über ihm plaziert. Dann müssen alle, die auf solch ruhmreiche Überreste und insbesondere auf den Ring schauen, schamhaft ihre Häupter in Demut vor solcher Macht und solcher Grösse beugen und ein Gebet sprechen, das die Gebetsmühle in Bewegung setzt, damit die Seele das beständig aufrechterhält, was sie mühevoll und langsam in dieser qualvollsten aller Welten erlangt hat, und womit verglichen die ersten zwölf Jahre der klösterlichen Studien leicht wie eine Feder waren!

Es gibt mehr als einen Hinweis auf die schwer zu begreifende Idee von einer geheimen weltweiten Priesterschaft in der «Erklärung des Pfads der grossen Meister», die von Frau Morag Murray Abdullah in einem Nonnenkloster, das sie besuchte, von einem tibetischen Original abgeschrieben wurde. Sie hat mir freundlicherweise gestattet, in diesem Zusammenhang daraus zu zitieren:[103]

«Die Meister der mystischen Kräfte, die wählten, sich aus der Welt zurückzuziehen, sind in der Lage, durch Versenkung den Belangen anderer weitentfernter Völker beizustehen. Währenddessen sind jene, die als Missionare zu diesen zurückgekehrt waren und aus irgendeinem Grunde versagten, nachdem sie wieder zur Quelle allen irdischen Wissens heimgekehrt waren, oft davon ausgeschlossen, weiter in der Welt zu helfen. Für sie gibt es nichts als Vergessen. Und sie sind zufrieden, sie müssen mit der Unbeständigkeit der Welt zufrieden sein. Wenn der Reisende erfolgreich den Pfad des Vergessens gewandert ist, was viele Jahre dauern kann, dann ist er in der Lage, die ganze Welt unter sich ausgebreitet zu sehen. Er wird dann sehen können, was sich zu Erdbeben entwickeln wird, zu Kriegen und Hungersnöten. Dann kann er damit beginnen, die Fähigkeit zu entwickeln, durch seine Gedanken das durch die Unglücke hervorgerufene menschliche Leiden zu erleichtern ...»

Ein Teil des Trainings für diese Art von spiritueller Diagnose von Krankheiten des Patienten besteht darin, eine Woche lang Tag und Nacht im Freien auf einem Berge zu verbringen − und zwar auf einer ungeschützten Seite des Berges und im Winter. Dreimal am Tage muss der Schüler ein Bettlaken in Eiswasser tauchen und sich darin einhüllen. Wenn das Tuch nicht trocknet oder wenn der Lama die Kälte spürt, war seine Konzentration nicht ausreichend, und der Vorgang muss wiederholt werden. Die Härten dieses Trainings sind so ungeheuerlich, dass sie den ungeduldigeren Magiern und erst recht den Philosophen der westlicheren Kulte sicher nicht behagen würden. Wo solche Geduld und Ausdauer herrschen, da ist umgekehrt wenig Raum für die kürzeren Rituale, die darauf ausgerichtet sind, schnell Macht zu erzeugen. Das Training schliesst ab mit einer

Amulett zur Verfluchung eines Feindes

einfachen und hiervon sehr verschiedenen Erfindung der wilden Bonisten, die nur wenige Meilen entfernt lauern mögen.

«Die wahren Lamas von Tibet rechnen einige der letzten wahren Anhänger der Lehren ihres Meisters zu den Ihren. Man sollte erwarten, dass sie Ausländern gegenüber skeptisch sind und sich, eingeschlossen in ihren Bergfestungen, freundlichen Gesten gegenüber verschliessen würden. Stattdessen erlebte ich sie wie freundliche Kinder, die vertrauensvoll und bereitwillig alles anhörten, was ich über die Welt dort draussen zu sagen wusste. Da ich aus dem Westen kam, wo Diplomatie nicht auf den diplomatischen Dienst beschränkt ist, misstraute ich zunächst ihrer Aufrichtigkeit. Sie schienen ein wenig zu vertrauensvoll zu sein, als hielten sie ihre Höflichkeit an der Oberfläche aufrecht, um darunter etwas weniger Umgängliches zu verbergen. Dies war natürlich ein persönliches Gefühl, das ich hatte, bis ich bemerkte, dass sie weder innerlich noch äusserlich irgendeinen ungnädigen Gedanken gegenüber irgend jemandem zu hegen schienen. Hierbei beziehe ich mich auf Mönche, die schon ein Jahrzehnt lang initiiert waren. Als sie von den Wundern unserer Welt hörten, die sie niemals sehen werden, zeigten sie kein Anzeichen von Eifersucht oder auch nur von Unglauben, obgleich ich lernen musste, dass sie sehr bestimmte Ideen über den Westen hatten. Meiner Erfahrung nach würden sie genauso wenig daran denken, ein Versprechen zu brechen oder unfreundlich gegen Gäste zu sein – ein Verhalten, das ebenso wie bei Afghanen und Arabern auch in diesem Lande fast wie eine Religion gepflegt wird.»

«Tibetische Lamas sind davon überzeugt, das sie durch die blosse Macht ihres Willens in der Lage sind, jeder Invasion standzuhalten, sei diese spiritueller oder anderer Art: Dies geschieht durch die Macht der magischen Worte *Om Mani Padme Hum*.» Als ich mit ihnen über den Krieg sprach, sagten sie, dass nur die diejenigen, deren Geist unglücklich sei, in den Krieg zögen, dass sie ihn darum verdienen, und er etwas sei, das ihnen zu durchleben bestimmt sei: «Wenn wir, die wir nur so Weniges besitzen, so viel ausrichten können, so seid ihr Völker jenseits der Meere, die ihr alles Materielle besitzt, wie ihr sagt, in der Lage, Schönheit zu schaffen.»

Eines der ergreifendsten Phänomene im Bereich der tibetischen Wundertaten ist vom magischen Standpunkt aus zweifellos das Ritual «Durchs-Feuer-Gehen». Die offensichtliche Fähigkeit, durch glühende Kohlen zu gehen, wurde in Indien, Polynesien und anderen Ländern des Fernen Ostens demonstriert. Aber da meine diesbezüglichen persönlichen Erlebnisse sich auf die Tibeter beschränken, werde ich mich auch nur auf sie beziehen, und verweise den Leser, wenn er bestätigendes Material sucht, auf andere, die ihre eigenen Erfahrungen ausführlich beschrieben haben.

Sowohl die Bonisten (Animisten und Teufelsanbeter) als auch die lamaistischen Priesterschaften betrachten das Gehen auf dem Feuer als wichtigen Bestandteil ihrer Rituale. Warum spielt dieses Phänomen in buddhistischen Kreisen eine Rolle, wo Magie ansonsten nicht gefördert wird? Weil es dazu dient, dass Mass an Selbstdisziplin zu demonstrieren, das ein Initiierter erreichen kann. Ein Mensch, der seine natürlichen Schwächen in einem solchen Masse zu überwinden vermag, dass er in der Lage ist, auf glühenden Kohlen zu schreiten, ist mit Sicherheit jemand, der in sich die Herrschaft des Geistes über die Materie errichtet hat. Die Theorie der Bonisten – und wohl ebenso ihre Praxis – ist hiervon sehr verschieden. Das Gehen auf Feuer ist zunächst und in erster Linie eine Versöhnungszeremonie. Sie wird vollzogen, weil der Feuergott der Verehrung bedarf. Als Gegenleistung verleiht er denen, die an ihn glauben, die Fähigkeit, die Hitze zu ertragen.

In beiden Fällen wird wahrscheinlich die gleiche Art von geistiger Spaltung induziert, die der Hypnose ähnelt, obgleich dabei auch noch ein anderer Faktor eine Rolle zu spielen scheint. Denn, mag ein auf die bekannte Weise hypnotisierter Mensch auch vielleicht fähig sein, die Qual des Feuers durchzustehen, so muss man sich doch mit der Frage der physischen Verletzungen auseinandersetzen. Nicht ein einziger Lama oder bonistischer Priester, den ich beim Feuergang beobachten konnte, schien an irgendwelchen Schmerzen oder Wunden zu leiden. Dies lässt nur noch die Erklärungsmöglichkeit einer Massenhypnose offen, von der man zwar schon viel gehört hat, die aber bisher noch in keinem Fall erwiesen wurde – wie beispielsweise beim indischen Seiltrick.

Bei einem bonistischen Ritual werden zusätzlich zu den Priestern, die durch die Flammen gehen, eine Anzahl von Kandidaten für «heilige Orden» ohne physische Verletzungen durch die Flammen geleitet. Natürlich ist es möglich, dass der gesamte Vorgang durch einen Trick zustande kommt. Genauso wie ähnliche Riten in anderen Ländern, dient dieses Ritual zur Prüfung von Kandidaten für die Ordination; es handelt sich also um eine Art von Gottesurteil.

Es heisst, dass die Feuerbegeher in vielen Fällen Brandmale an ihren Händen und Gesichtern aufweisen, jedoch keinerlei Anzeichen von Verbrennungen unter ihren Füssen.

Das Experiment, dem ich selbst beiwohnte, wurde auf einer grossen Lichtung durchgeführt. Die eigentliche Feuerstelle war ein Graben von neunzig Zentimetern Tiefe, neun Metern Länge und etwa drei Metern Breite. Nachdem runde, glatte Steine in diesen Graben gelegt worden waren, wurde eine grosse Menge von Holz und Zweigen darüber geschichtet und angezündet. Das Feuer wurde ungefähr sechs Stunden in Betrieb gehalten. Dann wurde die Holzkohle entfernt und die Oberfläche geglättet.

Eine Menschenansammlung von etwa zweihundert Personen beobachtete das Schauspiel. Da trat ein verhutzelter bonistischer Priester vor, der mit Amuletten geschmückt war und insbesondere durch seine Zerlumptheit und die offensichtliche Verkommenheit seines Gesichts, der Hände und seines Umhangs aus Schaffell auffiel. Unter den Fellen, die er ablegte, trug er ein Leinentuch, das er um seinen Körper herum und zwischen seine Beine gewickelt hatte. In den Händen trug er einen Stab von etwa vierzig Zentimeter Länge, der in einem Bündel kleiner Federn endet. Er ging zunächst dreimal im Uhrzeigersinn über das Feuer und anschliessend fünfmal in entgegengesetzter Richtung, wobei er gleichzeitig seine Hände von der Glut weg und wieder auf sie zu bewegte. Diese war immer noch sehr heiss. Unter Murmeln von Gebeten oder Beschwörungen

Siegestalisman

fing er an, mit dem Stab seine Beine zu schlagen, zuerst das eine, dann das andere.

Auf das Signal einer Knochentrompete hin schritten zehn Männer langsam durch die Menge und bildeten vor dem Magier eine Reihe. Nachdem sich jeder von ihnen verbeugt hatte, wurde er mit dem Stab zuerst auf die eine Schulter geschlagen und dann auf die andere. Nicht ein einziger Laut war dabei zu hören. Etwas Unheimliches schien in der Luft zu liegen. Die Hitze des Feuers und der hoch am Himmel stehenden Sonne waren erdrückend. Einige der Zuschauer, die von der Hitze oder von ihren Gefühlen überwältigt wurden, fielen auf der Stelle um. Niemand nahm davon mehr als beiläufig

Notiz, und aller Augen konzentrierten sich auf die unheilverkündende Gestalt des Priesters.

Während der Zauberer einen hohen, näselnden Gesang anstimmte, überquerten die Männer in einer Reihe die weissglühende Masse und verliessen das Feuer schliesslich, nachdem sie in eine kleine mit Wasser gefüllte Schale getreten waren.

Daraufhin folgte der alte Zauberer und vollführte in der Mitte des Grabens einen Tanz. Dann rief er nach Leuten, die nicht initiiert waren und die an diesem Ritual teilnehmen wollten. Er berichtete auch allen von den grossen Kräften, die der Sonnengott jedem Teilnehmer für diesen Akt der Verehrung verleihen würde.

Nur drei Männer und zwei Frauen stellten sich dieser Herausforderung, wobei jeweils ein Angehöriger der beiden Geschlechter eindeutig von indischer und nicht von mongolischer Abstammung war.

Es folgte die gleiche Vorführung des Durch-die-Flammen-Laufens, die gleichen Begrüssungen und das Erheben der Hände, jedoch stimmten diesmal die ersten zehn in die Gesänge des Zauberers ein. Angeführt von den beiden Frauen, die der Zauberer fast vorwärtsstiess, bewältigten die fünf ihren Gang durch das Feuer ohne Zwischenfall. Ich konnte sehen, dass ihre Gesichter mit Schweiss bedeckt waren und dass sie zu Tode erschrocken waren. Nachdem sie das Feuer verlassen hatten, untersuchte ich ihre Füsse: ich war fast gezwungen, dies zu tun, denn sie zeigten sie dem gesamten Publikum. Ihre Erleichterung war so gewaltig, dass man sie geradezu spüren konnte. Weder ihre Füsse wiesen Anzeichen von Verbrennungen auf noch irgendein Teil ihrer Kleidungsstücke aus Baumwolle oder Yakfell.

Ich konnte mir keine weiteren Informationen darüber verschaffen, wie dies alles möglich war. Ein anderer Autor, der eine ähnliche Version des Rituals in einem indischen Staate mitansah, wo vier Briten daran teilnahmen, schrieb:

«Das Quartett der Briten – ein Schotte, zwei Iren und ein Engländer ... zeigten vier Tage später den übrigen Anwesenden ihre Füsse. Sie baten den alten Priester, ihnen sein Geheimnis zu verraten. Ich selbst schloss mich dieser Bitte an. Er akzeptierte nicht einmal das Angebot von 500 Pfund als Gegenleistung für die Offenbarung seines Wissens, sagte jedoch, wenn die vier sich seinem Tempel anschlössen, würde er ihnen alles beibringen. Darin willigte keiner der vier ein. Das einzige, was der alte Mann ihnen anvertraute, war, dass nur Menschen mit entwickelten psychischen Kräften fähig seien, an diesem Experiment unbeschadet teilzunehmen. Diese Kraft würde man eines Tages als natürlich ansehen, ‹obwohl ihr in eurem tiefsten Innersten wünschen würdet, dies nicht tun zu müssen›. Diese Kraft sei an den meisten Orten praktisch unbekannt, insbesondere im ‹materialistischen Indien›, wie er es nannte, was auf einen Mangel an echtem Glauben zurückzuführen sei, der der Heuchelei entgegengesetzt sei. Talismane und Amulette, sagte er, könne man denen geben, die keine Kraft besässen. Diese würden ihre Besitzer dann befähigen, durch Feuer zu gehen und viele andere Dinge zu tun: Aber warum sollte man sie ihnen geben, wenn das ihren Seelen nicht zugute käme?»

Offensichtlich gehörte dieser Priester zum etablierten tibetisch-buddhistischen Kult. Mit diesen Amuletten seien «die Unwissenden fähig, ihren niederen Geist auf etwas Wertvolles zu konzentrieren, denn die wirklich spirituellen Dinge vermöchten sie nicht zu fesseln. Sie könnten durch die Symbole und Geheimnisse der Talismane Kraft erlangen, denn es gäbe eine Art von Geistern, die ihnen helfen könne».

Als man ihn über die «wahre» Kraft befragte, die Talismane überflüssig mache, sagte der Priester, Konzentration und Meditation würden nach einer Weile alles Notwendige bewirken. Der Geist müsse zuerst gelehrt werden, an nichts zu denken. Dies ist ein anderer Ausdruck dafür, dass kein einziger bewusster Gedanke auftauchen darf. Dabei handle es sich um den schwierigsten Teil. Wenn er das erreicht hätte, erhielte der Student Hilfe. Viele Menschen haben in diesem Stadium geistige Bilder. Diese sind nichts weiter als Phantasien des Geistes, wodurch dieser versucht, den Denkprozess wieder in Gang zu bringen. Wenn man sie nicht als das identifiziert, was sie sind und sie nicht ‹wegdenkt›, bleiben die Bilder ein Leben lang bei der Person und zerstören ihre Seele. Sie übermitteln auch scheinbar Botschaften, die in Wirklichkeit von bösartigen Dämonen stammen.

Als man ihn befragte, wie man erkennen könne, ob jemand erleuchtet sei, antwortete er, man sähe und fühle dies, und die unsichtbare Welt werde nach der Erleuchtung etwas Reales, nur von einer etwas anderen Realität als jener, in der die übrige Menschheit lebe: aber sie sei wirklich, und es gäbe eine Menge von Analogien zu ihr.

Im Gegensatz zu im Westen in gewissen Kreisen weitverbreiteten Ansichten gibt es bei den Tibetern keine Parallelen zu den Praktiken des Spiritismus. Wahr ist, dass es eine Art von Schamanismus innerhalb des Bonismus bei den schon besprochenen animistischen Dämonenverehrungen gibt. Ihre «Séancen» ähneln in einiger Hinsicht den taoistischen und beinhalten die Beschwörung von Geistern. Jedoch sind die Inhalte der Geisteroffenbarungen vollkommen verschieden von denjenigen, die im Westen auftreten. Es gibt dort viel weniger Materialisationen von Toten und mehr Kontakt mit dem, was «Geistwesen» genannt wird, die offenbar nie eine körperliche Form besessen haben. Ausserdem wird die Kommunikation mit den Geistern zu anderen Zwecken durchgeführt: zur Förderung von Ernten, zum Austreiben von Dämonen bei Krankheiten, wie beispielsweise der Pest, zur Bewusstmachung weltlicher Motive und als Lebensberatung. Niemals jedoch kommt auch nur die Andeutung jenes wohlwollenden und im allgemeinen bedeutungslosen Grussaustauschs vor, wie er im Westen zwischen Verwandten und ihren verstorbenen Angehörigen stattfindet. Ein Grund hier ist wohl der alles umfassende Glaube an die Wiedergeburt und die Seelenwanderung, demzufolge allgemein angenommen wird, dass die toten Verwandten sich aller Wahrscheinlichkeit nach schon in einem anderen Leben auf Erden befinden und damit für spiritistische Zwecke nicht mehr erreichbar sind.

18 DIE MAGISCHE KUNST JAPANS

Wie in vielen anderen Ländern, so nehmen auch in Japan die okkulten Praktiken zwei Hauptformen an: Bei der ersten, die aus hochritualisierten Vorschriften des nationalen Shintokultes besteht, sind zweifellos die Spezialisten das bestimmende Element. Die zweite, die «niedere Magie» *(majinai)*, die in der breiten Öffentlichkeit eine bedeutende Rolle spielt, beschäftigt sich hauptsächlich mit Zaubersprüchen, Flüchen und sympathetischer Magie. Ausser dem nationalen Shinto-Kult gibt es auch noch unter den Buddhisten gewisse geheime Sekten, die sich mit Magie beschäftigen. In allen drei Fällen bestehen Ähnlichkeiten mit der westlichen Magie sowie reichliche Anleihen bei den geheimen Lehren der Chinesen.

Die Hauptquelle der Shinto-Magie ist zweifellos *Norito,* eine Sammlung von Schriften des zehnten Jahrhunderts, die Spuren von sehr viel früheren Ursprüngen aufweisen. Wie viele der sich ständig wiederholenden indischen und babylonischen Riten sind diese verwickelten Zeremonien für westliche Forscher nicht so anziehend, wie dies der Fall sein könnte. Jedoch enthalten diese Codices wertvolles Studienmaterial. Schon beim flüchtigsten Überblick werden einige bemerkenswerte Übereinstimmungen der Praxis deutlich. Wie in der westlichen, chinesischen und jüdischen Magie, so spielen auch bei der japanischen Schwerter eine wichtige Rolle. Man benutzt Reis, um böse Geister zu verjagen: dies ist wohl der Ursprung für die Verwendung von Reis bei Hochzeiten im heutigen Europa. Juwelen und Talismane nehmen den Platz der salomonischen Pentakel ein, wobei ihre Verwendungsart sehr ähnlich ist. Die bekannten Kräfte, die Edelsteinen innewohnen sollen, werden auch in Japan in Betracht gezogen und beschrieben.

Die semitische These, dass Magie (und zwar insbesondere der Teil von ihr, den man Schwarze Magie nennt) mit Teufelsanbetung gleichzusetzen ist, ist wie bei vielen anderen Völkern auch bei den Japanern unbekannt. Magie wird gut oder böse genannt je nach den Absichten derjenigen, die sie ausüben. Sicherlich glaubt man nicht, dass der Teufel versucht, dem Menschen als Gegenleistung für einen

Chinesischer Talisman zur Anziehung von Geld («Silber»)

Pakt, durch den ihm satanische Macht zu eigen wird, die Seele zu rauben. Es gibt Geister *(kami)*, das ist wahr, und es gibt sogar Dämonen; aber diese Geister haben mehr Verwandtschaft mit der indischen «Lebensgeist»-Theorie als mit der organisierten Dämonologie beispielsweise des Christentums.

Das bedeutet nicht, dass es so etwas wie Hexerei nicht gibt. Durch kaiserliche Dekrete ist es verboten, Zauberei auszuüben und anderen Böses zuzufügen. Gleichzeitig gibt es einen weitverbreiteten Glauben, der besagt, dass derjenige, der Hexerei ausübt, sehr leicht selbst dadurch umkommen kann: Dies ähnelt der Furcht, die von den alten europäischen Zauberern verbreitet wurde, und die zur Anwendung von Methoden führte, die Dämonen daran hindern sollten, dem Magier selbst zu schaden.

Eines der Standardverfahren der japanischen Texte enthält ein interessantes Beispiel für das, was man «Gefühlskonzentration» nennen könnte: Von Hunden wird angenommen, dass sie eine besondere okkulte Bedeutung haben. Ein hungriger Hund wird in Sichtweite seines Futters angebunden. Das Hungergefühl wird dadurch verfeinert, dass man die übliche Mahlzeit durch eine noch appetitanregendere ersetzt. Wenn dieses Gefühl derart «konzentriert» worden ist, schlägt man den Kopf des Tieres ab. Man glaubt, das dieser dann die Essenz der Gefühlskonzentration enthält. In diesem Zusammenhang wäre darüber nachzudenken, dass der Mensch seit Tausenden von Jahren das Fasten als ein Mittel benutzt hat, um den Geist zu klären und zu schärfen. Diejenigen, die – aus welchem Grunde auch immer – schon einmal gefastet haben, behaupten übereinstimmend, dass ein Gefühl der Konzentration von Kraft die Folge davon ist. Dies mag der Grund für das oben beschriebene Ritual sein. Wenn man die Möglichkeit ausser Betracht lässt, dass es sich um einen rein sadistischen Akt handelt, dann scheint das Verfahren eine Theorie widerzuspiegeln, die es unter anderem auch in Indien gibt. Sie besagt, dass es eine mit dem Gehirn verbundene Kraft gibt, die konzentriert werden kann. Vielleicht glauben die Japaner, dass diese Kraft durch die beschriebene Methode erzeugt oder konzentriert wird, wenn man den Kopf des Tieres anschliessend verzehrt.

Wo sonst noch taucht diese geheimnisvolle konzentrierte Kraft auf? Nach den japanischen Quellen in Bäumen. Jeder Baum hat seinen Geist, der ein Teil vom Leben des Baumes ist. Welche Form dieser Geist oder diese Kraft besitzt, weiss niemand zu sagen. Es gibt jedoch die ausdrückliche Überzeugung, dass der Geist eines Baumes sich rächen wird, wenn man einen Nagel in seine Behausung hineinhämmert. Wenn der Nagel den eigentlichen Saft des Baumes erreicht, kommt der Geist hervor. Dies ist die Chance für den Magier. Ganz in weiss gekleidet wiederholt er die Bitte an den Geist, «Soundso zu verfolgen und zu quälen» – oder welchen Zauber auch immer er sonst ausüben will. Es ist auch vermutet worden, dass der Grund für die weisse Kleidung in einer symbolischen Identifikation des Zauberers mit der Zunft der Geister zu sehen ist. Obgleich dies sehr wohl möglich ist, könnte diese Farbe auch einen Zustand der Hingabe des Magiers und seiner rituellen Reinheit anzeigen, die angeblich der Zustand aller Beschwörenden sein soll, wenn sie mit der Geisterwelt kommunizieren wollen.

Welches sind die Hauptthemen der japanischen Magie? Sie unterscheiden sich nicht von denen, die wir bei fast jedem magischen Ritual auf der ganzen Welt antreffen. Es gibt Riten zur Versöhnung feindlicher Dämonen, solche, die dem Wirken feindlicher Zauberer entgegenwirken sollen, entweder für den Eigenbedarf des Zauberers oder zum Nutzen seiner Kundschaft; es gibt Amulette und Zaubersprüche, die Liebe und Hass hervorrufen, Krankheiten heilen oder Felder fruchtbar machen sowie zur Geburt von Nachkommenschaft oder zu Reichtum, Rache, Unsichtbarkeit und Macht verhelfen sollen.

Einen grossen Teil dieser Zauberei kann man unter die Kategorie «Sympathetische Magie» einordnen. Typisch für diese ist der folgende Zauber zur Wiederherstellung der Zeugungskraft:

Auf Papier wird eine Zeichnung angefertigt, die gewisse Organe dargestellt. Dann werden folgende Materialien gemischt: Weinessig, *Sake* (Reiswein), Sojabohnen, Öl, eine Mixtur zum Schwärzen der Zähne, Wasser und Mark. Diese sieben Ingredienzen werden gekocht, und die Zeichnung wird hinzugefügt. Wenn das Ganze eine Weile gekocht hat, wird sich das gewünschte Resultat einstellen. Dieser Zauber wird Frauen zum Gebrauch empfohlen, die erreichen möchten, dass ihre Ehemänner «standhafter» werden. Noch viele andere Zauber sind im Gebrauch, bei denen die Hilfe von Shoki, dem dämonenverzehrenden Gespenst, beansprucht wird. Shoki, die japanische Version des chinesischen Chung-Khwei, interessiert in Fällen dämonischer Besessenheit. Er hilft auch Menschen, die Dämonen gegenüber ihren Ehegatten gleichgültig gemacht haben.

Der machtvollste aller japanischer Liebeszauber wird aus Molchen hergestellt, die verbrannt und verkohlt werden. Die Schlacke wird zu einem sehr feinen Puder gemahlen und in zwei Portionen aufgeteilt. Die eine trägt der Magier bei sich (im allgemeinen ein Liebhaber, der Liebeskummer hat), während der andere Teil zwischen den persönlichen Besitztümern der Geliebten versteckt oder auf ihr Haar gestreut wird.

Die Verwendung von Reptilienüberresten in der Liebesmagie ist sehr verbreitet. In Zentraleuropa herrschte einmal der Glaube, dass verbrannte und zu Pulver zerkleinerte Frösche auf eine sehr ähnliche Art wirken würden. Die arabischen Zauberer, die unseren Überblick in diesem Falle abrunden sollen, sagen, dass es davon abhängt, ob Knochen im Wasser sinken oder schwimmen, ob man sie zur Erzeugung von Liebe oder Hass verwenden kann. Wenn sie sinken, sind sie für den Hasszauber geeignet, wenn sie schwimmen, sind sie für Liebeszauber zu verwenden. Die grosse Verbreitung einer anderen Art von Liebeszauber zeigt, dass die Japaner sich nicht damit begnügen, von Ferne zu lieben oder geliebt zu werden. Das Objekt der Gefühle kann unerbittlich in die Nähe gezogen werden: hierfür wird ein besonderes Gedicht «Warten an Matsuo's Gestade» benutzt.

Der Zauberer kann auf verschiedene Weise vorgehen. Er kann die Hälfte der Ode auf ein Stück Papier schreiben und dieses an der Nordseite eines Gegenstandes befestigen. Warum an der Nordseite? Dies könnte eine Verbindung herstellen mit den *Mana-Akasha-*Thesen der Hindus und anderer Völker, die unter anderem besagen, dass der Norden magnetische Kraft besitze, und dass der Magnetismus kein rein physikalisches Phänomen ist, sondern eine Manifestation der *Mana* («Gedankenkraft»), mit deren Hilfe alle Magie ausgeübt wird.

Um wieder auf unseren Liebenden zurückzukommen: Innerhalb von drei Tagen, nachdem er das halbe Gedicht befestigt hat, ist die gewünschte Person gezwungen, ihn aufzusuchen. Der Zauber wird vollendet und die Geliebte mutmasslich gebunden, indem man den Rest des Gedichts nach ihrer Ankunft aufschreibt. Die Zeilen lauten wie folgt:

Warten an Matsuo's Gestade
An diesem ruhigen Abend ...
Denn du kommst nicht,
Ich brenne vor Verlangen:
Heftig wie das Feuer der Salzpfannen.

Es scheint jedoch eine Meinungsverschiedenheit darüber zu bestehen, wie sicher die Ankunft der Geliebten wirklich zu erwarten ist. Dies wird am besten durch die im folgenden beschriebene Variation gezeigt, die nicht nur die gewünschte Dame beschwört (oder auch gegebenenfalls den gewünschten Herrn), sondern den Hilfesuchenden auch über seine zu erwartenden Chancen informiert. Der Mann oder die Frau muss sich in einem Raum begeben, der gewöhnlich in den frühen Morgenstunden nicht benutzt wird. Der Bittsteller muss seine Sandalen ausziehen und sie mit den Sohlen zuoberst in den Raum stellen. Daraufhin wird die Türe geschlossen.[104] Dann begibt sich der Zauberer auf die Veranda und legt seine Hand auf sein Herz. Er wiederholt mit geschlossenen Augen dreimal die Worte des Gedichts. Einige Autoren behaupten, dann erschalle eine Stimme und sage ihm, ob die (der) Begehrte herbeikommen werde oder nicht.

Man kann hierin die Spiegelung einiger interessanter Anschauungen sehen, die in Ägypten und auch anderenorts existieren. Dort besteht die Ansicht, dass eine Frau, deren Hausschuhe man mit den Sohlen nach oben in einen Raum stellt, mit ihrem Ehemann streiten wird. Die Schuhe dürfen dabei in jede Richtung weisen, mit Ausnahme der Seite des Hauses, die nach Mekka weist.

Welche Bedeutung kommt dem Hausschuhritual zu? Es gibt zwei Hauptmöglichkeiten. Sowohl die Mongolen als auch die Araber glauben, dass Fussabdrücke und Füsse in einer besonderen magischen Verbindung *(Rapport)* zu ihrem Besitzer stehen. Wenn dies so wäre, würde eine Manipulation mit den Hausschuhen einer ägyptischen Frau ihre innere («magische») Persönlichkeit in Aufruhr versetzen. Bei der japanischen Form zeigt der Bittsteller durch den Symbolismus der Schuhe seinen verwirrten Geisteszustand an.

Und die andere Erklärung? Sie wurde mir von einem chinesischen Freund berichtet, der den Hausschuhzauber ebenfalls kannte:

«Nach Ansicht bekannter Magier gibt es zwei Formen der Magie: (1) diejenige, die durch die vom Menschen entdeckten magischen Eigenschaften von Dingen und Worten bewirkt wird; (2) diejenige, die den Menschen von Göttern und Geistern offenbart wurde. Der Hausschuh ist ein zuverlässiges Objekt magischer Kraft, dies ist die ‹offizielle› Ansicht. Die Magier unterscheiden stets sorgsam zwischen beiden Quellen, da die Spanne der Irrtumsmöglichkeiten bei der Magie menschlichen Ursprungs grösser ist, und da sie ihren guten Ruf nicht verlieren wollen.»

Ein weiterer mächtiger Zauber ist der Hundezauber. Insbesondere Geishas, aber auch andere Japaner bevorzugen diese Methode, und sie gehört auf allen japanischen Inseln sozusagen zum Hausgebrauch.

Zwei Blatt von sehr dünnem Papier werden bandförmig gerollt. Aus diesem Band wird durch Knoten und Drehen eine Figur geformt, die einem Hund sehr ähnlich sieht. Jedoch gibt es dafür keine feste Form; es hängt sehr von der Kunstfertigkeit oder der Laune des Herstellers ab, ob das Endprodukt wirklich wie ein Hund aussieht oder nicht. Das Ergebnis erinnert manchmal an die «Kaninchen», die Erwachsene im Westen zum Amusement ihrer Kinder aus Taschentüchern anfertigen.

Zaubersprüche in chinesischer Kalligraphie
A Zauber für Sicherheit
B Zauber zur Sicherung von Glück
C Talisman für langes Leben
D Talisman für Erfolg

Es gibt jedoch zwei künstlerische (oder magische) Bestimmungen bezüglich der Gestaltung: mit einer Pfote muss das «Tier» winken, und sein Schwanz muss lang sein.

Diese Figur wird, nachdem man sie auf einem besonderen Sims *(Kamidana)* aufgestellt hat, das übernatürlichen Zwecken vorbehalten ist, mit einer Nadel durch eine ihrer Hinterbeine gestochen. Sobald die Frau dies getan hat, verspricht sie dem Hund, ihn von dieser «Tortur» zu befreien, wenn der Geliebte erscheint. Ausserdem wird sie dem Hund dann Essen und Reiswein servieren. Es ist eigentlich unnötig zu erwähnen, dass diese Versprechungen eingehalten werden müssen, wenn der Zauber erfolgreich war.

Es gibt noch eine weitere Anwendungsmöglichkeit für die Hundefigur. Dabei wird der «Hund» ein Verbündeter in bezug zu Gästen. Der Gast wird in einen angrenzenden Raum gebracht. Das Mädchen (die Gastgeberin) geht nach nebenan, wo der Hund sitzt, und fragt, ob der Besucher länger bleiben wird. «Ein Gast, der schon ans Heimgehen denkt, wird dann sofort gehen, während einer, der zu bleiben gedenkt, seine Absicht dann sogleich bekunden wird.»[105]

Die Hassmagie, die so oft mit der Liebesmagie in Verbindung steht, da ja auch die Liebe zu einem Menschen gleichzeitig Hass gegen einen anderen bedeuten kann, kennt in Japan eine interessante Erscheinungsform: das vergrabene Amulett. Wenn ein Mensch über einen vergrabenen Zauber schreitet, beeinflusst ihn dieser. Diese Theorie steht wahrscheinlich in Verbindung mit der Ansicht, dass der Fuss, der den Boden über dem Versteck des Amuletts berührt, besonders sensibel für magische Kräfte ist.

«Jemand, der dich mit Hilfe der Zauberei zu töten beabsichtigt, hat hier ein magisches Objekt vergraben, da er meint, dass du es überschreiten wirst.»

Dies war die Schlussfolgerung einer Autorität, die im alten Japan zur Klärung eines Sachverhalts hinzugezogen worden war.[106]

Es heisst, dass das magische Objekt, das aus einer verzauberten symbolischen Ansammlung von Gegenständen bestand – die später näher beschrieben werden –, deshalb vergraben wird, weil dann das Opfer, wenn es darüber schreitet, dieses mit einem Teil seines Seins «sensibilisiert». Das Objekt gewann dadurch eine besondere Beziehung, eine Verbindung zum Opfer. Später entfernte es der Magier dann bei Nacht wieder und unterwarf es Folterungen, die das Opfer angeblich spüren konnte.

Dies ist jedoch nicht die allgemein gebräuchliche Methode, sofern man diesen Begriff in der Magie überhaupt verwenden kann. Es ist wahrscheinlicher, dass es sich dabei um eine Verwechslung mit dem Wachsfigurenzauber handelt. Wenn tatsächlich eine Verbindung zwischen diesen beiden Zaubermethoden besteht, dann stammt die Methode, ein Amulett zu vergraben, wahrscheinlich vom Wachsfigurenfluch ab. In einer Schrift heisst es, dass, nachdem der Verdacht aufgekommen war, ein Fluch sei vergraben, «Michinaga befahl, den Boden umzugraben, und zwei Gegenstände aus Steingut gefunden wurden, die kreuzweise aneinander festgebunden und mit einem zu einer Schnur gedrehten gelben Papier umwickelt waren».

In einem japanischen Text taucht auch tatsächlich eine Beschreibung auf, wie dieser Zauber zu bewerkstelligen ist:

«Nimm einen sauberen Gegenstand aus Steingut. Schreibe darauf den Namen der Person (des Opfers) und das chinesische Schriftzeichen für ‹Halt›.[107] Wickle dies dann in gelbes Papier, das du kreuzweise umbinden musst, und vergrabe es neunzig Zentimeter tief im Boden an einer Stelle, wo der Betreffende gewöhnlich vorbeikommt.»

Bezüglich der Herstellung von Amuletten betonen die japanischen Zauberer meist, dass man dazu chinesische Schriftzeichen benutzen sollte. Die chinesischen Schriftzeichen, die dieses Buch illustrieren, werden grösstenteils sowohl von Chinesen als auch von Japanern für ihre Amulette und Talismane verwendet. Wenn die Japaner ein geschriebenes Amulett für Glück oder Geld herstellen, folgen sie der chinesischen Sitte, dafür gelbes Papier zu benutzen.

BIBLIOGRAPHIE

Die schriftlichen Quellen der orientalischen Magie unter Einschluss von Kommentaren.

QUELLENANGABEN FÜR DIE GRIMOIRES

Chaldäa:
Die folgenden «Schwarzen Bücher» der Zauberer enthalten Spuren von chaldäischen magischen Ritualen oder Verfahren, denen chaldäischer Ursprung zugeschrieben wird:
  Sefer Rasiel (Das Buch Rasiel), B. M. Sloane 3826.
  Das Grimoire von Papst Honorius II., Paris 1760 und 1800.

Salomo:
Grimoires und Kommentare, die sogenannte salomonische Magie enthalten, sind die folgenden:
  Anelli Negromantici del Salomone.
  Ars Notoria, (Robert Turner), B. M., Sloane 3648.
  Beschwörungen der olympischen Geister.
  De Novem Candariis Salomonis.

De Tribus Figuris Spirituum.
Das Grimoire des Honorius, Rom 1760.
Hygnomantia ad Filium Roboam.
The Key (Clavicle) of Salomon, Übers. Mathers, London 1888.
Kitab-el-Uhud, arabisch MSS.
Lemegeton (The Lesser Key), B. M., M. S. Sloane 2731, 1676.
Liber Pentaculorum.
Officiis Spirituum.
Salomonie Trismosini.
Semphoras.
Septem Sigilla Planetarum.
Speculum Salomonis.
True Black Magic.
Verum chaldaicum Vinculum.

Viele dieser Werke bestehen hauptsächlich aus Auszügen aus dem *Schlüssel Salomos:* Einige sind mit Sicherheit Nachahmungen. In jedem Fall besteht beträchtliche Verwirrung darüber, ob es sich bei dem fraglichen Salomo um den König oder um einen der verschiedenen rabbinischen Autoren dieses Namens handelt.

Jedoch sind diese Bücher in ihren verschiedenen Versionen genau wie die nachfolgenden Grimoires zu ihrer Zeit als die massgeblichen Bücher der Zauberer angesehen worden. Der blosse Besitz des MSS bedeutete zur Zeit der spanischen Inquisition wie auch zu ähnlichen Zeiten in anderen Ländern sicheren Tod.

Ägypten:
Wie die chaldäische Magie, so scheinen auch die ägyptischen Rituale die Magie im gesamten Westen und im mittleren Osten ausserordentlich beeinflusst zu haben. Gleichzeitig existieren nur noch sehr wenige Schriften, die in ihrer Gesamtheit unmittelbaren ägyptischen Einfluss auch nur beanspruchen. Die Werke der Ägyptologen Wallis Budge und Flinders Petrie enthalten die Quellenangaben für die magisch-religiösen Papyri und Inschriften.

Die folgenden drei einstmals bekannten und vielbenutzten Grimoires enthalten ägyptische Spuren oder behaupten, ägyptischen Ursprungs zu sein.
The Arbatel of Magic.
The Sage of the Pyramids.
The (Sworn) Book of Honorius.

Hebräisch:
Europäische und arabische Quellen enthalten im Überfluss Bücher mit zugeschriebenem oder wirklichem hebräischem Einfluss. In einigen davon werden — wie in einigen der schon aufgeführten Grimoires — chaldäische, salomonische und andere Magier als Autoritäten zitiert. Aus diesem Grunde muss es notwendigerweise in jeder Bibliographie einige Duplikate geben.

Es entspricht der offiziellen Meinung, dass der Inhalt der meisten in Euorpa benutzten Grimoires Anzeichen sehr wahrscheinlich jüdischen Ursprungs oder Einflusses aufweisen. Diejenigen mit gnostischem, ägyptischem, chaldäischem und arabischem Einfluss sickerten wahrscheinlich durch das arabische Spanien in die westlicheren Teile Europas. Dort wurden sie im allgemeinen zuerst in ihrer latinisierten Form bekannt.

Die folgende Liste vervollständigt die Hauptwerke der Schwarzen und Weissen Magie, die in ihrer Gesamtheit als *Bücher der Zauberer* bekannt sind. Einer oder mehrere dieser Bände bildeten den wichtigsten Bestandteil des Repertoires aller Hexen und Zauberer. Es handelt sich dabei fast ausschliesslich um geheime Schriften. Die davon bekannt gewordenen Kopien sind meistenteils in Bibliotheken wie der des Britischen Museums, der Bibliothèque Nationale und der Bibliothèque de l'Arsènale in Paris zu finden.

Die wenigen Neudrucke und französischen Ausgaben sind ausgesprochen schwer zu erwerben und nur zu hohen Preisen.

The Almadel.
The Arbatel of Magic.
The Book of Sacred Magic of Abramelin the Sage, Übers.
Mathers, London 1898.
Das Enchiridion von Papst Leo III.
Das vierte Buch der okkulten Philosophie (Cornelius Agrippa zugeschrieben), London 1783.
Le Grand Grimoire (Der rote Drachen), Paris 1822.
Grimorium Verum, Übers. Pyaingière, Paris 1517.
Das Heptameron des Peter de Abano.
The Pauline Art.

Bibliographisches Material bezüglich anderer okkulter Werke und Kommentare, insbesondere bezogen auf die orientalischen Traditionen und Rituale sind entweder im Textverlauf des vorliegenden Buches enthalten oder am Ende des Buches in den Anmerkungen zu finden. Ausserdem ist eine ausgewählte Liste nützlicher Schriften diesem Anhang beigefügt.

In den europäischen Sprachen existiert relativ wenig Literatur, die sich mit der asiatischen Magie und ihrer Theorie befasst. Anthropologische Werke halten sich fast ohne Ausnahme nicht mit dem Vergleich magischer Praktiken und der darüber existierenden Literatur (der jeweiligen Regionen) auf. Von den wenigen Ausnahmen in dieser Hinsicht ist kaum ein Werk der breiten Öffentlichkeit zugänglich. Es ist zwar eine Menge nützlicher Arbeit geleistet worden, die aber fast ausnahmslos in den Periodika und Berichten gelehrter Gesellschaften begraben liegt. Einige übertrieben gelehrte Werke sind für den Fachlaien viel zu schwierig zu lesen. Sie versuchen ausserdem, zu umfassend zu sein. Oft werden auch lediglich Fakten gesammelt und aneinandergereiht, bis zuletzt fast alles zu «beweisen» ist.

Sufismus:
Im folgenden sind die wichtigsten Werke des Sufismus aufgeführt, die in ihrer vollständigen Form nur in arabischer und persischer Sprache erhältlich sind. Diese Liste umfasst die wichtigsten klassischen Werke der Sufi-Heiligen:

Sheikh Abu-Hamid Mohd. Al-Ghazzali, c. 1056–1111
1 *Ihya Ulum ed-Din.*
2 *Al-Munqidh min ad-Dalal.*
3 *Ibtida el-Hidaya.*
4 *Kimmiyya es-Saadat.*

Ibn El-Arabi, 1164–1240
Risail.

Mullah Nur-ed-Din Abd-Er-Rahman Jami, 1414–1492
1 *Nafahat el Uns.*
2 *Lawaih.*
3 *Salman o Abdal.*
4 *Yusuf o Zulaikha.*
5 *Baharistan.*

Sheikh Farid-ed-Din Attar, 1140–1234
1 *Tadkhirat el-Awliya.*
2 *Mantiq ut-Tuyur.*

Maulana Jalal-Ed-Din Rumi, 1207–1273
1 *Mathnavi-i-Maanavi.*
2 *Diwan-i-Mawlana-Rum.*

Abu el-Muwahih Ash-Shadhili
Qawanin Hikam el-Ishrag.

Sheikh Masiihuddin Saadi von Shiras, 1184–1291
1 *Gulistan.*
2 *Bostan.*
3 *Risa'il.*

Sheikh Modh. Shabistari, 13.–14. Jh.
Gulshan-i-Raz.

Khwaja Shams-ed-Din Hafis, von Shiras, 1300–1388
Diwan.

Die folgenden in europäischen Sprachen erschienenen Bücher enthalten wertvolles Material über den Sufismus und die Fakire:
Asín Palacios, M., *Mistico murciano Abenarabi,* Madrid 1925.
Massignon, L., *Technique de la Mystique Musulmane,* Paris 1928.
Shah, Sirdar I. Ali, *Islamic Sufism,* London 1938.
Smith, M., *Early Mysticism in the Near and Middle East,* London 1931.

Jüdische Magie:
    Davies, T. W., *Magic and Divination among the Hebrews*, London 1898.
    Gaster, M. (übers.) *Sword of Moses*, London 1896.
    van Dale, *De origine ac Progressu Idolitatraae*, Amstel 1896.
    Weiner, W., *Sippurim, eine Sammlung jüdischer Volkssagen, Mythen und Legenden*, U.S.F., Prag 1848.

Assur und Babylon:
    Fossey, C., *La Magie Assyrienne*, Paris 1902.
    King, L. W., *Babylonian Magic and Sorcery*, London 1896.
    Laurent, A., *La Magie et la Divination chez les Chaldéo-Assyriens*, Paris 1894.
    Lenormant, F., *Science Occulte: Magie chez les Chaldéens*, Paris 1874.
    Thompson, R. C., *Devils and Evil Spirits of Babylonia*, London 1903.
    Thompson, R. C., *Reports of the Magicians and Astrologers of Nineveh and Babylon*, London 1900.

Indien:
    Barbe, P., «Indian Death-Spell», *Journal of the Asiatic Society Bengal*, Bd. XV., Bengal 1848, S. 351 ff.
    Bosc, E., *Addha-Nari, ou l'Occultisme dans l'Inde*, Paris 1893.
    Carrington, H., *Hindu Magic*, London 1909.
    Hatch, W. J., *Land Pirates of India*, London 1928.
    Henry, V., *La Magie dans L'Inde Antique*, Paris 1904.
    Jacolliot, L., *Occult Science in India*, 1884.
    Marques-Rivière, J., *L'Inde Secrete et sa Magie*, Paris 1937.
    Nana-Prakásam Pillai, *Personal Magnetisme and Occultisme*, Madras 1911.
    Raghunathji, K., (übers.) *Manirama, the Book of Fate*, Bombay 1886.
    Shah, S., *Occultism*, London 1952.

China:
    Bouinais, A., und Paulus, A., *Le Culte des Morts dans le Céleste Empire*, Musée Guimet, Paris 1893.
    Cibot, P., «Magie des Chinois», *Mémoires Concernant les Chinois*, Weimar 1802.
    de Groot, J. J. M., *Religious System of China*, Leyden 1892.
    de Harlez, C., *Les Croyances religieuses de premiers Chinois*, Acad. des Sciences, Brüssel 1887.
    Legge, J., *The Yi-King*, Bd. XVI, *Sacred Books of the East*, hg. Max Muller, Oxford 1882.
    Shen Chung-Tao, *Symbols of the Yi-King*, Shanghai 1934.

Ägypten:
    Budge, A. Wallis, *Egyptian Magic*, London 1899.
    Crum, W. E., *La Magie Copte*, Paris 1922.

Gross, P., *Etudes sue la Sorcellerie: Mémoires Presentés á L'Institute Égyptien,* Kairo 1897.

Knight, A. E., *Amentet: Account of the Gods, Amulets and Scarabs of the Ancient Egyptians,* London 1915.

Lexa, F., *La Magie dans L'Egypte Antique de l'Ancien Empire jusqu'à l'Epoque Copte,* 3 Bde, Paris 1925.

Petrie, W. M. F., *Egyptian Festivals and Nile Shrines,* Brit. School of Arch. in Egypt. *Studies,* 1911.

Wiedemann, A., *Magie und Zauberei im alten Ägypten,* 1905.

Iran:

Abdullah B. Muh., B. Husain, *Khawas-i-Ayat,* Kopenhagen 1920.

Benveniste, E., *Les Mages dans l'Ancien Iran,* Bd. XV, *Études Iraniennes,* 1938.

Donaldson, B. A., *The Wild Rue,* London 1938.

Williams-Jackson, *Die Iranische Religion,* Strassburg 1901.

Tibet:

Bonvalot, G., *L'Asie Inconnu,* Paris 1910.

Koppen, C. F., *Die lamaische Hierarchie und Kirche,* Berlin 1859.

Neel, A. D., *Nystiques et Magiciens du Thibet,* Paris 1929.

Rockhill, W. W., *Ethnology of Tibet,* Washington 1895.

Shah, A., *Four Years in Tibet,* Benares 1906.

Waddell, L. A., *Buddhism of Tibet,* London 1895.

Arabisch (Nordafrika):

Doutté, E., *Magie et Religion,* Alger 1909.

Hammer (Hg.), *Ancient Alphabets,* 1922.

Ibn al-Wahshiyya, *Kitab shauq el Mustakham,* Kairo 1350.

Westermarck, E., *Ritual and Belief in Morocco,* London 1926.

Japan:

Aston, W. G., in *Folklore,* Bd. XXIII, 1912.

Aston, W. G., *Shinto,* London 1907.

Chikashige, M., *Alchemy and other Achievements of the Ancient Orient,* Tokyo 1936.

Hildburgh, W. L., in *Man,* Bd. LXVII, 1915–17.

Lowell, P., *Occult Japan,* London 1895.

Über Orientalische Magie im allgemeinen, einschliesslich vergleichender Forschungen:

Budge, F. W., *Lives of Mabâ Seyôn and Gabra Krestos.*

Cooke, J. T., *Inquiry into Psychic and Nervous Forces,* Dublin 1905.

Daiches, S., *Babylonian Oil Magic in the Talmud and later Jewish Literature,* London 1913.

Davies, M., *Magic Divination and Demonology among the Hebrews and their Neighbours,* London 1898.

Gimlette, J. D., *Malay Poisons and Charm Cures,* 1915.

Gollancz, H., *Book of Protection,* Frowde 1912.

Lenormant, C., *La Science Occulte en Asie,* 2 Bde, Paris 1874—5.

Marinas, Albert, »Quelques problèmes de méthode dans l'étude de la magie«, *Bulletin de la Société Royale d'Anthropologie et de la Préhistoire,* Merxplas 1922.

Sayce, A. H., *The Religions of Ancient Egypt and Babylonia,* Edinburgh 1902.

Skeat, W. W., *Malay Magic,* London 1900.

Tcheraz, M. (Übers.), *Armenian Magic,* Bd. IX, *Oriental Congress,* ii, 826.

Thimmy, R., *La Magie aux Colonies,* Paris 1935.

Thompson, R. C., *Semitic Magic,* Bd. 3, Luzac's *Oriental Religions,* London 1908.

ANMERKUNGEN

1 Lenormant, C., «Chaldean Magic», *La Science Occulte en Asie,* englische Ausgabe, London 1877, S. 380.

2 Tallquist, K., *Die Assyrische Beschwörungsserie «Maqlu»,* Leipzig 1895.

3 «Wir haben die Einzelheiten der Systeme dieser Bücher mit der voriranischen Vergangenheit, der medischen Magie und der finnischen Mythologie verglichen und können so die Existenz einer unabhängigen Familie von Religionen beweisen, die turanisch genannt werden muss. Es handelt sich dabei um Religionen, die keine andere Gottesverehrung als die Magie kennen und die aus dem alten Fundus des dämonischen Naturalismus hervorgegangen sind.» – Lenormant, op. cit., loc. cit.

4 Schütte, G., *Scottish Geographical Magazine,* XXXVI, 4. S. 244 ff.

5 Steward Blacker, L. V., unveröffentlichte These über arische Ursprünge, Mitteilung an den Autor, 1953.

6 Lea, H. C., *History of the Inquisition in the Middle Ages,* 3 Bde., 1887–88.

7   Anon., *Les Clavicules (Schlüssel Salomos)*, Paris 1817.

8   Winkler, M., *Die Gesetze Hammurabis*, Leipzig 1902, S. 10.

9   Ms. (unveröffentlicht), mit freundlicher Genehmigung von Frau M. M. Abdullah.

10 Der letzte «Adept», der sein testamentarisches magisches Buch hinterliess, war Francis Barrett, der Autor von *The Magus*, London 1801.

11 *Hekau* (Worte der Macht), Kap. 24 *Book of the Dead*, übers. und hg. von Wallis Budge London, 1895 und 1902. Vgl. *Talmud*.

12 *Katholische Enzyklopädie*, Bd. XV, 1907−12, S. 674 ff.

13 d. h. Ermittlungen, die nach der Zeit durchgeführt wurden, in der das Studium der Magie in Europa hauptsächlich eine Angelegenheit der Kirche war.

14 Im *Talmud* und anderswo.

15 *Jewish Encyclopaedia*, New York 1901−6 s. v. *Magic*.

16 *Book of Enoch, (Apocrypha)*, übers. und hg. von Odenburg, H. Cambridge 1928.

17 Ein Rabbi ertappte im ersten Jh. n. Chr. tatsächlich acht Hexen, die in Ashkelon praktizierten. Er liess sie alle am gleichen Tag hängen.

18 *Book of Enoch*, op. cit.

19 Ménard, L., *Hermes Trismègiste*, Paris 1866.

20 *The Zohar*, übers. als *Le Livre de la Splendeur*, de Pauly, J., Paris 1906−11.

21 *The Book of Sacred Magic of Abramelin the Mage*, übers. und hg. von MacGregor Mathers, S. L. London 1898.

22 Vgl. Sefer Rasiel: British Museum, MS Sloane 3826; und Bock, *History of the Development of the Kabbala*, Trèves 1894.

23 Anon., *Les Veritables Clavicules (Grimorium Verum)*, Memphis, «1517».

24 *Exodus*, VII, 12.

25 Thompson, C. J. S., *Semitic Magic*, London 1908; Maury, *La Magie et L'Astrologie*, Paris 1860; Lane, *Manners and Customs*, 2 Bde, London 1836.

26 Nostradame, Michel de, *Les Vrayes Centuries de M. M. Nostradamus*, Rouen 1649.

27 Barrett, F., *The Magus* or *Celestial Intellegencer*, London 1801.

28 Koran, *Sure* 27, Vers. 21.

29 ibid., 27, 16–19.

30 Fleck, F., «*Wissenschaftl.*» *Reise*, II, 3, 1882.

31 *Sifra de-Ashmedai*, im *Sohar* vielfach als «das Buch des Asmodeus, wie es dem König Salomo offenbart wurde» zitiert, (III, 194B und 77A), «das magische Buch des Asmodeus» (III, 43A), und unter ähnlichen Titeln z. B. ibid. II, 128A; III, 19A.

32 Crawley, E., *Oath, Curse and Blessing*, London 1934.

33 Die Bibliothek, die Tausende von Büchern enthielt, wurde bei Kuyunjik auf dem Gelände von Nineveh ausgegraben.

34 Die Tafeln des Assur-bani-Pal, siehe Smith, S. A., *Die Keilschrifttexte Asurbanipals*, 1887.

35 Lenormant, C., *La Magie Chez les Chaldéens*, Paris 1874, S. 254–5.

36 ibid.

37 ibid.

38 *Kalevala der Finnen*, I, 12.

39 Die meisten der Götter-Geister besitzen zweifache Natur, da sie mit einem Namen als männlich, mit einem zweiten als weiblich bekannt sind.

40 Diese unerklärten Zahlen sollen mit dem Kabbalismus in Verbindung stehen.

41 Koran, *Sure* 26, 46.

42 Im Jahre 1863 übergab ein Mr. S. Sharp eine Statue dieses Magiers dem Britischen Museum; sie wurde 1903 identifiziert.

43 Im ägyptischen wie auch in den akkadischen und chaldäischen magisch-religiösen Systemen war die Idee von Sünde und Bestrafung in einem zukünftigen Leben nicht besonders entwickelt. Die Magie wurde dort eher gesellschaftlich als spirituell unterteilt. Die legitime Magie bildete einen Teil der Religion, die verbotene Magie war hingegen ein Verbrechen und wurde mit dem Tode durch Zwang zum Selbstmord bestraft.

44 Maspero, G., *Histoire Ancienne des Peuples de L'Orient,* Paris 1875, S. 39.

45 Elliot Smith, C., *Ancient Egyptians and their Influence upon the Civilisation of Europe,* London 1911. Elliot Smith, der diese Frage als Anatom untersucht hat, stimmt mit anderen Autoritäten darin überein, dass es einen ständigen Zug aus Zentralafrika in das alte Ägypten gab. Ein Hinweis auf die weite Verbreitung rein afrikanischen Gedankenguts findet sich auch in diesem Auszug aus dem Werk eines anderen Ägyptologen, V. Giuffrida-Ruggeri: «... ist es möglich, dass gegen Ende des Paleolitikums ähnliche ethnische Wellen in ganz Nordafrika eindrangen. Begünstigt durch klimatische Bedingungen, die sich von den heutigen deutlich unterschieden, bildeten sie die Basis für eine äthiopische Urbevölkerung, die sich vom Roten Meer bis zum Atlantik erstreckte und in all den Ländern zu finden war, wo sie ihre rohen Gerätschaften aus Stein entlang den grossen Wasserläufen hinterlassen haben, die nun ausgetrocknet sind.»

46 Die Cheopspyramide wurde ca. 3733 v. Chr. erbaut.

47 Elliot Smith, C., op. cit., S. 213.

48 Giuffrida-Ruggeri, V., in *Man,* Nr. 32, 1915.

49 Capart, C., *Lessons in Egyptian Art,* S. 300 ff.

50 «Porphyry, apud Euseb», *Praep. Evang.,* V, 10.

51 «Ritus des Lucifugus» *Véritable Clavicule du Roy Salomon..*

52 Chabas, F. J., *La Papyrus Magique Harris,* Paris 1860.

53 BM Papyrus Nr. 10, 474. Wahrscheinlich steht «UU» hier für «sehr unglücklich».

54 Chabas, F. J., *La Calendrier*, S. 24 ff., wo dieser Tag als «G» bezeichnet ist, wie im *Papyrus Sallier*, IV.

55 In den Ländern des arabisierten und semitischen Mittleren Ostens glaubt man, dass Magie durch Wasser *zerstört* wird. insbesondere durch fliessendes Wasser.

56 Akbar Khan, *Tasawwuf-i-Azim*, persisches MS, 17. Jh.

57 Es heisst, dass es sich hier um die Minen des Königs Salomo handelt, die von Dschinnen angelegt wurden, deren magische Kräfte dort noch gegenwärtig sind. Ich besichtigte einige dieser Stätten und rief mir die Worte des Koran in Erinnerung: «Und Salomo lehrten wir, die wehenden Winde zu nutzen ... und unterwarfen ihm einige böse Geister, die für ihn tauchten und noch andere Dinge für ihn verrichteten.» – Koran. *Die Propheten*, XXI, 82-3.

58 Interessante Pionierarbeit ist auf diesem Gebiet von R. Pettazoni in einem wenig bekannten Werk geleistet worden, das sich mit den afrikanischen Ritualen auf Sardinien beschäftigt: *La Religione Primitiva in Sardegna*, 1912.

59 Das Wort Fakir wird natürlich nicht korrekt verwendet, wenn es zur Bezeichnung wandernder Gaukler in Indien dient. Eine vergleichbare Vulgarisierung hat das Wort «Magier» erfahren. Es wird im allgemeinen als Bezeichnung für Gaukler und Illusionisten verwendet.

60 Mystiker und Wundertäter dieser Art kannte man in Arabien schon vor Mohammed. Die meisten Sufis sind der Ansicht, dass der Kult von Adam selbst stammt und in Wirklichkeit die einzige wahre «geheime Überlieferung» des Hohen Okkultismus ist.

61 Akbar Khan, op. Cit.

62 Sheikh Shahabuddin Suharawardi, *Awarif el-Maarif* und *Ghayath el-Lughat*.

63 Vide, infra, Kapitel 8.

64 Farid-ud-Din Attar, *Tadkhirat el-Awliya*.

65 Vom persischen *Dschan-nisar*, «Lebens-Vernichter».

66 Typische *Dhikrs* sind: *«La Hawla wa la Quwwata Illa-Billah»* («Keine Macht und keine Gerechtigkeit ausser in Allah»); *«Astighfirullah»*

(«Ich nehme Zuflucht zu Allah»); *«Allah-o-Akbar»* («Allah ist grösser als alles andere»).

67 Das Leben des Ibn Sina, *Avicenna* ist eines der noch existierenden Hauptwerke dieser Periode.

68 In Argentinien bin ich auf ein interessantes Beispiel für das Ausmass der Verbreitung arabischer magischer Formeln oder *Dhikrs* gestossen. In Buenos Aires sah ich ein kleines Medaillon, auf dem folgendes geschrieben stand:
OJALA
OJAL
OJA
OJ
O
Dies ist eindeutig eine Version des «Abracadabra-Motivs», da man mir sagte, es handle sich um ein Amulett, das von Mädchen getragen werde, die einen Mann suchten. Als die Araber in Spanien weilten, wurde dieses Wort *Ojalá* (vom arabischen *Inshallah,* «möge Allah wollen») ins Spanische übernommen. Es wird immer noch häufig verwendet, z. B. «Ojaláh, dass dieses und jenes geschieht». Ich hatte jedoch in Spanien nie gehört, dass es als Amulett oder Zauber verwendet wurde. Die meisten Spanier und Lateinamerikaner sind sich der Philosophie des *Ojalá* nicht bewusst.

69 Anon., undatieres MS, türkische Bibliothek, Nicosia.

70 Die Swastika wird natürlich im allgemeinen als Sonnensymbol angesehen.

71 Koran, *Sure* 113.

72 Vide, s. v. *Arabian Magic,* Shah; *Occultism,* Rider 1950, ein solcher Vorgang im Detail.

73 Vergleiche hierzu die Ausführungen über den Spiritismus und das «automatische Schreiben» im Kapitel 17 dieses Buches.

74 Kenyon, F. G., *Palaeography of Greek Papyrus,* 123, London 1889.

75 Zimmern, H., Die *Surpu-Serie,* Alter Orient 1905–06.

76 Das Opfern eines weissen Hahns bildete noch im siebzehnten Jahrhundert in Europa die Eröffnungszeremonie der vierteljährlichen Hexentreffen. Das Herz erhielt die Hexe, die «den höchsten Akt der Zauberei vollbringen konnte». Man sagte, dieses Organ sei das «Se-

sam-öffne-dich» für viele Experimente. Auf einem Spiess geröstet sollte es die Hexe vor Entdeckung und Denunzierung schützen. Die Asche wurde zum damals schon stattlichen Betrag von zwei Goldstükken verkauft. Das Herz wurde beim Hexengebräu verwendet, wurde aber auch, wie berichtet wird, von den Katzenfreunden der Hexe gegessen, um die Frau vor dem Zugriff des Teufels zu schützen.

77 «Luridan», so berichtet uns ein anderer Text, «sagte, er sei ein astraler Geist, der sich zur Zeit des Königs Salomo in Jerusalem aufgehalten habe.»

78 Zoroaster selbst soll angeblich der Autor von zwanzigtausend magischen Reimen sein.

79 Die Zaubersprüche der magischen Atharva Veda, die ursprünglich von den Brahmanenpriestern auswendiggelernt wurden und nur nach Ritualen der Reinigung und der Hingabe zum Gebrauch bestimmt waren, werden heute von Millionen von Hindus für wirksam gehalten. Das Buch wurde ursprünglich *Brahma Veda* («Buch für Brahmanen») genannt, und seine Bedeutung ist nach der Hindutheologie geringer als die der *Drei Veden*. Deshalb wird ihm auch manchmal der Name «Vierte Veda» gegeben.

80 Die Theorie, dass die Schwarze Magie mit der Teufelsanbetung verbunden ist, ist eine spätere, christliche Ansicht, die ihren Höhepunkt während der Inquisitionszeit und unter der Herrschaft von Monarchen wie James I. von England erreichte.

81 *Atharva Veda,* hg. Muller, Übers. Bloomfield, *Sacred Books of the East,* Band XLIL, London 1892.

82 Dieses Ritual hat eine nahe Parallele in der semitischen Magie. Auch die Babylonier machten die zeremonielle Zerstörung von Kriegssymbolen zu ihrem Siegesritual – vergleichbar mit dem Opfern von Butter; dabei wurde Ishtar, Shamash und Nergal angerufen (Zimmern, Ritualtafeln, 173).

83 Der Leser wird bemerkt haben, dass hier drei Arten von «magischen Phänomenen» wirksam sind. Möglicherweise handelt es sich um eine Form von Schnipphypnose, die nach dem Willen des Magiers für einige Sekunden oder Minuten induziert wird. In der Zwischenzeit (das heisst, wenn die Hypnose vom Magier gelöst war) hätte man sich dann ganz normal gefühlt, so wie es mir erging. Der zweite Punkt ist die Vorhersage der Briefinhalte. Er ist schwer zu erklären, aber dies ist keine unbekannte Fähigkeit, sondern eine meiner Meinung nach unbeachtete. Dann erscheint das Problem der »Projektion von Mate-

rie«: Als das Gewehr allem Anschein nach unter geheimnisvollen Umständen und von einer unbekannten Kraft über eine grosse Entfernung befördert wurde. Ausserdem ist bei diesem Punkt von Interesse, dass der Besitzer des Gewehrs den Eindruck zu haben schien, ich hätte es von ihm ausgeliehen (vgl. Shah, *Golden East,* London 1931, S. 185 ff.).

84 *Atharva Veda,* op. cit. XIX, Zauberspruch 25.

85 Die Atharva Veda ist in zwei Teile unterteilt: die heilige oder gesetzliche Magie, die als solche von den Brahmanen anerkannt wird, und die Zauberei. Die Überlieferung besagt, dass diese Zweiteilung von zwei möglicherweise mythischen Autoren stammt: Bishag Atharvana und Ghora Angirasa. Anhänger der Atharva Veda behaupten, dass dieses Buch richtiger Brahma Veda genannt werden müsse, und dass die orthodoxe brahmanische (hochkastige) Priesterschaft seine Gesetze kennen und praktizieren muss. Über diesen Punkt hat es jedoch zu allen Zeiten Meinungsverschiedenheiten gegeben: Andere behaupten, dass alle drei Vedas von den Brahmanen gekannt und praktiziert werden sollten. Sicher ist jedoch, dass die Atharva Veda eine wichtige Quelle für die Magie der ehemaligen Purohitas ist.

87 Zwei Haupttypen von Zauberern sind in der chinesischen Geschichte zu finden: die offiziellen *Wu* (‹Magier›) und die Freischaffenden, die ihre Macht durch die Unterstützung des Volkes – im Gegensatz zur offiziellen Unterstützung – erhielten. Jahrhundertelang gab es Magier im Staatsdienst. Ihre Feindschaft gegenüber unabhängigen Vertretern der Kunst war traditionell und intensiv. Zur Zeit der Han-Dynastie erreichten die Hofmagier ihre grösste Macht. Vom siebzehnten bis zum dritten Jahrhundert v. Chr. übten männliche und weibliche *Wu* eine beträchtliche Macht auf die Kaiser aus. Vgl. *Shu-King;* Ku Yen-Wu's *Jih Chi Luh,* usw.

88 Vgl. Das magische Kristall, Herstellung und Gebrauch, wie es in Francis Barrett's *The Magus or Celestial Intelligencer,* London 1801, dargestellt wird.

89 Bulfinch, *Age of Chivalry,* Teil I, Kap. III, S. 50; Alfons de Spina, *Fortalitum Fidei,* 1458, S. 281 ff. und Father P. Sinistrari, *Demonality,* Para. 29 ff.

90 Zum westlichen Gebrauch magischer Stäbe (Hexenhasel, Walnussholz usw.) siehe Scot, *Discoverie,* 1665, und das *Grand Grimoire;* zur «Herstellung des Stabes der Kunst», siehe BM, MS 36674.

91 Zu den westlichen kabbalistischen magischen Alphabeten vgl. das

Vierte Buch der okkulten Philosophie (Cornelius Agrippa zugeschrieben) und das *Heptameron* von Peter von Abano, 1665.

92 ibid.

93 *Social Life of the Chinese*, II, 308.

94 Shen, *Sien Ch'wen*, Kap. 9.

95 Doolittle, Rev. J., *China Mail*, 1860, und Yule, *Marco Polo*, I, S. 290 ff.

96 Weidenholz wird auch sehr häufig verwendet.

97 Li Siun, *Das Chi i Ki*, »Über seltsame Dinge, die gesammelt und aufgeschrieben wurden«, T'ang-Dynastie.

98 Khu i Shwow, *Gespräche über die Beseitigung von Zweifeln*.

99 *Mung Khi Pih Tian*, Kap. 21, II, S. 5 ff., zitiert nach de Groot, J. J. M., *Die religiösen Systeme Chinas*, Leyden 1892.

100 Eitel, *Bemerkungen und Fragen zu China und Japan*, II, 20, zitiert nach de Groot, op. cit.

101 Bushell, S. W., *Transactions of the Royal Asiatic Society*, 1880, 441.

102 Der Suchende muss sich vor dem Vollzug jeder magischen Handlung reinigen. Manchmal muss er sogar sicherstellen, dass dies auch von seinen Dienern gemacht wird. Manchmal muss dies neun Tage lang getan werden, einschliesslich eines Tabus bezüglich des Kontaktes mit Frauen und der Enthaltung von Fisch und Wild. Vgl. *Book of Overthrowing Apep*, 24, 19; *Tibetanisches Totenbuch*, LXIV; Naville, «Destruction des Hommes», *Trans. Soc. Bibl. Arch.*, IV, 16 79.

103 Unveröffentlichtes MS von Frau M. M. Abdullah, mit freundlicher Genehmigung der Autorin.

104 De Becker, J. E., *Nightless City*, 1905, S. 44.

105 ibid., S. 145.

106 de Visser, M. W., *Transactions of the Asiatic Society of Japan*, Vol. XXXII, S. 18.

107 Das Schriftzeichen «Halt» wird hier nur verwendet, um einen Besuch

zu verhindern. Hasszauber, die Unglück oder Tod einschliessen, erfordern das entsprechende chinesische Wort – Vgl. die ideographischen Illustrationen in diesem Kapitel sowie im Kapitel 17 und siehe Aston, W. G., in *Folklore,* Vol. XXIII, S. 191.

INDEX

A
Aaron, 32
Abdál (spirituell verwandelte Sufis), 96
Abdullah, Mme Morag Murray, 186
ägyptische Magie, Überlegenheit der, 57
Äthiopien, sein Einfluss auf die Magie des Sudans, 84
akkadische Sprache: ihre Bedeutung in der Magie, 51
Akasha («Lebensgeist»),
  Definition der Theorie, 52
  Diskussion, 177
Akiba, Rabbi, über Hexen, 32
Alchimist, Erzählung über einen indischen, 186
Alchimie, Ursprung des Begriffs, 58
Al-Mandal: der magische Kreis (arabisch), 120
Al madel, arabische Abstammung von, 43
Altankol, Legende vom Goldenen Fluss in Tibet, 124
Altar, im chinesischen Beschwörungsritual, 210
Amun-ra: der ägyptische Jupiter, 63
amerikanische Indianerstämme, 17
Amoyhexen, befreundete Geister der, 226

Amsu, magischer Prozess zur Identifikation mit, 69
Amulette, ägyptische, 64
　　　　　der persischen Magier, 147
Angarib: Antimonisches Metall in der Alchemie, 184
Aquil Khan, Alchemist, 186
Araber, ihr Kontakt mit China, 202
Arif: Grad des Sufismus, 100
Ashab-us-Safà: Sufigruppe, 94
Assur, 46
Assur-bani-Pal, 46
Asvattha-Baum, tägliche Beschwörung des, 175
Atomtheorie und indische Magie, 178
Attàr, Sufiheiliger, 96
automatisches Schreiben in China, 206
Awtàd: die Pfeiler des Sufismus, 96
Azael: heidnischer arabischer Engel, 28

B
Barakat: persisch-arabischer Ausdruck für magische Kraft, 148
Baum, Beschwörung eines -es (Indien) 175
　　　　Geist im, 247
Beduinen, ihre Verbindung zur alten ägyptischen Magie, 58
Beschwörungen, wie sie von den Brahmanen ausgeführt
　　　　　　　　werden, 167
　　　　　　　　der ägyptischen Magier, 64
　　　　　　　　die griechisch-ägyptische Methode der, 135
　　　　　　　　hebräische, 135
　　　　　　　　der Sonne, 174
　　　　　　　　eines Baumes, 175
　　　　　　　　der Lady Tzse, 223
　　　　　　　　des Vishnu, 174
Besessenheit (China), 227
Bezwingung eines Geistes (China), 227
Bibel, die, 25, 31, 32, 40, 49, 57 *et passim*
Blasen auf Amulette, Ähnlichkeiten in der chinesischen und arabischen Magie, 208
Blitze, nutzbar gemacht von El-Arab, 121
Böses, vedischer Zauberspruch gegen, 162
Bokim, Beschwörung dieses asiatischen bösen Geistes, 142
Bonismus: vorbuddhistischer tibetischer Animismus, 233

Brahma, Anrufung des, 174
Brahma Veda, identisch mit der Atharva Veda, 155
Brahmanen: höchste Hindukaste, 155
Buch Enoch, 28
Bücher des Hermes, 29
Buch Rasiel, 27
Buch der heiligen Magie von Abramelin, dem Weisen, 30
Buch der Zeichen, 27
Buddhismus, in China, 201
     in Tibet, 232

C

Chaeremon über ägyptische Magie, 64
chaldäisches Beschwörungssystem, 134
Chandi («Silber»), 182
Chasaf («Giftmischer»), 34
chinesische Magie, ihr Einfluss auf den Westen, 199
       Ähnlichkeiten mit der Hindu-Magie, 170
Chu-Dynastie, Übernahme der Shinto-Magie während der, 200
Chung-Khwei: chinesischer dämonenvernichtender Geist, 248

D

Dämonen, indischer Zauber gegen, 163
   ihre Vertreibung (Babylon), 49
   Ähnlichkeiten der babylonischen und fernöstlichen, 48
Derwische, tanzende, 97
   sudanesische, 95
Dhatar: Schöpfer, 195
Dhikr: Wiederholung einer Formel bei den Sufis, 97
Drachenzauber, 209
Drogen, die in der Hexenkunst verwendet werden, 53

E

Ehefrau, indischer Zauber zur Erlangung einer, 194
Ehemann, indischer Zauber zur Erlangung eines, 194
Eifersucht, Zauber gegen E. einer Frau, 197
Einbalsamierung, Gründe für die, 69
Elemente, Darstellung der (Indien), 175
En-Dor, die Hexe von, 35
Entlassung eines Geistes (China), 212

Erde, magische Namen für die, 141
Eskimos, 9, 17
Exorzismusformel (babylonische), 49
  unter Zuhilfenahme des Varana-Baumes (Indien), 166

F

Fakhr-ed-Din El-Ràzi (Rhazes): Definition der Magie, 113
Fakir: Mystiker, kein Gaukler, 91
Fehlgeburt, Zauber zu ihrer Verhinderung, 196
Feigenbaum (Indien), Umschreitung des, 175
Feronia Elephantum: Wurzel, die beim Zeugungskraftzauber verwendet wird, 198
Feuergang, Manasse 34
Feuergangritus, Beschreibung (Tibet), 239
Fikr: technischer Begriff der Meditation (Sufis), 102
Finnen, Gedankenkonzentration bei den, 52
  teilen die chaldäische Theorie der Macht, 54
Fischtabu, 83
Fliegen, Verfahren (Persien), 151
Frau, indischer Zauber, um die Rückkehr einer F. sicherzustellen, 193
Freundschaft, Talismane für (arabische), 115

G

Gangida-Baum, Schutzzauber (Indien), 164
Gast, Vorhersage der Absichten eines -es (Japan), 250
Gefühle als Quelle magischer Kraft, 124
Geheimhaltung, wichtig in der Magie (Persien), 151
Gelal, 33
geheime Regeln des Naqshbandi-Ordens (Sufismus), 109
Geisterbeschwörung, indische, 176
Geister, akkadisch-assyrische, 50
  Binden (griechisch-ägyptische Methode), 135
  ihre Verwendung in der Magie, 130
  böse, bei den Arabern und Chaldäern, 55
  in chinesischen und japanischen magischen Systemen, 200
Gespenster, der grosse Nutzen des Einsatzes magischer Schwerter gegen sie (China), 203
Gesundheitsamulette und Beschwörungen zur Wiederherstellung der Gesundheit, 158

Gewand des tibetischen Magiers, 129
　　　des Wu-Magiers (China), 222
　　　des Universums (China), 222
Gerste, magische Kraft der, 166
Gift, vedischer Zauber gegen, 163
Gizeh, Pyramiden, 62
Glocke, aus Byzanz nach Arabien importierter Aberglauben, 205
　　　Berg der (Dschebel Narkous), 71
Glockenfels, bei den Tunbridgequellen, 72
Grihasta, Titel der jungen indischen Magier, 173
Grimoires, 23, 30 *et passim*
Grimorium Verum, 30
Götter, Beschwörung (chinesisch), 213
Gold, indische Formeln zur Herstellung, 179

H
Halqa: Sufizirkel, 94, 96
Hammurabi, Codex des, 15
hebräische Beschwörungsmethode, 135
Hijab: Schutzzauber, 85
himalayisches Leopardenpulver, 126
Hindumagier, ihre Kräfte, 177
Hingabe des Magiers (Persien), 146
Hitze, wie sie in der Alchimie verwendet wird, (Indien), 188
Höchste Formel (Indien), 173
Huma-Vogel, in der magischen Lehre Persiens, 152
Hundezauber (Japan), 250
Hunde in der japanischen Magie, 246
Hypnose und Magnetismus, ungeklärte Aspekte, 172
Hypnose in der indischen Magie, 172

I
Ibn Khaldùn über magische Rituale, 113
Igereth: jüdischer Dämon, 33
Imga: Herleitung des Wortes «Magie», 58
immerwährendes Leben, Brahmanenzauber für, 156
indisch-chinesische Grenze, 16
Indra, seine Beschwörung in der Magie zur Wiederherstellung der Zeugungskraft, 198

Initiation, bei den sudanesischen Zauberern, 80
        chinesische magische, 217
        im Sufismus, 96
Insân-i-Kâmil: der vollkommene Mensch (Sufibegriff), 95
Ipi, Fakir von: Sufi-Oberhaupt, 95
Irrah: sudanesischer Zauberdoktor, 80
Ishtar, identisch mit Aphrodite und Venus, 48
Ism-el-ázam: Wort der Macht (arabisch) *passim*
Istidraaj: Beschwörungstricks, im Unterschied zur wahren Magie, 93

J

Jahreszeiten, Engel der, 141
japanische Magie, Objekte der, 248
japanische Metallurgie und indische Alchimie heute, 183
Jasminblüten in der Alchimie, 183
Juden und ägyptische Magie, 57
Jüngerschaft bei den brahmanischen Magiern, 173

K

Kabbalismus, 36
Kaffern, magische Lehren der, 86
Kalkspat in der Alchimie (Indien), 184
Kamàluddin, Sufi-Historiker, 100
Kami, japanische Geister, 246
Kang-I: rotes Gewand der chinesischen Wu-Magier, 222
Karàmàt: die Wunder der Sufis, 93
Katholische Enzyklopädie, 25
Katholizismus verdammt die Magie, 25
Kemt: Ursprung des Wortes «Alchemie», 58
Khatrat: arabischer Begriff für bestimmte Aspekte der Erleuchtung im Sufismus, 103
Khufu (Cheops), 61
Kiai Siang (chinesischer Zauberer), zaubert Fisch und Ingwer herbei, 209
Knoten in der Zauberei, ihre Verwendung, 118
Konfuzius und Laotse (Philosophie), 201
Konzentrierte Macht (Japan), 246
Konzentration und Magie, Ähnlichkeiten der Systeme der Finnen, Inder, Araber und der westlichen Hexenkulte, 52

Koran, 40, 57, 118 *et passim*
    Beschwörung gegen Böses im, 118
Kreis, magischer (assyrischer, seine Weihung), 137
    indisch, 177
Krimuka-Baum, beim Giftzauber, 163
Kupfer in der Alchimie, 184
Kyphi, magische Substanz, 65

L

Lamaismus und Sufismus, 236
Laotse, seine Philosophie wurzelt im Shintoismus, 201
Leben, ewiges (China), 228
leidenschaftliche Liebe, Ritual zu ihrer Auslösung, 191
Lemminkainen, skandinavischer Zauberer, seine Heldentaten, 53
Levitation, Beschreibung (Hindu), 170
Liebeszauber, arabisch, seine Herstellung, 116
    japanisch, 248
    sudanesischer, 81
Lilith, 33
Ling: chinesisches magisches Zeichen, 207
literarische Fähigkeiten, von Lady Tzse verliehen, 225
Loom: indisches magisches Wort, 176
Luridan, König des Nordens, Methode seiner Beschwörung, 143
Lykanthropie, China, 203
    siehe auch *Maskh,* 113

M

Macht und Magie, 21
Macht, Worte der, 67
    akkadische, 51
magische Formel (Sufis), 101
magische Macht (Sudan), 83
magische Worte, siehe unter «Worte der Macht»
magischer Stift (China), 204
magischer Ring (Salomon), 40
Magier, Identifikation, 84
Magier: Amoy, 226
    En-Dor, 35
    El Ghirby, 130
    Irrah, 80

    Purohitas, 157
    Sadhus, 172
    skandinavische, 53
    Wu, 217, 223
Magnesiummetall in der Alchemie, 185
Magnetismus und Magie, 159–60
Majinai: niedere Magie (japanische), 245
Mandschurei, Teufelstänze, 217
Maskh: Verwandlung in Tiere, 113
Maspero, Gaston, 60
Materialisation (China), 224
Medium (China), 227
Memphis, Zentrum der Magie, 62
Menachem, Rabbi, 33
Mevlevi-Orden (Sufis), Kloster, 97
Michael, Engel, 42
Ming Ch'ung-yen, Drachenzauber, 209
Mirzà Khàn, Ansàri: Mystisches Gedicht von, 104
Mohammed, der Prophet und seine Verzauberung, 119
mongolische okkulte Lehre, 17
Moses, 24, 27, 32, *et passim*
moslemische Einstellung zur Magie, 113
Mucuna Pruritus: Pflanze, die beim Zeugungskraftzauber verwendet wird, 198
Münzschwert, magisches (China), Beschreibung, 220
Mungo: sudanesische magische Kraft, 85
Murid, Sufischüler, 98
Murshid, Sufititel, 99

N

Nachtreise des Propheten Mohammed nach Jerusalem, 92
Nagua: sudanesischer Begriff für Zauberei, 79
Napoleon, Omen für seine Niederlage, 72
Naqshband, Hadrat Bahauddin (Sufi-Heiliger), 96
Naqshbandi-Wunder, 100
Nil, Gesang an den, 60
Norito: Hauptquelle der japanischen Shinto-Magie, 245
Nostradamus, Leben und Taten, 35
Núlúsh, Beschwörung des Geistes, 148

O
okkulte Kraft: ist sie physikalisch?, 172
Opfer, menschliches, im Bonismus, 234
Opferrituale in der indischen Magie, 175
Orden der Sufis, 94
Osiris, Heirat des, 60
Ozean der Geheimnisse, Inhaltsbeschreibung, 149

P
Pakte mit dem Teufel, 26
Panazee gegen alle Krankheiten (Indien), 159
Papier für Talismane, 204
Peristàn: Land der Feen (Persien), 119
Persische Prinzessin, Geschichte von der, 125
Pfeife, magische, 80
Pfirsichholz in der Magie, wie man es sammelt, 204
Pflanzen, Hymnen an heilkräftige, 166
Pitris, Beschwörung ihrer Geister, 176
Planeten, Weihrauch für die, 143
Porphyrios, kritisch gegen die Priesterschaft der Isis eingestellt, 63
pukhta: Sufibegriff, «reif für die Erleuchtung», 97
Purohita: königlicher Priester des alten Indien, 185

Q
Quelle des Lebens, Legende (Persien), 153
Qutub: Oberster Leiter des Sufisystems, 96

R
Ramses II., Vater eines Magiers, 57
Ramman, 47
Rapport, Beispiel aus der Hindu-Magie, Beschreibung, 171
Ratte, durch Magie getötet, 205
Regenmachen (China), 228
Reinigung, magisches Gebet zur, 146
Reinkarnation in Tibet, 235
Reis, gegen böse Geister, 246
Reisende, Talisman für, 115
Reptilien in der Magie, 248
Ringe im Lamaismus, 236

Rituale: ägyptische, 65
    assyrische Weihe-, 137
    zum Tode führend (China), 228
    bei Krieg, 162
    bei Wunden, 159
    Beschwörungsritual, 142
    bonistische, 235
    Feuergang, 239
    Fliegen, 151
    für die Geburt eines Sohnes, 196
    für langes Leben (China), 157, 228
    für Reisende, 115
    für Sieg, 159
    für Zeugungskraft, 198
    Formeln gegen das Böse, aus dem Koran, 118
    Freundschaft (arabisch), 116
    gegen Böses (vedisch), 162
    gegen Dämonen, 163
    gegen Eifersucht, 197
    gegen Rivalen, 195
    gegen Sonnen- und Mondfinsternis, 47
    in der chinesischen Magie, 220
    Liebes- (arabisch), 116
    Liebes- (indisch), 191
    Liebes- (sudanesisch), 81
    magische Spiegel, 202
    Mungo-, im Sudan, 85
    Opfer-, 175
    Panazee gegen alle Krankheiten, 159
    Schutz-, 162
    Skarabäus-Amulett, 65
    um eine Frau zu bekommen, 194
    Umschreitung des Feigenbaumes, 175
    zum Beschwören von Toten, 61
    zum Einsperren eines Geistes in eine Flasche (persisch), 149
    zur Abschreckung von Teufeln, 51
    zur Bindung von Geistern (griechisch-ägyptisch), 111
    zur Erlangung eines Ehegatten, 194
    zur Erlangung von Schönheit, 197

zur Heilung (arabisch), 114
zur Identifikation mit Amsu, 69
zur Verursachung von Unfruchtbarkeit, 197
zur Vorbeugung gegen Fehlgeburten, 196
zur Tötung (japanisch), 252
Rivalinnen, Zauber für Frauen gegen, 195
Roben, magische, 147
Roc: magischer Vogel, 124
Rolle zur Reinigung der Seele (tibetisch), 129
Room: indisches magisches Wort, 176

S
Sadhus, ihre magischen Praktiken, 172
Safar-li-Allah («Reise aus der Vergesslichkeit»), 100
Safar-ullah («Reise zum Wissen»), 99
Sake: japanischer Reiswein, 248
Salomo, Verwendung seines Namens beim Beschwören des Dschinn, 120
Satan, 16
Schätze des El Ghirby, 130
Schätze, wie man sie findet (arabisch), 116
　　　　　　　　　　　　　(persisch), 150
Schlüssel Salomos, 26, 30, 42 *et passim*
Schuhe, ihre Verwendung in der Magie, 250
Schlangenverehrung in Mexiko, 18
Schönheit, Zauber zur Steigerung der, 197
Schwarze und Weisse Magie, 26
Schwerter, wertvolle Münzschwerter in der chinesischen Magie, 220
　　　in der japanischen Magie, 246
Schutztalisman (arabisch), 114
Seelen der Toten, chaldäisch-semitische Beschwörung, 140
semitische und chaldäische Geister, 55
semitische Magie, von den Arabern und anderen Völkern übernommen, 112
Shahab-el-Din, Sheik, 92
Saba, Königin von, 41
Sheikh als Sufititel, 99
Sem, Sohn des Noah, 61
Shen, magisches Zeichen (China), 207

Shinto, Ausbreitung von China nach Japan, 200
Shi Tsung beherrscht den Hof durch Geisterbotschaften, 215
Shoki: japanische Version von Chung-Khwe, dem Dämonenvernichter, 248
Sibziana, 47
Sieg, sudanesischer Zauber für, 80
    Talisman für (Indien), 159
Silberfisch *(Lepisma Saccharina),* beim Langlebigkeitszauber, 229
Sita, 16
Skarabäus, Ausführung des -Zaubers, 65
Sohar, 29
Sohn, vedischer Zauber, um die Geburt eines Sohnes zu sichern, 196
Soma-Pflanze *(Asclepias Acida* oder *Gyanchum Viminale),* 181
Sonne, Anrufung des indischen Magiers an die, 174
Sonnen- und Mondfinsternis, Gebet zu ihrer Beseitigung, 47
Spiegel, magische (China), 202
Spiritismus in China, seine Ähnlichkeit mit westlichen Sèancen, 209
    – der auf afrikanischen und asiatischen Kulten basiert, 134
Sraktya-Baum *(Clerodendum Phlomoides),* 160
Stab, (Hindu) Beschreibung, 170
Sterilität, Hasszauber zu ihrer Verursachung, 197
Strikarmani: Geschlechtsmagie (Indien), 191
Stunden, magische Namen der, 140
Sudan, erbliches Magiertum dort, 79
Sufismus, 89
Sufismus und Lamaismus, 237
Swastika bei den Arabern, 116
Symbolismus, Ähnlichkeiten in chinesischen und jüdischen Systemen, 43
sympathische Magie (japanisch), 248

T
Tabus, 20
Tänze, afrikanische rituelle, 85
    Sufi- und chinesische, 216
Tage für magische Rituale (Ägypten), 74
Talismane (arabische), ihre Herstellung und Verwendung, 114
tantrischer Buddhismus (Tibet), 233

taoistische Magier, ihre Kopfbedeckung, 223
Tariqat: Entwicklungsfähigkeit — zweite Stufe des Sufismus, 98
Tausendundeine Nacht, Geschichten über Zauberei darin, 119
Telepathie im Sufismus, 98
Tempel, ägyptische und griechische, 20
Teta, ägyptischer Magier, 61
Teufelstänze, Beschreibung (China), 215
Teufelspakt, 26
Theben, ersetzt Memphis als magisches Zentrum Ägyptens, 63
Thoth, 29, 66
Todeszauber (China), 228
Tote (Babylon), 48
    Wiederbelebung der -n, 61
Träume, 38
Turanier, 46 *et passim*
Türkei, Schlangenkult, 18
Tze, Lady, vielbeschworener Geist (China), 223, 225

U
Uwaysi: Sufi, der alleine arbeitet, 98
Uzza: heidnischer arabischer Gott, 28

V
Vampir, moderne indische Erzählung über einen, 127
Vermittler in der hinduistischen, jüdischen und christlichen Magie, 164
Vigil (chinesische), Beschreibung, 218
Vishnu-Beschwörung, 174
Vögel, Sprache der, 41

W
Wachsfiguren, 16, 24
Wahrsagen, Ähnlichkeiten der chinesischen und westlichen Systeme, 201
Wainamoinen: finnischer Geist allen Lebens, 53
Wajd: Sufibegriff für Ekstase, 103
Wali: Ausdruck für einen Sufi-Heiligen, 96
Wang Tu, Büchlein über magische Spiegel, 203
Wasl: Sufibegriff für das Aufgehen im Unendlichen, 96
weibliche Wu, Rituale der, 223

Weidenstab in der Magie, 180
Weiheformel für magische Kreise (Assur), 137
Weihrauch für magische Zwecke, 143
Werkzeuge der Magie (chinesische), 220
Westcar-Papyrus, Erzählung über Magie, die identisch ist mit der «Teilung der Gewässer» durch Moses, 58
Worte der Macht und ihre Verwendung, 67 *et passim*
Wu: offizielle chinesische Magier, 171
     Kategorien für sie, 217
Wunder, Indien, 170

Y
Yama: Geist des Hades, 234
       seine Anrufung, 195
Yemen, 220
Yoom: indische Invokationsformel, 176

Z
Zaubersprüche, chinesische, 204
                    sudanesische, 80
Zink in der Alchemie, 184
Zoroastrische Magie, 145